Brigitte vom Wege, Elke Weber, Mechthild Wessel

Theorie und Fachpraxis Sozialpädagogik

in der Kinderpflege

2. Auflage

Bestellnummer 8991

Bildungsverlag EINS – Stam

www.bildungsverlag1.de

Gehlen, Kieser und Stam sind unter dem Dach des Bildungsverlages EINS zusammengeführt.

Bildungsverlag EINS
Sieglarer Straße 2, 53842 Troisdorf

ISBN 3-8237-**8991**-0

Inhaltsverzeichnis

Vorwort   **5**

1 Berufliche Identität entwickeln   **7**

1.1   Berufsbild: Kinderpflegerin/Kinderpfleger   8
1.2   Arbeitsfelder   9
1.3   Berufliche Anforderungen und Erwartungen   12
1.4   Berufliche Kompetenzen   14

2 Beziehungen zu Kindern im pädagogischen Alltag aufbauen   **16**

2.1   Spielen früher und heute   16
2.2   Was ein Kind zum Spielen braucht   24
2.3   Spielformen des Kindes bis sechs Jahre   27
2.4   Aufsichtspflicht   34

3 Grundlegende Bedürfnisse des Kindes im Handeln berücksichtigen   **36**

3.1   Vom ersten Schrei und ersten Lächeln (bis drei Monate)   36
3.2   Vom Greifen und Begreifen (vier bis sechs Monate)   46
3.3   Vom Sitzen und Krabbeln (sieben bis neun Monate)   53
3.4   Von ersten Schritten und ersten Wörtern (zehn bis zwölf Monate)   59
3.5   Die Umgebung verstehen lernen (ein bis zwei Jahre)   68
3.6   Das eigene „Ich" entdecken (zwei bis drei Jahre)   75
3.7   Mit Freunden die Welt erforschen (vier bis sechs Jahre)   82

4 Verhalten von Kindern beobachten   **87**

4.1   Ausdrucksformen des Kindes   87
4.1.1   Malen – Kneten – Werkeln   88
4.1.2   Spielen und sich bewegen   92
4.1.3   Bauen und Konstruieren   98
4.1.4   Spiele mit Rollen und Requisiten   102
4.1.5   Gespräche führen   109
4.2   Zufällige und gezielte Beobachtungen   111
4.3   Das kranke Kind im Familienhaushalt   119

5 Erziehungs- und Bildungsprozesse: Planen, durchführen, reflektieren   **125**

5.1   Ausgewählte Bildungsbereiche der sozialpädagogischen Fachpraxis . . .   126
5.1.1   Spielen in und mit der Natur   126
5.1.2   Entdeckungsspiele in der Küche   133
5.1.3   Technische Medien im Spiel erfahren   138
5.1.4   Spielen mit Kinderliteratur   146

5.2   Methoden und Handlungsweisen in der sozialpädagogischen Fachpraxis   163

5.2.1   Offene Angebote in der Gesamtgruppe   163

5.2.2   Angeleitete Angebote mit einem Kind/mit Kleingruppen   171

5.2.3   Reflexion der Arbeit im sozialpädagogischen Berufsfeld   178

5.3   Das Praktikum in der Familie und der Kindertageseinrichtung   179

5.3.1   Das Praktikum in der Familie   179

5.3.2   Das Praktikum in der Kindertageseinrichtung   187

6 Sozialpädagogische Konzeptionen im Elementarbereich verstehen   195

6.1   Kindertageseinrichtungen im Elementarbereich   196

6.2   Beispiele sozialpädagogischer Konzepte   200

7 Berufliche Perspektiven entwickeln   219

7.1   Elternarbeit mitgestalten   219

7.2   Teamarbeit ist lernbar   225

Anhang   230

Spielanregungen   230

Methodische Hinweise   230

Planungsschemata   231

Lern- und Arbeitstechniken   231

Literaturverzeichnis   232

Bildquellenverzeichnis   237

Stichwortverzeichnis   238

Vorwort

Dieses Buch wendet sich in erster Linie an Schülerinnen und Schüler, die eine Ausbildung als Kinderpflegerin bzw. Kinderpfleger absolvieren.

Die Ausbildung erfolgt in schulischen und außerschulischen Lernorten auf der Basis von Handlungs- und Lernsituationen, die sich die Entwicklung einer umfassenden Handlungskompetenz für den Berufsalltag zur Aufgabe machen.

Das Buch knüpft an praxisnahe Situationen der Schülerinnen und Schüler an und umreißt das Berufsbild mit seinen unterschiedlichen Handlungsfeldern. Es liefert Informationen für die Erarbeitung von Fachwissen aus der Entwicklung des Kindes von 0 bis 6 Jahren in den jeweiligen Lebensbereichen. Diese werden durch zahlreiche praktische Anwendungsbeispiele ergänzt. Praxisnahe Einstiegsfälle führen in jeden Sachbereich ein und können mit den Informationen, Aussagen und Beispielen bearbeitet und gelöst werden.

Das Buch beschreibt neben Handlungsweisen, Methoden und Techniken für den Umgang mit Kindern auch ausgewählte Arbeitstechniken für die Arbeit in der Schule und die kollegiale Zusammenarbeit in der Praxis, um die Schülerinnen und Schüler für die pädagogische Arbeit in den unterschiedlichen Tätigkeitsbereichen zu befähigen:

→ Erzieherische Tätigkeiten,
→ Unterstützung des kindlichen Spiels,
→ pflegerische Tätigkeiten und Versorgungsaufgaben im Zusammenhang mit erzieherischen Komponenten,
→ Initiierung und Begleitung von Bildungsprozessen des Kindes,
→ Kooperation und Kommunikation mit allen am Bildungsprozess Beteiligten,
→ Planungs- und Organisationsaufgaben,
→ Informationsbeschaffung, -auswertung und -umsetzung.

Die Qualifikationen und Kompetenzen werden nicht allein durch die Aneignung theoretischen Wissens erworben, sondern in den konkreten Arbeitsbereichen sowohl in der Schule durch eine handlungsorientierte Unterrichtsgestaltung als auch in Form von Tages- und Blockpraktika, Hospitationen und Exkursionen vor Ort erprobt.

In diesem Buch werden insbesondere die Arbeitsbereiche in der Familie und in Tageseinrichtungen für Kinder berücksichtigt. Die daraus resultierenden Erkenntnisse und Handlungsweisen können jedoch auf andere Bereiche, wie z. B. Kinderkrankenstationen in Krankenhäusern oder in Kureinrichtungen übertragen werden.

Auf Grund der Neuordnung der Ausbildung in Richtlinien und Lehrplänen, die nach dem Lernfeldkonzept gestaltet sind, ist das vorliegende Buch insbesondere für den Lernbereich „Fachpraxis Sozialpädagogik" gedacht. Es nimmt in der Ausbildung einen zentralen Stellenwert ein und gibt berufsbezogene Inhalte vor, die auch für alle anderen Unterrichtsfächer verbindlich sind.

Die am Ende der Kapitel formulierten Aufgaben und Methoden sind als Empfehlung zu verstehen. Sie können der Vor- und Nachbereitung von Unterrichtsgegenständen sowie als Anregung für praktisches Handeln dienen.

Aufgrund der zahlreichen praxisbezogenen Beispiele und Bearbeitungsvorschläge bietet das Buch auch sozialpädagogischen Kräften, die bereits berufstätig sind, Anregungen und Reflexionshilfen für die Arbeit mit Kindern.

Da in der Berufsfachschule für Kinderpflege sowie in der beruflichen Arbeit der Frauenanteil überwiegt, verwenden wir in diesem Buch die weibliche Bezeichnung, z. B. „Schülerin", „Kinderpflegerin", „Erzieherin". Gleichzeitig sind natürlich auch immer alle in diesem Berufsfeld männlich Tätigen angesprochen.

Das Buch ist als Resultat langjähriger Arbeit mit Kindern in Familien und sozialpädagogischen Einrichtungen entstanden. Außerdem trug die kooperative Arbeit von Fachlehrerinnen und -lehrern unter Mitwirkung von Schülerinnen und Schülern zur Entstehung dieses Buches bei.

Die Autorinnen

Für die in diesem Buch enthaltenen Aufgaben werden folgende Piktogramme verwendet:

 Nahrungszubereitung

 Lesen

 Spielen

 Denken

 Schreiben

 Reinigen

 Beobachten/Erkunden/Informieren

 Singen/Musizieren

 Gestalten

 Sprechen/Diskutieren

1 Berufliche Identität entwickeln

Jasmin und Marco wollen Kinderpflegerin und Kinderpfleger werden

Jasmin: „Hallo, Marco! Ich habe dich beim Tag der offenen Tür in der Berufschule gesehen. Interessierst du dich für eine bestimmte Ausbildung?"

Marco: „Ja, ich habe mich an der Berufsfachschule für Kinderpflege angemeldet."

Jasmin: „Stell dir vor, ich auch. Ich wusste gar nicht, dass auch Männer Kinderpfleger werden können."

Marco: „Ja, klar. Ich hab schon mal ein Praktikum in einem Kindergarten gemacht. Die Kinder haben sich unheimlich gefreut, wenn ich mit denen gespielt habe. Besonders die Jungen, die wollten immer nur mit mir Fußball spielen oder Buden bauen."

Jasmin: „Ich möchte später gern in einem Kindergarten arbeiten, in dem auch ganz kleine Kinder sind. Babys füttern, baden und wickeln, das würde mir echt Spaß machen."

Marco: „Das wär nichts für mich. Ich möchte lieber mit älteren arbeiten, z. B. im Heim."

Jasmin: „Gibt es denn hier in der Nähe ein Kinderheim?"

Marco: „Ich denke schon. Ich kann ja mal nachfragen. Weißt du eigentlich, was man später so verdient?"

Jasmin: „Keine Ahnung. Aber da werde ich mich noch mal erkundigen. Ich möchte auch während der Ausbildung meinen 10B-Abschluss machen. Dann hat man später mehr Möglichkeiten, einen Job zu finden. Vielleicht mach ich dann noch die Erzieher-Ausbildung."

Marco: „Ja, das wär nicht schlecht. Ich muss jetzt los. Tschüss, bis bald."

Jasmin: „Tschau! Auf alle Fälle sehen wir uns in der neuen Schule wieder."

1.1 Berufsbild: Kinderpflegerin/Kinderpfleger

In der Mitte des vorigen Jahrhunderts wurden von Friedrich Fröbel (dem Begründer des Kindergartens) die Ausbildung zur Kindergärtnerin (heute: Erzieherin) und zur Haushalts- und Kinderpflegehelferin (heute: Kinderpflegerin) ausschließlich für Frauen eingerichtet. Beide Ausbildungen unterschieden sich durch ihr abgegrenztes Arbeitsfeld: Die Kindergärtnerin wurde für die Erziehung des Kindes im Kindergarten ausgebildet und die Haushalts- und Kinderpflegehelferin für die Pflege des Kleinkindes in der Familie. Nach dem 1. und 2. Weltkrieg erweiterte sich die Berufsausbildung zur Kinderpflegerin zunehmend auf den Bereich der Kleinst- und Kleinkindererziehung außerhalb der Familie. Es kamen Einsatzorte wie Kindergarten, Kinderkrippe, Hort, Dauerheim und Kurheim hinzu, wo die Kinderpflegerin hauptsächlich pflegerische Tätigkeiten übernahm.

Kennzeichnend für die heutige Arbeit der Kinderpflegerin ist die unterstützende Tätigkeit als **pädagogisch-pflegerische Fachkraft** in der Betreuung von Kindern im Alter bis sechs Jahren in Kindertageseinrichtungen und Familien. Vereinzelt ist sie auch in Einrichtungen für behinderte Kinder tätig.

Auch heute wird der Beruf der Kinderpflegerin überwiegend von Mädchen bzw. Frauen ausgeübt. Als Gründe für die Berufswahl werden häufig „Liebe zu Kindern", „Freude am gemeinsamen Spiel" oder „Interesse am Malen und Basteln" angegeben – Fähigkeiten, die in der Gesellschaft von Frauen bzw. Müttern erwartet werden. Aus diesen Gründen befürworten die Eltern den Berufswunsch ihrer Töchter. Auch wenn eine spätere Arbeitslosigkeit zu befürchten sei, sehen sie in der Ausbildung einen sinnvollen Beitrag zur späteren Hausfrau- und Mutterrolle. Jungen bzw. Männer stellen in dieser Ausbildung die Minderheit dar. Nach allgemeiner Auffassung ist der Beruf der Kinderpflegerin leicht zu erlernen und stellt keine hohen Anforderungen. Außerdem entspricht ein männlicher Kinderpfleger nicht der gesellschaftlichen Männerrolle im Berufsleben. Die niedrige Bezahlung bestätigt darüber hinaus das Vorurteil, als Verdiener nicht für den Lebensunterhalt einer Familie aufkommen zu können. Diese einseitige Sichtweise verkennt, dass beide Geschlechter, Frauen und Männer, als Bezugspersonen in der pädagogischen Arbeit mit Kindern dringend notwendig sind und der Beruf der Kinderpflegerin ein hohes Maß an Verantwortung, Einsatzbereitschaft und Fachkenntnissen fordert.

In vielen sozialpädagogischen Einrichtungen übernimmt die Kinderpflegerin ähnliche Tätigkeiten wie die Erzieherin. Die Erzieherin plant die pädagogische Arbeit, trägt die Verantwortung für den Ablauf des erzieherischen Geschehens und der Elternarbeit. Die Kinderpflegerin beaufsichtigt und beobachtet einzelne Kinder und Gruppen, reagiert auf deren Bedürfnisse und Situationen und kann Erziehungsmethoden angemessen anwenden. In Absprache mit der Erzieherin schafft sie vielfältige Spielangebote, bei denen Kinder lernen, gemeinsam zu handeln. Sie beteiligt sich an der Gestaltung von Festen und Feiern. In Abwesenheit der Erzieherin übernimmt sie für kurze Zeit die Gruppenleitung.

Um dieser Aufgabe gerecht zu werden, muss die Kinderpflegerin über wesentliche Fachkenntnisse der frühkindlichen Entwicklung verfügen. Sie muss unterschiedliche Handlungsweisen und Methoden der Erziehung kennen und beherrschen und diese im **Tätigkeitsbereich Sozialpädagogik, Gesundheitsförderung** und **Versorgung** anwenden können.

1.2   Arbeitsfelder

In dem **Arbeitsfeld Familie** unterstützt die Kinderpflegerin die Eltern bei der Erziehung, der Versorgung und ganzheitlichen Förderung der Kinder. Durch das Fachwissen über die Entwicklung der Kinder und durch Gespräche mit den Eltern über Erziehungsfragen ist die Kinderpflegerin in der Lage, auf die Bedürfnisse und Interessen der Kinder einzugehen. Sie beobachtet die Kinder und gibt ihnen Anregungen und Anleitungen zu ihrer Weiterentwicklung im Spiel.

Zuverlässig und verantwortlich sorgt sie für die sachgerechte Körperpflege und richtige Ernährung. Für die Gestaltung und Pflege des Wohnbereiches der Kinder trägt sie Mitverantwortung. Um das kranke Kind kümmert sie sich nach Anweisung genauso wie um das genesende Kind. Denn gerade das kranke und genesende Kind braucht viel Zuneigung und Zuwendung.

In manchen Familien ersetzt die Kinderpflegerin die Eltern, z.B. im Krankheitsfall oder wenn die Mutter berufstätig ist. In dieser Situation muss die Kinderpflegerin neben der Pflege und Erziehung des Kindes alle im Haushalt anfallenden pflegerischen und hauswirtschaftlichen Routinearbeiten sehen, organisieren und in Eigenverantwortung handeln.

In dem **Arbeitsfeld Kindertageseinrichtung** arbeitet die Kinderpflegerin als pädagogisch-pflegerische Fachkraft. Sie unterstützt die Gruppenleitung bei der Betreuung, Beobachtung, Beschäftigung und Förderung der gesamten Kindergruppe. Sie übernimmt Teilaufgaben aus dem Tagesablauf und beschäftigt sich mit einer kleinen Gruppe oder einem einzelnen Kind.

Jede Kindertageseinrichtung hat einen Bildungsauftrag und eine eigene Konzeption. In Teamgesprächen werden die pädagogischen Aufgaben und anderen Tätigkeiten besprochen und geplant. Durch ihr Fachwissen ist die Kinderpflegerin in der Lage, das Kind in seinem Spiel, seiner Freude am Entdecken und Experimentieren zu fördern, seinen Bewegungsdrang und Lerneifer zu unterstützen und seinem Bedürfnis nach Anerkennung und Zuneigung gerecht zu werden. Gespräche mit den Eltern der Kinder über Erziehungsaufgaben fördern die wichtige Zusammenarbeit zwischen Kindergarten und Eltern.

In dem **Arbeitsfeld Tagesstätte für Behinderte** unterstützt die Kinderpflegerin die Heilpädagoginnen und Erzieherinnen bei der Pflege, Betreuung und Förderung der Behinderten. Von der Kinderpflegerin wird ein hohes Maß an Einsatzbereitschaft verlangt. Das notwendige zusätzliche Fachwissen muss sie sich über Fort- und Weiterbildungsmaßnahmen aneignen. Kinder, Jugendliche und Erwachsene, die nicht von ihren Eltern oder anderen Familienangehörigen versorgt und betreut werden können, leben in betreuten Wohngruppen oder Wohnheimen.

Die Tagesstätten für Behinderte nehmen Kinder ab dem dritten Lebensjahr auf. Kinder unter drei Jahren leben bei den Eltern und nehmen an einer ambulanten Therapie teil. Es gibt spezialisierte Tagesstätten für sehgeschädigte, hörgeschädigte und sprachgeschädigte Kinder, für geistig oder entwicklungsgestörte Kinder und Kinder mit körperlichen Behinderungen. Darüber hinaus gibt es auch Tageseinrichtungen für Kinder mit integrativen Gruppen. In diesen Gruppen spielen und lernen behinderte und nicht behinderte Kinder gemeinsam. Die Pflege, Betreuungs- und Fördermaßnahmen richten sich nach Art und Schwere der Behinderung. Ziel ist es, jedes Kind unter Berücksichtigung seiner Möglichkeiten in seiner Selbstständigkeit, Spielfähigkeit, Gemeinschafts- und Bewegungsfähigkeit zu fördern und zu unterstützen.

Von großer Wichtigkeit ist es, dass das Kind sich angenommen fühlt, Geborgenheit und echte Zuwendung erfährt. Durch Anteilnahme, Verständnis und Zuwendung kann die Kinderpflegerin zum seelischen Wohlbefinden des Kindes beitragen. Bei spannenden Bewegungsangeboten und kreativen Spielen und Beschäftigungen kann sie den Kindern neue Erfahrungen vermitteln.

AUFGABEN

 Führen Sie ein Interview mit einer berufstätigen Kinderpflegerin (Expertin). Stellen Sie Ihrer Klasse das Gesprächsergebnis vor.

 Erstellen Sie eine Liste der Kindertageseinrichtungen, die im Umkreis der Berufsfachschule liegen.

 Erkunden Sie, welche Einrichtungen für behinderte Kinder, Jugendliche und Erwachsene es in Ihrer Stadt gibt. Erstellen Sie eine Liste.

 Besuchen Sie eine Einrichtung, wenn diese einen „Tag der offenen Tür" veranstaltet, und bitten Sie um Informationsmaterial über das pädagogische Konzept. Erstellen Sie ein Protokoll und berichten Sie in Ihrer Lerngruppe.

Eine Expertenbefragung durchführen

Vorbereitungsphase

→ Der Kontakt zu der Expertin wird telefonisch oder schriftlich aufgenommen: Termin, Ort und Dauer der Befragung sowie den Material- bzw. Medienbedarf festlegen!
→ Die Befragung danach planen, bearbeiten, eingrenzen. Möglichst viele Vorinformationen sammeln!
→ Einen Fragenkatalog zusammenstellen, den Ablauf der Befragung sowie die Gesprächsleitung festgelegen und vereinbaren, wer die Ergebnisse wie festhält. Eventuell der Expertin den Fragebogen zur Vorbereitung zusenden.

Durchführungsphase

Zu Beginn der Befragung wird die Expertin begrüßt, sie stellt sich vor. Im Verlauf werden dann die Fragen – wie geplant – gestellt. Es ist wichtig, nachzufragen, wenn etwas nicht verstanden wurde. Wenn sich aus dem Gespräch neue Fragen ergeben, diese im Anschluss stellen oder für diesen Fall in der Vorbereitung eine Verabredung treffen! Zum Abschluss der Expertin danken.

Auswertungsphase

Ein Rückblick auf die Befragung beinhaltet die Auseinandersetzung nach der Vollständigkeit und dem Informationsgehalt. Die Ergebnisse werden dokumentiert, gegebenenfalls durch eine weitere Informationssuche ergänzt. Eine Rückmeldung an die Expertin ist sinnvoll.

Ein Protokoll anfertigen

Protokolle halten den Verlauf oder das Ergebnis von Arbeitsphasen fest. Für die Beteiligten dienen sie als Gedächtnisstütze, für Außenstehende liefern sie Informationen. Sie können in unterschiedlicher Form dokumentiert werden, z.B. Fließtext, Stichworttext oder auch mit Bildern und Zeichnungen.

Das Verlaufsprotokoll

In diesem Protokoll werden die Inhalte, die Redebeiträge sowie die Verhaltenweisen (z.B. Zustimmung, Streit) festgehalten. Im Unterricht kann es u.a. bei Rollenspielen, in Diskussionsrunden oder bei Gruppenarbeit Verwendung finden.

Das Ergebnisprotokoll

In diesem Protokoll wird auf Einzelheiten verzichtet, es gibt Ergebnisse von Planungen, Absprachen, Abstimmungen oder Beschlüsse wieder. Im Unterricht wird es u.a. nach Referaten, in Planungs- und Auswertungsphasen eingesetzt.
Es gibt Protokolle, die ähnlich Urkunden, rechtsgültige Dokumentationen sind, sie werden unterschrieben und von den Teilnehmern genehmigt.

1.3 Berufliche Anforderungen und Erwartungen

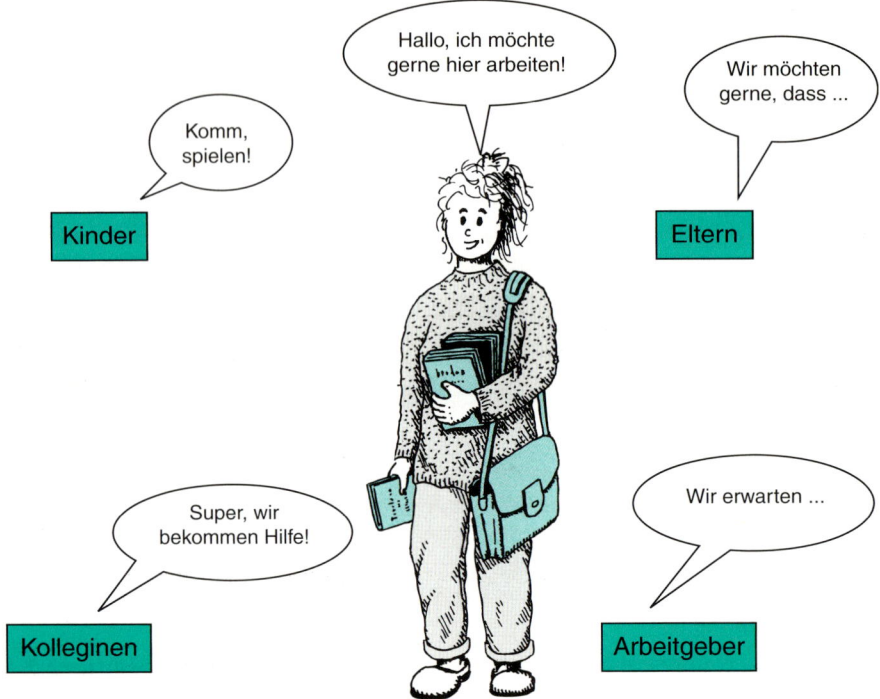

Jede Arbeit am Kind und mit Kindern in den Familien, sozialpädagogischen und sozialpflegerischen Einrichtungen geschieht auf der Grundlage der ganzheitlichen Persönlichkeitsentwicklung, d.h., das Kind soll in seiner körperlichen, geistigen, emotionalen und sozialen Entwicklung angeregt und gefördert werden. Dabei haben Sprache, Spiel, Akzeptanz und Wertschätzung in der beruflichen Tätigkeit der Kinderpflegerin einen hohen Stellenwert.
Um dieser Aufgabe gerecht zu werden, muss die Kinderpflegerin zunächst ihre eigenen Bedürfnisse, Stärken, Schwächen und die an sie gestellten Anforderungen erkennen, um im Erziehungsprozess Verantwortung übernehmen zu können.

AUFGABEN

 Betrachten Sie das oben abgebildete Schaubild. Formulieren Sie Eigenschaften und/oder Verhaltensweisen, die Sie, Ihrer Meinung nach, für den Beruf als Kinderpflegerin mitbringen sollten.
Bringen Sie die formulierten Eigenschaften und Verhaltensweisen in eine Rangfolge, indem Sie sie durchnummerieren (1. ist am wichtigsten, 2. am zweitwichtigsten usw.). Dabei darf keine Position zweimal vergeben werden.
Versuchen Sie sich auf eine Rangfolge in der Klasse zu einigen. Begründen Sie Ihre Argumente.

 Versuchen Sie, sich in die Rolle der abgebildeten Personen (Kinderpflegerin/Kind/ Eltern/Kolleginnen/Arbeitgeber) hineinzuversetzen, und spielen Sie Gesprächssituationen, in der unterschiedliche Erwartungshaltungen zum Ausdruck kommen.

Rollenspiel

Im Unterricht können sich die jeweiligen Spielerinnen und Spieler im Rollenspiel sowohl in andere Menschen hineinversetzen und deren Sichtweisen, Einstellungen und Verhalten auf die dargestellte Situation nachempfinden (Perspektivwechsel) als auch sich selbst darstellen, um die eigenen Lösungen zu hinterfragen oder zu bestätigen (Selbstreflexion).

Wenn ganz konkrete Probleme oder Situationen vorliegen, können im Rollenspiel verschiedene Lösungsmöglichkeiten oder Verhaltensweisen ausprobiert werden. Es ist möglich, aus eigenen Fehlern zu lernen, ohne dass bereits ein Schaden eingetreten ist. Auch die Ansichten der anderen können dazu beitragen, das eigene Verhalten zu hinterfragen oder sich neue Sichtweisen zu erschließen.

Das informelle Rollenspiel

Eine Person schildert einen zum Thema passenden Fall.

Einige Teilnehmer und Teilnehmerinnen improvisieren eine passende Darstellung zu den ihnen unbekannten Personen und deren Rollen im Fall.

Rollenspiel mit Rollentausch

Die in der Gruppe arbeitenden Personen tauschen ihre „Identität", A spielt C oder B spielt A. Anschließend folgt eine Feedbackphase, um wahrgenommenes Verhalten des anderen zurückzuspiegeln und Fähigkeiten zu entwickeln, sich in den anderen einzufühlen.

Das formelle Rollenspiel

Eine Person schildert einen Fall.

Die Spielerinnen und Spieler erhalten eine genaue Rollenbeschreibung ihrer Rolle einer ihnen unbekannten Person, die vor dem Spiel durchgelesen wird.

Entweder wird danach direkt improvisierend gespielt oder in einer Vorbereitungsphase kann die Rolle eingeübt werden.

Simulation

Eine reale Situation oder ein Fall werden geschildert.

Die gesamte Gruppe bereitet sich auf ein Rollenspiel vor, indem sich einige selbst spielen, aber auch andere bekannte oder unbekannte Rollen übernehmen.

Eine in naher Zukunft real auf sie zukommende Situation wird erprobt.

Auswertung

Nach allen Rollenspielen ist es wichtig, das Erlebte zu besprechen und zu reflektieren. Beteiligte müssen die Möglichkeit erhalten über das Erlebte zu berichten, Unbeteiligte haben eventuell eine Beobachtungsaufgabe gehabt, sie können aus ihrer Sicht Rückmeldung geben.

Spielregeln

1. Die Beteiligten geben Rückmeldung über ihre Erlebnisse auf der Gefühlsebene sowie positive Erfahrungen.
2. Die Beobachter geben positive Rückmeldungen an die Rollenspieler.
3. Die Spielleitung entlässt alle aus ihren Rollen.
4. Alternative Lösungen werden besprochen.
5. Keine Rechtfertigungen, kein Zwang zur Veränderung!

1.4   Berufliche Kompetenzen

Berufliches pädagogisches Handeln umfasst eine Vielzahl von Tätigkeiten in den Bereichen: **Sozialpädagogik**, **Gesundheitsförderung** und **Versorgung**, die unterschiedlichste Kompetenzen[1] erfordern:

1. Personale Kompetenzen, z.B. Identifikation mit der Berufsrolle, Leistungsfähigkeit, Leistungsbereitschaft, Werthaltungen etc.

2. Soziale Kompetenzen, z.B. Fähigkeit zur situationsangemessenen Verständigung und Auseinandersetzung, Kooperationsfähigkeit etc.

3. fachliche Kompetenzen, z.B. Kenntnisse und Fertigkeiten für Pflege, Betreuungs-, Erziehungs- und Bildungsaufgaben bei Kindern

Tätigkeitsbereich Sozialpädagogik

→ Einzelne Kinder und kleine Gruppen beobachten
→ Bedürfnisse von Kindern erkennen und Situationen erfassen
→ Angemessene Erziehungsmethoden anwenden
→ Soziale Lernprozesse unterstützen
→ Einzelne Kinder und kleine Gruppen beaufsichtigen
→ Einzelne Kinder und kleine Gruppen mit Spielangeboten anregen und fördern

Tätigkeitsbereich Gesundheitsförderung

→ Hygienemaßnahmen und Körperpflege übernehmen und anleiten
→ Kranke Kinder pflegen, versorgen, beschäftigen
→ Selbstständige Versorgung des Kindes unterstützen
→ Gesunde Körperentwicklung fördern
→ Maßnahmen zur ersten Hilfe und Unfallverhütung ergreifen

Tätigkeitsbereich Versorgung

→ Nahrung für/mit Kindern zubereiten
→ Spiel-Räume pflegen und gestalten
→ Feste und Feiern für/mit Kindern gestalten
→ Spielmaterial pflegen
→ Kinderkleidung herstellen und pflegen
→ Haustiere und Pflanzen mit Kindern pflegen

---

[1] *Kompetenzen* bezeichnet die Gesamtheit an Einsichten und Fertigkeiten, über die jeder Mensch verfügt.

AUFGABEN

Leiten Sie aus den drei Tätigkeitsbereichen beispielhafte Situationen ab und versuchen Sie, die dafür erforderlichen Kompetenzen aufzuzeigen.

Stellen Sie Ihre Ergebnisse anschaulich dar und begründen Sie Ihre Darstellung.

Einzelne Kinder und kleine Gruppen beaufsichtigen

Die Kinderpflegerin besucht mit drei Kindern einen nahe gelegenen Spielplatz.

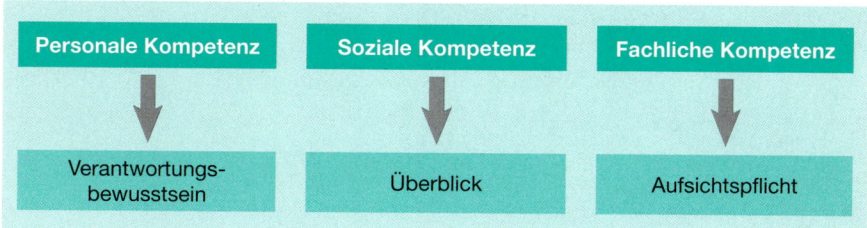

2 Beziehungen zu Kindern im pädagogischen Alltag aufbauen

Spiel ist eine für Kinder ursprüngliche Methode der Kontaktaufnahme. Sobald das Kind sein „Ich" entdeckt, kann es auch das „Du" entdecken und ist in der Lage, Beziehungen aufzubauen und Empfindungen des anderen zu erkennen und zu respektieren. Diese Fähigkeit befähigt das Kind, erste Freundschaften einzugehen.

Kinder brauchen Beziehungen zu Gleichaltrigen, sie brauchen einen Freund oder mehrere Freunde zum Spielen, zum Streiten und Liebhaben, um Gemeinsamkeiten zu entdecken, Geheimnisse auszutauschen, Stärken und Schwächen zeigen zu können, um miteinander und voneinander zu lernen. Eltern und andere erwachsene Bezugspersonen können diese Rollenfunktion nicht erfüllen, da sie keine gleichberechtigten Beziehungs- und Spielpartner sind. Viele Spieltätigkeiten ermöglichen trotzdem unkomplizierte Kontaktaufnahmen und vertrauliche Beziehungen zu Erwachsenen.

Genaue Spielbeobachtungen und die Gestaltung geeigneter Spielbedingungen gehören zu den Grundfähigkeiten sozialpädagogischer Arbeit. Sie stützen die sozialen Beziehungen zwischen Kindern und Erwachsenen und festigen verantwortliches Zusammenleben.

2.1 Spielen früher und heute

Warum ist das Spiel bei jungen wie alten Menschen so beliebt?

In jeder Zeit und in allen Ländern der Welt wird und wurde gespielt. Denken wir nur an die alten Griechen, die zum ersten Mal die Olympischen Spiele austrugen, oder an das königliche Schachspiel, das bereits im 7. Jahrhundert gespielt wurde.

Selbst in unserer Zeit ist das Spielen bei Jung und Alt noch nicht aus der Mode gekommen: Sei es das Tennisspielen bei Sportlichen, das Skatspiel am Kneipentisch, das Gameboyspiel bei Computerfans oder das Spiel mit der Rassel beim Baby.

Spielen macht zunächst einmal Spaß. Überraschungen oder unerwartete, neue Situationen erhöhen den Reiz am Spiel. Spiel muss spannend sein. Spannung entsteht durch die Ungewissheit und das Risiko, ob eine bestimmte Spielaufgabe erfüllt, das Problem gelöst und das Ziel erreicht werden können. Fehlt diese Spannung, wird das Spiel als langweilig empfunden. Spiel muss Freude und Zufriedenheit vermitteln, ohne einen bestimmten Zweck zu verfolgen. Sich zusammen mit anderen in eine vorgestellte Spielwelt zu begeben schafft ein Erlebnis der Gemeinsamkeit.

AUFGABEN

Drücken Sie Ihre Gedanken und Vorstellungen zu dem Begriff „Spiel" in einer Zeichnung aus mit dem Titel: „Mein Bild von Spiel".

Erinnern Sie sich noch an ein Lieblingsspiel oder Lieblingsspielzeug aus Ihrer Kindheit? Wenn Sie es noch besitzen, zeigen Sie es und erzählen Sie von Spielsituationen. Tauschen Sie in der Lerngruppe Ihre Erinnerungen aus. Spielen Sie die Spiele erneut.

Schreiben oder malen Sie ihr Lieblingsspiel/-zeug, mögliche Spielorte und Spielpartner auf Karteikarten. Legen Sie auf einem Plakat eine Tabelle wie die folgende und sortieren Sie die Karteikarten in die Felder.

Spiele/Spielzeug	Spielort	Spielpartner
Gummitwist	Straße	Bruder
Eisenbahn	Kinderzimmer	Mama

Stellen Sie mögliche Verbindungen zwischen den Spielen, Spielorten, Spielpartnern her und erörtern Sie folgende Fragen:

→ Gab es Lieblingsspielorte?
→ Welche Spiele wurden besonders von Mädchen/Jungen bevorzugt?
→ Welche Spiele wurden gemeinsam gespielt?

Spielen Sie in der Lerngruppe die nachfolgenden Kontakt- und Kennenlernspiele.

Informieren Sie sich über weitere Kennenlernspiele. Legen Sie eine Spielkartei mit logischem Register an.

Spieltitel: *Handkontakt*
Spielart: *Kontaktspiel*
Ziel: *Körperkontakt, Mitteilung, Kennenlernen*
Anzahl: *ab 4 Mitspieler (gerade Anzahl)*
Alter: *ab 16 Jahre*
Spielort: *beliebig*
Spieldauer: *10–20 Minuten*
Material: *pro Person 1 Schreibstift, 1 DIN-A-4-Blatt*

Spielverlauf: Die Spieler bilden Paare. Jeder Partner zeichnet den Handumriss des anderen auf das Blatt Papier. Nacheinander stellen die Partner sich gegenseitig 5 Fragen: „Wo hast du zuletzt Urlaub gemacht? Was ist dein nächstes berufliches oder privates Ziel? Was macht dir Angst? Was ist dein Lieblingsbild – real oder in der Vorstellung? Welches Schlüsselerlebnis verbindest du mit Kindheit?"
Die Antworten des Partners werden in die Finger seiner gemalten Hand geschrieben. Nach 10 Minuten setzen sich alle Teilnehmer in den Sitzkreis und jeder stellt die Antworten des Partners vor.
Spieltipp: Bei Gruppen ab 8 Spieler Untergruppen bilden.

Spieltitel:	Der rote Faden
Spielart:	Kennenlernspiel
Ziel:	Kontaktaufnahme, Lockerung, Mitteilung
Anzahl:	10–20 Mitspieler
Alter:	ab 8 Jahre
Spielort:	großer Raum, draußen/drinnen
Spieldauer:	ca. 15 Minuten
Material:	rotes Wollknäuel

Spielverlauf: Die Spielteilnehmer stehen im Kreis, die Spielleitung behält das Fadenende in der Hand. Das rote Wollknäuel wandert im Uhrzeigersinn weiter, d.h., jeder hält den Faden fest, bis das Knäuel bei der Spielleitung wieder ankommt. Gemeinsam wird der Fadenkreis nun auf den Boden gelegt. Für den weiteren Spielverlauf bildet das Fadenende den Anfang und das Knäuel das Ende einer (vorgestellten) Skala. Die Spielleitung gibt Fragen an die Spielgruppe und alle stellen sich in der richtigen Reihenfolge auf den roten Kreis:
→ In welchem Monat bist du geboren?
→ Mit welchem Buchstaben beginnt dein Vorname?
→ Wie viele Herzen (Mensch, Tier) schlagen in deiner Wohnung?
→ Welche Zahl zwischen 1–20 ist deine Lieblingszahl?
Spieltipp: Bei der Suche nach dem richtigen Standort darf nicht gesprochen werden.

Spielen ist das halbe Kinderleben

Die Welt des Erwachsenen ist leicht zu trennen in Spiel- und Arbeitssituationen. Die Welt des Kindes ist fast völlig durchdrungen vom Spiel. In den ersten Lebensjahren gibt es beim Kind noch keine Trennung zwischen Spiel und Lernen. Lernen ist Spiel und Spiel ist Lernen: Das Kind möchte viele Dinge kennen lernen und damit seine Erfahrungen machen. Das Spiel ist sozusagen die „Berufstätigkeit" des Kindes und eng mit seiner geistigen, seelischen und körperlichen Entwicklung verbunden.

Lernen ist Spiel – Spiel ist Lernen

Im Spiel setzt sich das Kind mit seiner Umwelt auseinander. Es durchschaut Zusammenhänge und Funktionen, Eigenschaften werden ihm bewusst. Es kann sich besser orientieren und handeln. Sein Selbstvertrauen wird gestärkt.

Im Spiel wird die Grundlage für die Aufnahme sozialer Beziehungen geschaffen. Gemeinsam mit Eltern, Geschwistern, Freunden erfährt es gesellschaftliche Regeln und Normen, die seine späteren Einstellungen prägen.

Im Spiel erwirbt es größere Fähigkeiten in der Bewegung. Spiel und Bewegung sind eins. Ohne Bewegung kann kein Spiel stattfinden. Spielend erprobt das Kind unterschiedliche Ausdrucksformen. Seine Kreativität (= schöpferischen Kräfte) und seine Fantasie werden freigesetzt und angeregt.

Spiel ist Grundlage für den Erwerb der Sprache. Mimik und Gestik begleiten die Äußerungen und führen zu immer besseren Fähigkeiten des Sprechens. Im Spiel zeigt das Kind seine Gefühle. Es durchspielt erlebte, angstvolle Situationen und bringt geheime Wünsche zum Ausdruck. Sprache, Fantasie, soziale Beziehungen, all das kann sich natürlich nur in einer Spielatmosphäre entfalten, die dem Kind die Möglichkeit gibt, sich auszuspielen – sich frei zu entwickeln.

AUFGABEN

Gestalten Sie in der Lerngruppe eine Gedankenlandkarte (Mindmap) zu der Aussage: „Spielen ist die Berufstätigkeit des Kindes."

Mit dem Mindmap Gedanken strukturieren *(Gedankenlandkarte, Beispiel S. 217)*

Die Schülerinnen sammeln zunächst Ideen, Gedanken, Empfindungen oder Erinnerungen zum Thema, das im Mittelpunkt eines Blattes, einer Flipchart oder der Tafel formuliert wurde.
Um diesen Mittelpunkt entsteht ein geordnetes Geflecht mit den Aspekten der Sammlung, die gegebenenfalls mit Zeichnungen, Grafiken, Symbolen, Fotos usw. ergänzt werden. Dabei wird darauf geachtet, Wichtiges von weniger Bedeutsamem optisch zu unterscheiden und unterschiedliche Gedankenwege zu kennzeichnen. Dies geschieht durch eine Rangfolge in Form von Haupt- und Nebenästen, aber auch durch farbige Visualisierung. Die Methode ist sowohl als Einzelarbeit als auch in Kleingruppen durchführbar.

Funktionen/Ziele
→ Training der rechten und linken Gehirnhälfte
→ Gedächtnisschulung
→ Konzentrationssteigerung
→ Planung und Organisation von Vorhaben aller Art wie Zeit- und Arbeitsplanungen, Erledigungen, Projekte, Vorträge, Präsentationen, Urlaub etc.
→ Persönliche Zielbestimmung
→ Zeit sparen
→ Kreatives Problemlösen
→ Wissenserwerb

Im Spiel Kontakte knüpfen

Kontakte zu knüpfen ist die wichtigste Voraussetzung für jedes pädagogische Handeln. Kontakte können auf vielfältige Weise aufgenommen werden, sprachlich (verbal) oder nicht sprachlich (nonverbal), mimisch, gestisch oder handelnd. Erfolgreiche Kontaktaufnahmen zu Kindern gelingen meist über Spielhandlungen.

Tanja: „ Zuerst war ich sehr glücklich, Kontakt geknüpft zu haben."

Es war mein erster Tag bei Familie Berger. Ich war sehr aufgeregt. Als ich um 8:00 Uhr eintraf, frühstückten Frau B. und die vierjährige Anne in der Küche. Ich wurde etwas ruhiger, als Frau B. mir eine Tasse Kaffee anbot. Anne guckte mich groß an: „Wie heißt du?" Ich sagte meinen Namen. „Und wie heißt du?" „Anne!" Ich freute mich, dass ich so schnell Kontakt geknüpft hatte. Frau B. forderte Anne auf, nicht die ganze Zeit mit dem Auto über ihren Teller zu fahren, als Jan sich nebenan meldete. Frau B. bat mich gleich, mit in Jans Zimmer zu kommen. Wir gingen in das Kinderzimmer. Jan reagierte bei meinem Anblick sehr ängstlich. Er war echt niedlich und ich wollte ihn gerne streicheln, doch er klammerte sich an seine Mutter. Ich stand herum und wusste nicht, was ich machen sollte. Frau B. hatte das wohl bemerkt und sagte: „Ich gebe Jan nur neue Windeln. Vielleicht gehen Sie so lange rüber zu Anne. Sie soll sich schon anziehen, damit wir gleich in den Kindergarten gehen können!" Ich ging zu ihr. Sie spielte immer noch mit ihrem Auto auf dem Frühstückstisch. „Anne, du sollst dich anziehen!" „Warum hast du 'nen Ring in der Nase?", fragte Anne. Auf diese Frage war ich nicht vorbereitet. Ich konnte gar keine Antwort geben. „Das sieht aber doof aus!", fügte sie noch hinzu. „Du bist aber frech!", entgegnete ich. Sie drehte sich weg und lief aus der Küche in die obere Etage. Ich ging wieder zu Frau B. und erzählte ihr, dass Anne nach oben gegangen sei. Frau B. meinte, ich solle hinterher gehen und Anne beim Anziehen helfen. Ich ging in Annes Zimmer. Sie saß dort auf ihrem Bett und spielte Gameboy. „Anne, du sollst dich anziehen!" Sie beachtete mich überhaupt nicht. Ich gab ihr ihre Hose und setzte mich neben sie. Nach einer Weile fragte sie mich: „Spielst du was mit mir?" „Das geht nicht, Anne. Du sollst dich anziehen, hat deine Mutter gesagt." „Ich hab' aber keine Lust!", widersprach sie. „Wenn du dich jetzt schnell anziehst, dann kann ich ja noch was mit dir spielen?", schlug ich vor. „Und was?", fragte sie. „Was möchtest du denn mit mir spielen?", fragte ich wiederum. „Vielleicht Pokémon!", sagte sie. Ich willigte ein. Tatsächlich zog sie sich jetzt schnell an. Doch da kam ihre Mutter ins Zimmer und wir gingen gemeinsam zum Kindergarten. Anne war sehr ärgerlich. Ich versprach, nach dem Kindergarten mit ihr zu spielen.

AUFGABEN

 Verfolgen Sie genau das Handeln der Praktikantin und beschreiben Sie, wie Tanja ihre Rolle im Kontakt zu den Kindern und als zukünftige Kinderpflegerin sieht.

 Wie schätzen Sie das Handeln Tanjas ein? Wie hätte sie sich anders verhalten können? Entwickeln Sie in Partnerarbeit alternative Handlungsweisen.

 Überlegen Sie, wie Sie gewöhnlich Kontakte zu Gleichaltrigen, Kindern oder anderen Personen herstellen.

 Wie wollen Sie in der Praktikum-Familie Kontakt knüpfen? Entwickeln Sie in der Lerngruppe im Rollenspiel verschiedene Möglichkeiten der Kontaktaufnahme (s. Seite 13: Simulation).

 Erkunden Sie in weiteren Unterrichtsfächern Spiele zum Kennenlernen. Wählen Sie geeignete Spiele für Kinder aus.

Im Spiel Beziehungen aufbauen

Soziale Beziehungen herzustellen ist ein Grundbedürfnis des Kindes. Das Zusammenleben in der Familie und Kindertageseinrichtung unterscheidet sich durch das spezifische Beziehungsgefüge und wird bestimmt durch den alltäglichen Tagesablauf. Trotz der Unterschiede ist das Kind imstande, zu den unterschiedlichen Personen soziale Beziehungen aufzubauen, zu Bezugspersonen wie zu Gleichaltrigen. Dies geschieht meistens mit der fortschreitenden Spielentwicklung in spielerischen Zusammenhängen und kommt in den Spielhandlungen zum Ausdruck.

Ein normaler Tagesablauf bei Familie Berger

Familie Berger wohnt in einer Neubausiedlung am Stadtrand in einer Vier-Zimmer-Wohnung. Klaus Berger (29 Jahre) arbeitet als Automechaniker in einem großen Autohaus. Julia Berger (28 Jahre) ist gelernte Frisörin und seit vier Jahren im Erziehungsurlaub. Anne Berger (4;2 Jahre) ist seit fünf Monaten im Kindergarten und Jan Berger (1;9 Jahre) besucht mit seiner Mutter am Dienstagvormittag die Spielgruppe der Familienbildungsstätte. Am Mittwoch kommt die Kinderpflegepraktikantin Tanja in die Familie. Etwa vier Stunden betreut Tanja Jan und Anne, spielt mit ihnen oder führt mit ihnen aus dem hauswirtschaftlichen, sozialpädagogischen oder sozialpflegerischen Bereich verschiedene Tätigkeiten durch. Donnerstagnachmittags geht Frau Berger mit beiden Kindern zum Kinderturnen in den örtlichen Turnverein.

Wenn Klaus Berger morgens um 7:00 Uhr das Haus verlässt, ist Jan schon wach und spielt im Bett mit seinem Bettspielzeug. Julia Berger weckt Anne. Anschließend hilft sie Jan bei der morgendlichen Körperpflege und beim Anziehen. Anne erledigt diese Tätigkeiten fast alleine, nur beim Kämmen benötigt sie die Hilfe der Mutter. In der Küche bereiten sie dann zusammen das Frühstück vor. Während des Frühstücks planen sie die Aktivitäten des Tages und die Mutter erinnert die Kinder, dass Tanja kommt.

Nach dem Zähneputzen bringen Mutter und Jan gegen 8:30 Uhr Anne zum Kindergarten. Anschließend gehen beide in den Supermarkt zum Einkaufen. Jan sitzt dabei im Einkaufswagen. Er schaut sich um und versucht, in die Regale zu greifen. Die Mutter gibt Jan die ausgewählten Lebensmittel, und er wirft sie in den Einkaufswagen. Zu Hause angekommen verstaut die Mutter die Lebensmittel und bereitet Jan eine Zwischenmahlzeit.

Gegen 11:00 Uhr kommt die Kinderpflegepraktikantin Tanja. Sie begrüßt Jan und Frau Berger mit „Hallo, wie geht's?" und schwärmt gleich von ihrem bevorstehenden abendlichen Discobesuch. Jan fordert laut, mit Tanja zu spielen. Tanja unterbricht ihren Redefluss. Sie geht mit Jan ins Kinderzimmer und tobt erst mal mit ihm. Frau Berger atmet auf und richtet die Wohnung her. Später, während Jan Duplosteine aufeinander steckt, räumt Tanja das Kinderzimmer auf. Jan ruft Tanja und seine Mutter, um sein Werk zu zeigen. Als die Mutter mit Tanja das Mittagessen bespricht und die ersten Vorbereitungen trifft, läuft Jan schnell in die Küche und will helfen. Er holt aus seiner Küchenschublade eine Schüssel, einen Holzlöffel und andere Küchengeräte zum Spielen. Er imitiert die Handlungen der Erwachsenen.

Gegen 12:00 Uhr gehen Jan und Tanja zum Kindergarten und holen Anne ab. Auf dem Rückweg balancieren die Kinder auf einer niedrigen Mauer. In der Wohnung angekommen bereitet die Mutter das Mittagessen. Während Anne von ihrem Vormittag im Kindergarten erzählt, deckt Tanja den Tisch und Jan versucht, ihr zu helfen. Später hilft Anne Tanja beim Abräumen und Spülen des Geschirrs, während die Mutter Jan für die Mittagsruhe fertig macht. Inzwischen spielt im Wohnzimmer nun leise Radiomusik. Anne beschäftigt sich mit einem Bilderbuch, Tanja bügelt Kinderwäsche und Frau Berger liest die Tageszeitung.

Gegen 15:00 Uhr erwacht Jan und nach der Zwischenmahlzeit geht Frau Berger mit den Kindern zum nahe gelegenen Spielplatz. Jan fährt mit dem Bobbycar und Anne mit ihrem Roller. Tanja begleitet die drei noch ein Stück und verabschiedet sich bis zur nächsten Woche.

Auf dem Spielplatz treffen sie andere Kinder und Erwachsene aus der Nachbarschaft. Einige der anwesenden Kinder kennen sich aus dem Kindergarten, der Spiel- oder Turngruppe. Abwechselnd spielen die älteren Kinder im Sandkasten, an den Spielgeräten, Laufspiele auf der Wiese oder sie veranstalten Wettrennen mit Roller und Fahrrad. Die jüngeren Kinder laufen hinter ihnen her, schauen zu oder versuchen, die Spieltätigkeiten nachzuahmen. Manchmal braucht Jan die Unterstützung, Anregung oder den Trost der Mutter. Später gehen Frau Berger, Jan und Anne wieder nach Hause.

Die Abendmahlzeit bereitet Frau Berger heute alleine zu, die Kinder sind im Kinderzimmer und hören eine Kassette mit Kinderliedern. Sie singen laut mit. Als gegen 18:00 Uhr Herr Berger kommt, nehmen sie zusammen die Abendmahlzeit ein, wobei jeder von seinen Tageserlebnissen erzählt. Nach dem Abendessen erfolgt das abendliche Reinigungsbad, bei dem die Kinder mit viel Vergnügen im Badezimmer plantschen. Herr und Frau Berger planen deshalb ausreichend Zeit ein und lassen die Kinder aus Sicherheitsgründen nicht alleine im Bad. Später schläft Jan schon bei der Gute-Nacht-Geschichte ein, während Anne dem Vater ein Erlebnis aus dem Kindergarten erzählt. Mit der Mutter singt Anne dann noch ein Abendlied.

Annes Vormittag im Kindergarten
Anne geht regelmäßig vormittags in die Kindertagesstätte und manchmal auch nachmittags. Heute kommt Anne früh und es sind erst wenige Kinder da. Sie geht sofort zum Spielregal und nimmt ein Puzzle heraus. Sie setzt sich in Marias Nähe. Maria ist Kinderpflegerin. Sie bereitet das Obst für den Frühstückstisch vor. Alexa, die Gruppenleiterin, spricht gerade mit einer Mutter.

Anne bringt rasch das Spiel wieder in das Regal, schaut den Vorbereitungen weiter zu und kuschelt sich an Maria und fragt: „Was machst du?" Maria erklärt es und fragt, ob Anne beim Schneiden der Äpfel helfen möchte. Ganz genau schneidet Anne die Äpfel und legt sie auf den Teller.

Inzwischen ist Rike gekommen. Beide begrüßen sich und Anne erzählt ihr, was sie von zu Hause mitgebracht hat. Sie will es ihr später zeigen, wenn sie mit dem Obstschneiden fertig ist. Tom und Jonas bauen auf dem Bauteppich einen großen Turm. Bewundernd steht Anne davor und betrachtet ihn von der Grundmauer bis zur Turmspitze. „Der ist ja so hoch!", bemerkt sie, aber die Jungen reagieren nicht. Anne geht weiter und beobachtet eine Weile zwei Kinder beim Tischspiel. Sie entscheidet sich aber doch für den Turmbau. Der große Turm sieht so schön aus! Tom und Jonas gehen gerade frühstücken. Anne probiert und stapelt die Bausteine aufeinander. Rike kommt vorbei und hilft ihr. Bald sagt Anne: „So doch nicht! Hol dir selber eine Kiste mit Steinen!" Sie will ihre Ideen durchsetzen und baut alleine weiter, dabei muss sie ihren Vorrat an Bausteinen verteidigen.

Die Jungen sind zurückgekommen und bauen wieder an ihrem Turm. Sie verlangen von Anne weitere Bausteine. Zunächst verweigert sich Anne, gibt dann aber ein paar Steine ab. Kurz darauf holt Anne die Kiste mit Tieren, Bäume, Zäunen, usw. Sie will jetzt einen Zoo bauen. Rike kommt zurück und eine Weile spielen sie zusammen weiter, sie bauen um den Turm einen Zaun. Aber die Großen stören oft, so dass beide bald keine Lust mehr haben.

Anne holt Papier und Stifte, setzt sich an einen Tisch und beginnt zu malen, allein. Bald setzt sich Özlem dazu und beide haben viel Spaß beim Ein- und Ausräumen des Buntstiftkastens. Lena gesellt sich dazu und stellt fest, dass die Farbstifte stumpf sind. Anne schaut den beiden beim Anspitzen zu, dann probiert sie es auch. Sie schafft es und stolz zeigt sie Maria den angespitzten Stift und malt an ihrem Bild weiter. Dazwischen schaut sie zum Bauteppich, aber Malen ist ihr im Moment wichtiger. Das fertige Bild zeigt sie Maria. Diese bewundert das Bild und regt an, das Bild in ihr Eigentumsfach zu legen. Anna hat eine Idee, sie rollt das Bild zu einer Rolle und benutzt sie wie ein Fernrohr. Mit diesem Fernrohr schlendert Anna durch den Gruppenraum und beobachtet die Jungen auf dem Bauteppich und die Kinder in der Bilderbuchecke, die ein Bilderbuch anschauen.

Alexa spielt mit zwei Kindern ein Tischspiel, das Würfeln scheint Spaß zu machen. Anne setzt sich dazu und wird nach einer Weile zum Mitspielen aufgefordert. Doch Anne will jetzt frühstücken und geht ins Frühstückscafé. Heute ist Obst-Müsli-Tag. Jedes Kind kann sich zusätzlich aus Haferflocken, geschnittenem Obst und Milch ein Müsli zubereiten.

Nachdem alle mit dem Frühstück und Zähneputzen fertig sind, wird im Gruppenraum ein Stuhlkreis gestellt. Da es heute regnet, wollen alle zusammen spielen. Anne möchte aber erst noch ein kleines Puzzle zusammensetzen. Dabei schaut sie ruhig den anderen beim Spiel zu. Später im Kreis versucht sie, sich die Regeln zu merken und mitzusingen, aber eine Rolle übernehmen und mitspielen möchte sie noch nicht. Maria und Alexa lächeln ihr zu und lassen sie zufrieden.

Das Abschiedslied kennt Anne schon und eifrig klatscht sie mit. Für heute reicht es Anne, sie ist ein wenig müde. Sie freut sich, als Tanja (Kinderpflegepraktikantin) und Jan sie abholen. Rike, Tom und einige andere Kinder bleiben über Mittag in der Tagesstätte, sie werden erst später am Nachmittag abgeholt

AUFGABEN

 Erfassen Sie Annes/Jans Handlungsweisen in einer Tabelle. Markieren Sie die Tätigkeiten die Anne/Jan selbstständig ausüben und bei denen sie Unterstützung benötigen.

 Erklären Sie wann, womit Anne/Jan allein oder mit anderen Kindern/Erwachsenen spielt? Überlegen und diskutieren Sie mögliche Begründungen.

 Wie nimmt Anne/Jan Kontakt zu anderen Kindern/Erwachsenen auf?

 Erfassen Sie die Handlungsweisen/Tätigkeiten der Eltern, Kinderpflegerin, Gruppenleiterin. Welche Übereinstimmungen gibt es?

 Welchen Eindruck hinterlassen Anne, Jan, Eltern, Tanja (Kinderpflegepraktikantin), Maria (Kinderpflegerin) und Alexa (Gruppenleiterin) bei Ihnen? Diskutieren Sie Ihre Interpretationen in der Lerngruppe.

 Wodurch wird die Kontaktaufnahme erleichtert bzw. erschwert? Verbildlichen Sie ihr Ergebnis z. B. durch zwei Figuren, in die man etwas hineinschreiben kann.

 Erstellen Sie ein Schaubild: Wie entstehen Beziehungen zwischen
a) Kindern – Kindern,
b) Kindern – Erwachsenen?

2.2   Was ein Kind zum Spielen braucht

Eine harmonische Spielatmosphäre gibt dem Kind die Möglichkeit, sich frei zu entfalten

Kontaktaufnahmen, soziale Beziehungen und kindliche Ausdrucksformen können sich natürlich nur in einer Spielatmosphäre entfalten, die dem Kind die Möglichkeit gibt, sich auszuspielen und frei zu gestalten. Daran sind beteiligt:

→ Bezugspersonen, die das Spiel des Kindes ernst nehmen, unterstützen und anregen, aber auch gewähren lassen;
→ Kontakt zu anderen Kindern, um soziale Verhaltensweisen im gemeinsamen Spiel zu erfahren;
→ Ruhe und Zeit, selbstständig Dinge zu entdecken, auszuprobieren und Ausdauer zu entwickeln;
→ Spielorte, in denen sich das Kind frei bewegen und mit seiner Umwelt aktiv auseinander setzen kann;
→ Spielmaterial, das die Neugierde und Fantasie des Kindes anspricht und vielseitig im Spiel verwendet werden kann;
→ Entscheidungsfreiheit darüber, wie es oder was es spielt, ob es allein, mit der Bezugsperson oder mit anderen Kindern spielen möchte.

Da eine natürliche und intakte Spielumwelt, die spontane Spielerlebnisse zulässt, häufig nicht vorhanden ist, müssen Spielaktionen meist längerfristig geplant werden. Deshalb brauchen Kinder insbesondere heute Förderung und Unterstützung durch Bezugspersonen, die in der Lage sind, angemessene Bedingungen für die Entfaltung des kindlichen Spiels herzustellen.

Unterschiedliche Spielräume bieten vielfältige Erfahrungen

Je jünger das Kind ist, umso weniger Spielraum beansprucht es. Mit den steigenden Fortbewegungsmöglichkeiten des Kindes müssen die räumlichen Voraussetzungen für das Spiel neu gestaltet und Sicherheitsvorkehrungen getroffen werden. Bald bietet die Wohnung allein keinen ausreichenden Spielraum mehr. Das Kind vergrößert seinen Aktionsradius und dazu muss die räumliche Spielumgebung angemessen gestaltet sein.

Kinder spielen am liebsten an Orten, die unvollkommen und nicht perfekt sind. In der häuslichen Umgebung sind es sehr häufig Dachböden, Wohnküchen, Arbeitsräume von Erwachsenen, der Platz unter den Tischen oder den Betten. Draußen sind es Hecken, verwilderte Wiesen mit Bäumen und Tümpeln. Mit Eintritt in den Kindergarten löst sich das Kind nun zum ersten Mal von seinem vertrauten, häuslichen Bereich und erlebt einen neuen Lebensraum, der ihm ebenfalls Geborgenheit, Vertrautheit, aber auch neue interessante Erlebnisse vermitteln soll. Für die meisten Drei- bis Vierjährigen, die aus der Familiensituation kommen, bedeutet es oft eine Überforderung, den Kindergarten mit all seinen Räumen und den vielen neuen Gesichtern zu bewältigen. Beim Übergang von kleinen zu großen Räumen muss daher, besonders dem jungen Kind, eine Gewöhnungszeit zugestanden werden.

Die Aufgliederung des Gruppenraumes in kleine Spielbereiche erleichtert dem Kind anfangs die Übersicht und vermittelt eine Atmosphäre, in der es sich wohl fühlt. Individuelle Symbole für jedes Kind, z. B. am Garderobenhaken, Materialkasten, Handtuch- und Zahnbürstenhalter, unterstützen die Orientierung und geben dem Kind Sicherheit, um sich zurechtzufinden. Spielpodeste, niedrige Räume (Höhlen oder Kojen), die der kindlichen Körpergröße angepasst sind, und Nischen oder Emporen unter dem Dach ermöglichen dem einzelnen Kind oder einer kleinen Gruppe, den eigenen Interessen, besonderen Neigungen und Bedürfnissen nachzugehen. Gleichzeitig fordern sie zu verschiedenen Aktivitäten heraus.

Spielpartner sind wichtig, um soziale Beziehungen aufzubauen

Der Säugling und das Kleinkind sind bei ihren Erkundungsspielen auf die Bezugspersonen als Spielpartner angewiesen, sie bieten ihm Anregungen, stellen Spielmaterial zur Verfügung, unterstützen, wenn Hilfe verlangt wird. Sie beobachten das spielende Kind, stören es nicht und vermeiden Spielunterbrechungen. Kleinkinder genießen aber auch die Anwesenheit anderer allein spielender Kinder. Sie benötigen Erwachsene noch als Vermittler, z. B. bei der Kontaktaufnahme oder Konflikten mit anderen Kindern. Die Kontaktaufnahme erfolgt meist über freiwilliges oder unfreiwilliges „Nehmen und Geben" des anderen Spielzeugs. Entwicklungsbedingt können Kleinkinder Gefahrensituationen noch nicht abschätzen und Konfliktsituationen noch nicht alleine lösen.

Aus dem Einzelspiel (Solospiel) des Kleinkindes entwickelt sich das Nebeneinanderspiel (Parallelspiel) mit Gleichaltrigen, bei dem zwei oder mehrere Kinder für einen kurzen Zeitraum mit Spielmaterial am gleichen Ort spielen. Die Kontaktaufnahme geschieht zunächst fast ausschließlich über das Spielmaterial. Besitzansprüche werden dabei manchmal laut geltend gemacht.

Das Kindergartenkind entwickelt zunehmend die Fähigkeit zu Sozialbeziehungen, die Rolle des erwachsenen Mitspielers wird seltener gewünscht und es wendet sich immer stärker gleichaltrigen Spielpartnern zu. Aus dem Parallelspiel entstehen Partnerspiele mit wechselnden Spielpartnern und auch erste kollektive Kleingruppenspiele. Sie verlaufen meist in Form von Rollenspielen, wobei Kleidungsstücke und Tücher aus der Verkleidungskiste oder Bausteine und Spielautos in der Bauecke die Kinder zu spontanen Rollenspielen verleiten.

Spielmaterial muss den Entwicklungsstand des Kindes berücksichtigen

Als Spielmaterial reicht dem Säugling zunächst sein eigener Körper sowie eine Bezugsperson, die ihm positive Zuwendung gibt. Später regen einzelne Gegenstände seine Sinneswahrnehmungen an. Hat das Kind die Eigenschaften eines Gegenstandes oder Spielzeugs erfasst und durch ständige Wiederholungen eingeprägt, wie z. B. der Ball ist rund, glatt und rollt, erhält sein Spiel eine neue Funktion und Bedeutung, z. B. Wurf- und Fangspiele zu initiieren.

Die Art, Menge und Beschaffenheit des Spielzeugs sind immer vom jeweiligen Entwicklungsstand des Kindes und den bevorzugten Spielformen abhängig. Wichtig ist, dass Spielzeug die kindliche Spielentwicklung fördert und sie nicht hemmt oder gar verhindert.

Im Kindergarten stehen den Kindern für unterschiedliche Spielbedürfnisse und Spieltätigkeiten vielfältige Spielmaterialien zur Verfügung, z. B. Bausteine, Konstruktionsmaterialien, Tischspiele, Sandspielzeug, Roller, Bälle, Requisiten für Rollenspiele etc.

Spielzeit ist Lernzeit

Im Leben des Kindes nimmt die Spieltätigkeit den Hauptanteil seiner Zeit in Anspruch. Ausgiebig und verschwenderisch kann das jüngere Kind noch mit seiner Spielzeit umgehen, das ältere Kind dagegen hat schon einige Pflichten und kleine Aufgaben zu erfüllen. Spielerlebnisse und -eindrücke werden vom Kind nach und nach verarbeitet. Es nimmt sich Ruhepausen, indem es nur dasitzt und beobachtet. Bei Bewegungsspielen, Rollenspielen, Bilderbuchbetrachtungen und auch anderen Spielarten bleibt in der Vorstellung des Kindes manchmal die Zeit stehen oder sie vergeht im Nu und es möchte immer weiter spielen.

Spielentscheidungen werden frei getroffen

Kinder wie erwachsene Spieler treffen allein die Entscheidung darüber, ob sie spielen wollen oder nicht, ob und mit welchem Spielpartner, ob mit Spielzeug oder ohne Material. Nach vorgegebenen Regeln oder gemeinsam getroffenen Vereinbarungen beschließen sie selbst die Zeitdauer und Intensität ihrer Spielhandlung. Sie haben die Freiheit zu entscheiden, ob ihnen das Spiel Spannung oder Entspannung bringen soll.

Wenn ein Kind laufen und sprechen kann, eröffnen sich ihm ganz neue Spielwelten. Jüngere Kinder benötigen bei ihren Spielentscheidungen manchmal noch die Hilfestellung des Erwachsenen und ältere Kinder treffen ihre Entscheidungen alleine oder mit gleichaltrigen Spielpartnern. Kinder probieren gerne aus, versuchen, den Dingen auf den Grund zu gehen. Dabei entwickeln sie eigene Regeln für ihr Spiel und geben ihren kreativen Spieltätigkeiten einen eigenen Sinn. Manchmal wollen Kinder auch nur beobachtend teilnehmen, bevor sie sich für ein Spiel entscheiden.

AUFGABEN

 Einmal in der Woche betreuen Sie Anne (4;2 Jahre) und Jan (1;9 Jahre). Worauf müssen Sie als Kinderpflegerin achten, um beiden Kindern eine geeignete Spielatmosphäre zu schaffen?

 Vergleichen Sie heutige Spielbedingungen mit den Spielbedingungen in Ihrer Kindheit. Welche Übereinstimmungen bzw. Unterschiede stellen Sie fest?

 Diskutieren Sie in Ihrer Lerngruppe die Aussage: Fehlende bzw. mangelnde Spielbedingungen wirken sich entscheidend auf die kindliche Spielentwicklung aus!

 Welche Rolle übernimmt der erwachsene Mitspieler beim Spiel mit Kindern? Stellen Sie einige Aspekte zusammen.

 Beobachten Sie mit der Lerngruppe Spielsituationen im Kindergarten oder auf einem Spielplatz. Legen Sie vorher gemeinsam Beobachtungskriterien fest, vergleichen Sie anschließend Ihre Ergebnisse.

 Welche Spielbedingungen braucht ein Säugling, ein Kleinkind, ein Kindergartenkind? Stellen Sie Schwerpunkte zu jeder Altersgruppe plakativ oder tabellarisch dar.

2.3 Spielformen des Kindes bis sechs Jahre

Eine Kinderpflegerin berichtet über folgende Rollenspielsituation:
Christian ist knapp sechs Jahre alt und spielt am liebsten mit drei anderen Jungen, die jünger sind als er. Bei allen gemeinsamen Spielen ist er immer der Anführer, der das Spiel oft mit Beschimpfungen oder Grobheiten bestimmt.
Ich schlage diesen vier Jungen ein Ritterspiel im Nebenraum vor. Außerdem frage ich zwei Mädchen, ob sie bei unserem Ritterspiel mitmachen wollen. Einige Requisiten wie Hüte, Gürtel, Pferdeleinen und ein Holzschwert liegen bereit.

Christian verteilt die Rollen, bestimmt sich selbst sofort als Anführer und greift zu dem Holzschwert. Die Mädchen seien die Frauen und müssen für das Essen sorgen, und er ginge mit den anderen Rittern zur Jagd. Daniel und Philip sind sauer, dass sie keine Schwerter haben. Sie verlangen, dass mit dem Schwert abgewechselt werden soll. Christian geht nicht darauf ein und sagt: „Ich bin hier der Bestimmer! Wenn ihr nicht still seid, spielt ihr nicht mehr mit!" Ich schalte mich ein und sage: „Warum schreist du hier so rum, Ritter Christian?"

Christian: „Ich bin hier der Oberritter, und was ich sage, wird gemacht!"
Ich entgegne: „Ich kenne aber andere Oberritter, die besprechen immer alles mit ihren Freunden!"
Christian: „Wer bist du denn eigentlich?"
Ich antworte: „Ich bin der neue Ritter!"
Christian: „Du bist hier nur der neue Ritter, du hast hier gar nichts zu sagen!"
Ich wende mich den anderen Kindern zu: „Ihr anderen Ritter, wollt ihr so einen Oberritter haben, der hier nur rumschreien kann?"
Die Jungen geben keine eindeutige Antwort. Die Mädchen gehen aus dem Raum und sagen, sie hätten keine Lust, weiterzuspielen.
Auf einmal lenkt Christian ein und sagt: „Na gut, Philip kann nachher auch mal das Schwert haben!"
Das Ritterspiel geht weiter. Christian hat weiter die führende Rolle, aber die anderen Jungen äußern bereits eigene Meinungen während des Spiels.

Die Einteilung der Spiele in **Funktionsspiel**, **Konstruktionsspiel**, **Rollenspiel** und **Regelspiel** berücksichtigt in dieser Reihenfolge Aspekte kindlicher Entwicklungsphasen. Diese Spieleinteilung eignet sich besonders für die Auswahl und Verwendung von Spielarten und Spielformen in Kindertageseinrichtungen, da sie die kindlichen Entwicklungsbedürfnisse beachtet.

Funktionsspiele

→ Experimentierspiele (Materialerfahrungs-, Umwelterkundungsspiele)
→ Bewegungsspiele (Klettern, Rollerfahren, Versteck-, Ball-, Fang-, Hüpfspiele)
→ Spiele zur Sinneswahrnehmung (Hör-, Tast-, Seh-, Riech-, Schmeckspiele)

Funktionsspiele stehen am Anfang jeder kindlichen Spielentwicklung. Es sind einfache Handlungsweisen, die das Kind aus Freude an der Bewegung und den damit zufällig bewirkten Veränderungen mehrfach wiederholt. Diese Freude am Funktionieren geht von einem inneren Impuls des Kindes aus und wird als Funktionslust bezeichnet.

Schon der Säugling zappelt lustvoll mit seinen Armen und Beinen, erforscht seine Hände, Zehen, das Gesicht der Bezugsperson sowie sein erstes Spielzeug. Im ersten Lebensjahr stehen das Untersuchen und Ausprobieren unabhängig vom Material im Mittelpunkt der Funktionsspiele. Im zweiten Lebensjahr werden die Bewegungsformen bereits auf viele Materialien wie z.B. Bausteine, Sand, Malstifte übertragen. Das Kind erfährt die unterschiedliche Materialbeschaffenheit und Verwendungsmöglichkeit.

Zunächst geschehen das Erforschen und Ausprobieren noch ohne Absicht und Plan. Erst das Kindergartenkind experimentiert mit neugieriger Lust und versucht, Dinge und Funktionen zu durchschauen. Sein Bewegungsdrang und die Freude an der Körperbewegung veranlasst es zu lustbetonten Bewegungsspielen, wodurch seine Geschicklichkeit ständig zunimmt. Die Zunahme in der Fähigkeit des Kindes zur Verknüpfung und Kombination führt dazu, dass im Funktionsspiel zufällig ein Produkt entsteht, das die charakteristischen Merkmale eines realen Gegenstandes aufweist, z.B. aus dem Experimentieren mit Legosteinen ist ein Fahrzeug entstanden. Positiver Zuspruch von Seiten der Bezugspersonen bestärken das Kind in seinem Tun, so dass der Übergang vom funktionalen Spiel zum Konstruktionsspiel vollzogen ist.

AUFGABEN

Überlegen Sie, warum Experimentierspiele, Spiele zur Sinneswahrnehmung sowie Bewegungsspiele für die kindliche Entwicklung so wichtig sind.

Ermitteln Sie in der Lerngruppe zu den Funktionsspielen konkrete Spieltitel. Probieren Sie Funktionsspiele aus. Sprechen Sie in der Lerngruppe über Ihre Erfahrungen und Empfindungen.

Beschreiben Sie die Spielbedingungen für Funktionsspiele.

Überlegen Sie, mit welchen geeigneten Spielmaterialien Sie besonders das Funktionsspiel in den Altersstufen Säugling/Kleinkind und Kindergartenkind angemessen fördern können. Fassen Sie Ihre Ideen auf einem Plakat zusammen.

Ein Plakat gestalten

Ein Plakat hat eine begrenzte Fläche zur Gestaltung. Diese sollte optimal ausgenutzt werden und alle Blicke auf sich ziehen.

Funktionen/Ziele
→ Das Sehen verstärken
→ Eine eindeutige Aussage auf der Basis einer Zielformulierung treffen
→ Arbeitskonzeption und -ergebnis (ehrlich, offen, aktuell) darstellen

Einsatzmöglichkeiten
→ Analyse der Aussagen
→ Ergebnisdarstellung und -gestaltung
→ Themenauswertung
→ Wettbewerb/Ausstellung

Gestaltung
→ Übersichtlich
→ Verständlich
→ Originell
→ Schnell zu erfassender Gesamteindruck

Fragen an das Konzept
→ Wie deutlich wird die Botschaft?
→ Wie deutlich wird das Ziel?
→ Ist es glaubwürdig?
→ Kann der Betrachter sich identifizieren, ist er motiviert?
→ Regt es zur Auseinandersetzung an?

Konstruktionsspiele

→ Malen/Gestalten (Mal-, Papiertechniken, mit Verpackungs-, Natur-, formbarem Material)
→ Bauen (Bausteine, Natur-, Alltagsmaterialien)
→ Konstruktionssysteme aus Holz, Metall, Kunststoff (z.B. Lego, Constri)

Aus dem Funktionsspiel entwickelt sich das Konstruktionsspiel, das auch als **Herstellungsspiel** oder **werkschaffendes Spiel** bezeichnet wird. Das Bedürfnis des Kindes, etwas herzustellen, und seine Schaffenslust stehen im Mittelpunkt des Spiels. Das Konstruktionsspiel ist immer an Materialien gebunden.

Nach der Phase des Ausprobierens und Experimentierens entstehen Zufallsprodukte, die das Kind willkürlich benennt und erläutert, es gibt z.B. vor, ein Auto aus Duplo-Steinen zu bauen oder einen Kuchen aus Sand für die Oma zu backen. Die Produkte weisen jedoch keinen Zusammenhang mit der Bezeichnung auf. Im Verlaufe der Herstellung ändert das Kind auch mal die Kennzeichnung.

Je einfacher die Materialien sind, umso sicherer kommt das Kind zu seinem geplanten Ziel. Mit wachsender Vorstellungskraft und Kreativität gelingen ihm immer kompliziertere Werke. Alleine oder mit gleichaltrigen Spielpartnern plant das Kind sein Spielvorhaben und benennt vorher das Werk. Es gelingt ihm, über einen längeren Zeitraum daran zu arbeiten.

Nachahmung und Fantasie bewirken, dass im Kindergartenalter die Konstruktionsspiele sich sehr häufig in Rollenspiele verwandeln, z.B. haben drei fünfjährige Jungen auf dem Bauteppich mit Holzbausteinen eine Autobahn gebaut, auf der sie im weiteren Spielverlauf eine dramatische Verfolgungsjagd mit Autos und Flugzeugen inszenieren.

AUFGABEN

 Überlegen Sie, warum Malen/Gestalten, Bauen/Konstruieren für die kindliche Entwicklung so wichtig sind.

 Ermitteln Sie typische Materialspiele für verschiedene Spielformen.

 Finden Sie zu den Material-/Konstruktionsspielen konkrete Spieltitel. Probieren Sie Spiele aus und sprechen Sie in der Lerngruppe über Ihre Erfahrungen und Empfindungen.

 Beschreiben Sie die Spielbedingungen für Konstruktionsspiele.

 Überlegen Sie, mit welchen geeigneten Materialien Sie besonders Konstruktionsspiele in den Altersstufen Kleinkind und Kindergartenkind angemessen fördern können. Fassen Sie Ihre Ideen auf einem Plakat zusammen.

Rollenspiele

→ Theaterspiel (Pantomime, Menschentheater, Schatten-, Figuren-, Maskenspiel)
→ Darstellende Spiele (Spielkette, Finger-, Bewegungs-, szenische Ratespiele)
→ Spontane Rollenspiele

Der Begriff „Rollenspiel" umfasst einerseits das Theaterspiel und das darstellende Spiel, das meist vor einem Publikum präsentiert wird, während das spontane und pädagogisch angeleitete Rollenspiel ohne fremde Zuschauer auskommt, da es der Erprobung eigener Verhaltensweisen, sozialer Kompetenzen, Verarbeitung von Erlebnissen oder der Bewältigung von Konfliktsituationen dient. Das kindliche Rollenspiel wird auch als **Symbol- oder Fiktionsspiel** bezeichnet.

Mit Beginn des Spracherwerbs ahmen Kinder in ihren Spielen zunächst solche Geschehnisse nach, die sie beobachtet, gehört, erlebt haben. Bei ihren anfänglichen Nachahmungsspielen stellen sich die Kinder etwas vor, sie „tun so, als ob" das Spielgeschehen Wirklichkeit wäre. Dabei imitieren sie besonders Handlungsweisen der Erwachsenen, ohne eine direkte Rolle zu übernehmen. So kriechen sie z. B. mit einem Auto über den Boden und machen dabei Fahrgeräusche, rühren in einem Topf, um das Mittagessen zu kochen, oder sprechen mit einer erdachten Person per Spieltelefon.

Zwischen dem zweiten und dritten Lebensjahr ist das Kind in der Lage, sich ein nicht vorhandenes Objekt vorstellen zu können. Es entwickelt erste einfache Rollenspiele, wobei es zunächst spontan in eine Spielrolle schlüpft. Passende Rollenspielmaterialien, wie Puppen, Stofftiere mit entsprechendem Zubehör, Küchenutensilien usw. helfen dem Kind, die Erwachsenenwelt nachzuspielen, aber auch Handlungen und Situationen der „Großen" zu bewältigen.

Oftmals verwendet es im Rollenspiel aber auch Symbole, um den realen Gegenstand zu ersetzen, ein Stock wird z.B. zur Pistole, ein Sandklumpen zum Erdbeereis. Eigene Verhaltensweisen werden auf Puppen oder Stofftiere übertragen und im Rollenspiel lebendig: Die Puppe schreit, weil sie Hunger hat, oder der Teddy bekommt einen Schlag auf den Po, weil er Unsinn gemacht hat.

Zwischen drei und vier Jahren ist das Kind in der Lage, sich zwischen zwei Welten zu bewegen: der realen und der fiktiven Spielwelt. Es ahmt nicht nur Personen oder Tiere aus seiner direkten Umgebung nach, sondern schlüpft auch gern in Fantasierollen aus der Literatur- oder Medienwelt. In dieser Quasi-Realität des Rollenspiels kann das Kind Verhaltensweisen ausprobieren. Es kann so tun „als ob" es der starke Batman wäre, die schöne Prinzessin oder der mächtige Power-Ranger, ohne sich für die spielerische Verwandlung zu rechtfertigen. Im und durch das Rollenspiel kann es seine Lebenssituation und seine Gefühle besser zum Ausdruck bringen, als es ihm seinem Alter entsprechend auf sprachlicher oder bildnerischer Ebene gelingen würde.

Zwischen dem fünften und sechsten Lebensjahr stehen die Sozialisierung und Organisierung im Mittelpunkt des Rollenspiels: Spielorte werden inszeniert, Rollen verteilt und Regieanweisungen gegeben, Requisiten entsprechen mehr und mehr der Realität, Spielzeiten müssen eingehalten werden. Diese kollektiven bzw. sozialen Rollenspiele entwickeln sich sehr häufig aus vorher ebenso gemeinsam durchgeführten Konstruktionsspielen, z.B. beim „Budenbau", nach der Konstruktion der Ritterburg aus Legosteinen oder der Gestaltung eines Piratenschiffes.

AUFGABEN

Ergänzen Sie die angegebenen Rollenspielarten. Finden Sie konkrete Spieltitel.
Ermitteln Sie typische Spielformen.

Wählen und probieren Sie einige Rollenspielarten aus.

Überlegen Sie, warum Rollenspiele für die kindliche Entwicklung so wichtig sind.

Beobachten Sie Kinder bei Rollenspielen. Sprechen Sie über Ihre Eindrücke.

Beschreiben Sie die Spielbedingungen für Rollenspiele.

Überlegen Sie, in welcher geeigneten Weise Sie in den Altersstufen Kleinkind und Kindergartenkind besonders Nachahmungs- und Rollenspiele angemessen fördern können. Fassen Sie Ihre Ideen auf einem Plakat zusammen.

Regelspiele

→ Wettbewerbsspiele (Bewegungs-, Karten-, Computer-, Brett-, Würfelspiele)
→ Didaktische Spiele (Umwelt-, Sachbegegnung, For-
men/Gestalten, Formen/Farben, Sprache/Denken)
→ Gemeinschaftsspiele (Kennenlern-, Wahrneh-
mungs-, Kontakt-, Kooperationsspiele)

Die Entwicklung des Regelbewusstseins ist ein lang
währender Prozess, der sich beim Kind etwa über zehn
Jahre erstreckt. Regelspiele erwachsen aus den Funktionsspielen. Wenn die senso-motorischen Fähigkeiten des Kindes, auch im Umgang mit verschiedenen
Materialien, so weit fortgeschritten sind, entwickelt es
eigene Regeln, an denen es sich zunächst selbst messen will.

Im Kindergarten nimmt das Kind zunächst an regelgebundenen Gemeinschaftsspielen teil,
von denen eine imitierende Wirkung ausgeht. Das Kind ahmt Bewegungen, Text und Melodie nach und verinnerlicht unbewusst die vorgegebene Spielregel. Da Kinder im Kindergartenalter noch sehr ich-bezogen sind, gelingt eine abwechselnde Betätigung mit einem
Spielpartner während eines Regelspiels meist erst zwischen vier und fünf Jahren, unter der
Voraussetzung, dass ein Erwachsener an dem Spiel teilnimmt.

Regelspiele mit Wettbewerbscharakter zeigen bei Kindergartenkindern eine sehr emotionale Wirkung: Bei Erfolg reagiert das Kind mit Stolz und Freude, bei Misserfolg jedoch mit
Trauer, Aggressivität, Verweigerung oder subjektiver Schuldzuweisung. Bei Kindergartenkindern ist zwar eine Leistungsmotivation bereits vorhanden, aber in Wettbewerbssituati-
onen können sie Misserfolge noch nicht ertragen.

AUFGABEN

 Finden Sie für Regelspiele konkrete Spieltitel.

 Wählen und probieren Sie einige traditionelle Regelspiele aus. Wie reagieren Sie heute auf
das Siegen/Verlieren beim Spiel?

 Beobachten Sie Kinder bei Regelspielen. Sprechen Sie in der Lerngruppe über Ihre Eindrücke.

 Verdeutlichen Sie das Regelbewusstsein des Kindes am Beispiel „Fangspiel".

 Überlegen Sie, welche Regelspiele für Kindergartenkinder sinnvoll sind. Fassen Sie Ihre Ideen
auf einem Plakat zusammen.

 Beschreiben Sie die Spielbedingungen für Regelspiele.

 Erörtern Sie die Frage: Sind Regelspiele für die kindliche Entwicklung wichtig?
Diskutieren Sie die Frage: Konkurrenzorientierte Regelspiele im Kindergarten – ja oder nein?

In einer Pro- und Contra-Diskussion eine Position vertreten

Die Lerngruppe sammelt in zwei „Lagern" Argumentationen zur Begründung Ihrer Sichtweisen/Standpunkte und überlegt eine Strategie zum Vergehen in der Diskussion. Die Gruppen legen fest, wer zu welchem Aspekt spricht.

Ziele
→ Vertreten einer Position, die gegebenenfalls nicht die eigene ist (Perspektivwechsel)
→ Einhalten von Regeln
→ Reflexion von eigenen und fremden Ansichten und Verhalten

Regeln
→ Eine Diskussionsleitung wird bestimmt
→ Gemeinsam mit allen wird eine Redezeitbegrenzung vereinbart
→ Beiträge zur Diskussion nur nach vorheriger Meldung
→ Bezugnahme auf den vorherigen Aspekt
→ Vermeiden von Störungen aller Art
→ Einhalten der vorbestimmten Position

Durchführung
Die Gruppen sitzen sich gegenüber. Sie sind durch Symbole, Schilder o. Ä. gekennzeichnet. Zu Beginn der Diskussion tragen im Wechsel beide Ihrer Hauptthesen vor. Dazu wird diskutiert. In großen Gruppen können „Abgeordnete" diskutieren, die anderen fungieren als Beobachter oder Schlichter. Am Ende erfolgt eine Auswertung in Bezug auf die Thematik und das Verhalten der Diskussionsteilnehmerinnen.

2.4 Aufsichtspflicht

Aufsichtspflicht bedeutet:
→ **Bewusstsein für Gefahren und Gefährdungen schaffen**
→ **Gefahren und Gefährdungen rechtzeitig erkennen**
→ **Gefahren und Gefährdungen vermeiden**
→ **Gefahren und Gefährdungen mindern**

Mit ihrem Arbeitsvertrag (Praktikantenvertrag) übernimmt die Kinderpflegerin die gesetzliche Aufsichtspflicht gegenüber den ihr anvertrauten Kindern. Sie haftet für Schäden, die durch grobe Fahrlässigkeit oder Vorsatz entstanden sind. Für Schäden, die durch einfache Fahrlässigkeit entstanden sind, haftet der Arbeitgeber, der zur Absicherung dieses Risikos eine Haftpflicht- oder Unfallversicherung abschließt.

Die Aufsichtspflicht soll die Eigen- und Fremdgefährdung der Kinder sowie Sachbeschädigungen durch die Kinder verhindern. Wenn die Kinderpflegerin für eine begrenzte Zeit alleine ist, wird diese Aufgabe für sie besonders wichtig.

Allen Kindern soll ein möglichst großer Erfahrungsspielraum geboten werden. Kinder sollen ihre Umgebung, ihre soziale Situation sowie Materialien, Haushaltsgeräte und Werkzeuge handelnd erfahren und begreifen. Kinder sollen ihrem Alter und ihren Fähigkeiten entsprechend zu möglichst großer Eigenständigkeit und eigener Verantwortung erzogen werden.

Kinder können jedoch aufgrund ihres Alters, ihrer persönlichen Erfahrungen, ihrer Reife nicht immer alle Folgen ihres Handelns realistisch einschätzen oder Gefahren erkennen. Gerade der Umgang mit Haushalts- und Küchengeräten, Werkzeug, Materialien, damit verbunden das freie Handhaben und das Experimentieren bergen Gefahren in sich. Der unsachgemäße Gebrauch ist oft Bestandteil des Lern- und Erfahrungsprozesses. Das Geschehen zwischen den Kindern, Konflikte und Misserfolge beim Spielen, Lernen und Üben führen zu erhöhter Gefährdung.

Die Aufsichtspflicht besteht für die Kinderpflegerin während ihrer Arbeitszeit ständig und in jeder einzelnen Situation, bei allen angebotenen Aktivitäten bezüglich der Kinder, Räume und Materialien.

Die Kinderpflegerin erfüllt ihre Aufsichtspflicht durch:
→ Eigeninformation über Sicherheitsmaßnahmen,
→ vorausschauende Beobachtung der Kinder,
→ vorbeugendes Handeln,
→ Aufklärung der Kinder über Gefahrensituationen,
→ Anleitung der Kinder,
→ Kontrolle und Reflexion der Situationen oder Handlungen.

AUFGABEN

Diskutieren Sie in der Lerngruppe anhand einer konkreten Situation, welche Gefährdungen durch folgende typisch kindliche Verhaltensmerkmale entstehen können: Spontaneität, Neugierverhalten, Bewegungsbedürfnis, Erfahrungsmangel, Zeitmangel, Wetteifer.
Unterscheiden Sie bei Ihren Überlegungen zwischen:

→ Selbstgefährdung des Kindes
→ Fremdgefährdung durch das Kind
→ Sachgefährdung durch das Kind

Präsentieren Sie Ihre Ergebnisse im Rollenspiel (s. Seite 13).

Die Kinderpflegerin Sonja will zum heutigen Nachmittag mit den Kindern Jan (sechs Jahre) und Laura (vier Jahre) einen Obstsalat zubereiten. Zunächst geht sie mit den Kindern in den nahe gelegenen Supermarkt, um dort Äpfel, Apfelsinen, Kiwis, Nektarinen und Bananen einzukaufen.
Beschreiben Sie die Aufsichtspflicht in allen Phasen der Durchführung (Einkauf und Zubereitung des Obstsalates).

3 Grundlegende Bedürfnisse des Kindes im Handeln berücksichtigen

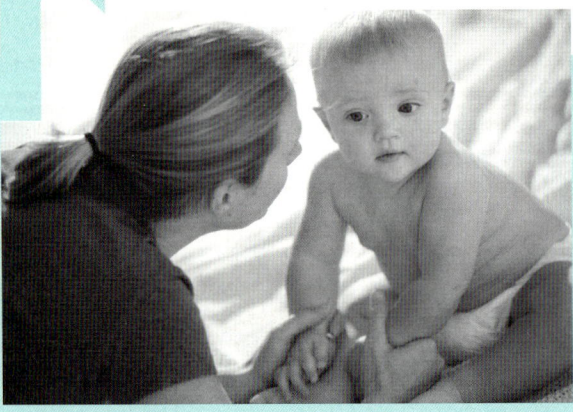

Die entscheidenden Entwicklungsschritte des Kindes finden in den ersten Lebensjahren statt. Neben seiner körperlichen Reife, baut es sein Wahrnehmungsvermögen und seine geistigen Fähigkeiten aus, erwirbt Sprache und soziale Kompetenzen. Dabei entwickelt sich jedes Kind nach seinem eigenen Rhythmus, der nicht nur von der Erbanlage und Konstitution abhängig ist, sondern vor allem durch äußere Einwirkungen wie Umweltreize, Ernährung und menschlicher Zuwendung beeinflusst wird.

3.1 Vom ersten Schrei und ersten Lächeln (bis drei Monate)

Jan ist da. Jan ist schon zehn Wochen alt. In den ersten Wochen hat er die meiste Zeit geschlafen. Doch nun ist er schon länger wach und betrachtet seine Umgebung ganz genau. Wenn er auf dem Bauch liegt, kann er seinen Kopf schon eine kurze Zeit hochhalten. Jan erkennt schon seine Eltern. Sie sind ständig da, wenn er Hunger oder Bauchweh hat, seine Windeln gewechselt werden müssen oder wenn er ganz einfach Zuwendung braucht. Dann freut er sich und zeigt sein erstes Lächeln. Heute sind über seinem Bett viele unbekannte Gesichter zu sehen. Wenn sich die rote Rassel hin und her bewegt, verfolgt Jan sie mit den Augen von einem Augenwinkel bis zum anderen und will danach greifen. Aufmerksam lauscht er den verschiedenen Stimmen. Dabei versucht er schon, einige Laute selbst zu produzieren. Doch das anstrengende Tun macht ihn müde und nach einer Weile schläft er ein.

Schon das Ungeborene reagiert auf Umweltreize und zeigt Empfindungen

Während der Schwangerschaft besteht bereits ein intensiver Kontakt zwischen der Mutter und dem Kind. Schon das Ungeborene reagiert auf Reize, die aus der Umwelt kommen. Ist die Mutter hektisch und gestresst, weil sie vielleicht Probleme hat, reagiert das Kind im Bauch mit unruhigen Bewegungen. Ist die Mutter dagegen ausgeglichen und zufrieden, bewegt sich auch das Kind ruhig. Streichelt die Mutter den Bauch und spricht mit dem Kind, dreht sich das Kind in die Richtung der streichelnden Hand. Hört die Mutter z. B. laute Rockmusik, tritt und boxt das Kind vielleicht und bewegt sich ruhiger bei leiser, langsamer Musik. Auf plötzliche Helligkeit und Dunkelheit reagiert das Kind mit Bewegungen.

Diese Erfahrungen machten Eltern und Fachleute durch viele Beobachtungen und Untersuchungen. Es wurde festgestellt, dass das Ungeborene schon zwischen angenehmen und unangenehmen Empfindungen unterscheiden kann. Wenn das Kind geboren ist, entwickeln sich die Empfindungen und Gefühle weiter.

Das Neugeborene hat wache Sinne und zeigt Gefühle

Nach der Geburt muss sich das Kind zuerst an die Welt außerhalb des Mutterleibs gewöhnen. Das Neugeborene kann schon sehen, hören, riechen, schmecken und fühlen. Es zeigt seine Freude und seinen Unmut. Seine Sinne sind wach.

Das Neugeborene reagiert auf Reize zunächst mit angeborenen Reflexen

Auf bestimmte Reize seiner Umwelt reagiert das Neugeborene mit Reflexen. Reflexe sind unwillkürliche Bewegungen auf einen Reiz. Die angeborenen Reflexe schützen das Neugeborene vor Einflüssen von außen. Die meisten Reflexe verschwinden nach einer bestimmten Zeit. Das Kind bewegt und verhält sich dann bewusst und gezielt.

Durch den **Saug- und Suchreflex** ist das Kind schon kurze Zeit nach der Geburt in der Lage, die Brust der Mutter zu finden und zu saugen. Werden die Lippen oder das Kinn des Kindes berührt, öffnet es den Mund und beginnt mit den Saugbewegungen.

Bei einem grellen Lichtstrahl oder einem plötzlichen, lauten Geräusch reagiert das Kind mit dem ganzen Körper. Es spreizt die Finger, bewegt die Arme ruckartig nach außen und führt sie nach vorne wieder zusammen, wie bei einer Umklammerung. Dieser **Moro-Reflex** verliert sich gegen Ende des 3. Monats.

Die Finger des Kindes sind meist zu einer Faust geschlossen. Berührt oder streichelt man die Hand, greift das Kind nach dem Finger und hält ihn fest. Es hält ihn so fest, dass man das Kind ein Stückchen hochziehen kann. Dieser **Greifreflex** tritt auch bei den Füßen auf. Bei Druck auf den Fußballen krallt das Kind die Zehen zusammen. Der Greifreflex verliert sich ebenfalls gegen Ende des dritten Monats.

Hält man das Neugeborene über dem Wickeltisch hoch, so dass es mit den Fußsohlen aufkommt, beginnt es zu schreiten. Dieser **Laufreflex** verliert sich ebenfalls.

Das Kind braucht nicht nur Nahrung, sondern auch Zuwendung

In den ersten Lebenswochen schläft das Kind noch sehr viel. Es unterbricht seinen Schlaf nur zur Nahrungsaufnahme. Den Unterschied zwischen Wachsein, Schlafen und Essen erfasst es noch nicht. Es schreit, wenn es hungrig ist oder sich nicht wohl fühlt. Bei der Nahrungsaufnahme und bei weiteren Wachphasen erfährt das Kind liebevolle Zuwendung. Diese Zuwendung empfindet das Kind als angenehm. Sie ist wichtig für seine weitere Entwicklung.

Jedes Kind hat seinen eigenen Entwicklungsrhythmus

Jedes Kind durchläuft bestimmte Entwicklungsphasen und entwickelt dabei einen eigenen Rhythmus. Dieser Entwicklungsrhythmus wird bestimmt durch die Anlagen und Umwelteinflüsse. Bei auffälligen Abweichungen sollte unbedingt der Kinderarzt befragt werden. Er kann durch gezielte Untersuchungen eventuelle Entwicklungsstörungen feststellen.

Die körperliche Entwicklung des Kindes kann an bestimmten Merkmalen gut beobachtet werden. Das Kind im ersten Monat kann in der Bauchlage schon für einige Sekunden den Kopf heben und ihn zur Seite drehen. Die Arme und Beine sind in der Beugehaltung. Das Kind liegt und schläft abwechselnd auf dem Rücken, dem Bauch und den Seiten. Die Hände sind beim Schlafen geschlossen. In der Rückenlage bewegt es Arme und Beine ruckartig. Es bemerkt ein bewegtes Spielzeug in ca. 20 cm Entfernung. Bei Zufriedenheit gibt es leise Kehllaute von sich und reagiert auf Geräusche.

Das Kind im zweiten Monat kann seinen Kopf in der Bauchlage schon länger oben halten. Es stützt sich dabei auf den Unterarmen ab. Es beobachtet ein Spielzeug und betrachtet seine Hände. Mit den Augen versucht es, die Geräuschquelle, z. B. die Rassel, zu er-  fassen. Es erkennt die Stimme und das Gesicht der Person, die es ständig umgibt. Auf freundliche Zuwendung reagiert es mit dem ersten Lächeln. Diese typisch menschliche Verhaltensweise wird auch als „soziales Lächeln" bezeichnet. Es kennzeichnet den ersten Schritt in der Entwicklung des Sozialverhaltens, der Fähigkeit, mit anderen Menschen Kontakt aufzunehmen.

Das Kind im dritten Monat bewegt sich nun gerne. Es rudert mit den Armen und strampelt mit den Beinen. Es betrachtet seine Hände und Zehen und steckt sie in den Mund. Essen und Baden bereiten ihm Freude. Es unterscheidet vertraute Stimmen von fremden und beginnt, Laute nachzuahmen. Es fängt an zu lallen. Es hört am Tonfall, ob es angenommen oder abgelehnt wird.

Die Wachphasen des Kindes werden nun länger. Der täglich wiederkehrende Rhythmus von Pflege und Zuwendung gibt ihm Sicherheit und Vertrauen. Das Kind erfährt, dass es sich auf seine Umwelt verlassen kann.

Durch die liebevolle Zuwendung einer festen Bezugsperson erfährt das Kind Sicherheit und Geborgenheit

Außer der täglichen körperlichen Versorgung braucht das Kind ebenso nötig die verlässliche Zuwendung und Liebe einer Bezugsperson. Diese können sein: Mutter, Vater, Verwandte, Tagesmutter, Kinderpflegerin oder andere Erwachsene. Wichtig ist nur, dass diese Person das Kind regelmäßig betreut, denn nur durch die regelmäßige Zuwendung kann eine enge Beziehung zwischen dem Kind und der Bezugsperson entstehen. Ein häufiger Wechsel erschwert es dem Kind, sich in der neuen Welt zurechtzufinden. Durch stetige und intensive Zuneigung erfährt das Kind das Gefühl der Geborgenheit. Die Bezugsperson ist in der Lage, die Bedürfnisse des Kindes zu erkennen und darauf einzugehen. Die körperliche und geistige Entwicklung des Kindes wird durch die Zuwendung und die Anregungen der Bezugsperson und der Umwelt gefördert und unterstützt.

Die geistige Entwicklung des Kindes vollzieht sich von Anfang an durch das Spiel

In den ersten drei Monaten besteht das Spiel des Kindes hauptsächlich darin, sich selbst, Menschen und Dinge wahrzunehmen. Unter Wahrnehmung verstehen wir das Aufnehmen und Verarbeiten von Eindrücken mit Hilfe der Sinnesorgane. Für die kindliche Entwicklung sind drei Sinnesbereiche entscheidend wichtig: das Tasten oder Fühlen, das Sehen und das Hören.

Erste Fühlspiele

Das Neugeborene nimmt über die Haut die ersten Kontakte zur Umwelt auf: Wärme oder Kälte, Nässe oder Trockenheit, Weichheit oder Härte. Das körperwarme Bett mit welchem Schaffell oder Wärmflasche empfindet das Kind als behaglich. In der nassen kalten Windel äußert es schnell sein Unbehagen. Die Befriedigung seiner seelischen Bedürfnisse nach Zärtlichkeit, Trost und Beruhigung erfährt das Kind durch seine Bezugsperson/en, durch Streicheln, durch liebevolles Ansprechen, durch Vorsingen, durch sanftes Schaukeln oder Wiegen auf dem Arm.

In vielen alltäglichen Situationen kann dem Bedürfnis des Kindes nach Körperkontakt nachgekommen werden, z.B. nach dem Baden oder vor dem Wickeln wird das Kind abgetrocknet, eingecremt und geölt. Dabei wird der nackte Körper des Kindes gestreichelt oder leicht massiert und die Handlungen mit Worten begleitet Diese Bewegungen können rhythmisch-musikalisch durch Kinderlieder, Reime oder Verse, unterstützt werden.

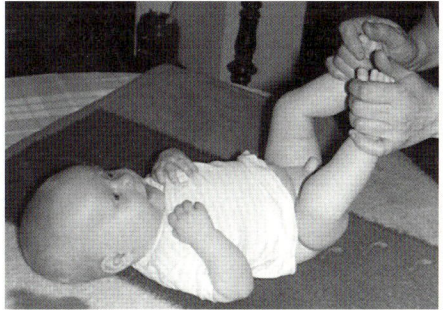

Auch wenn das Kind die Worte noch nicht versteht, spürt es doch, ob die Bezugsperson fröhlich oder traurig, freundlich oder ärgerlich ist. Es wird sogar die Verse oder Lieder wiedererkennen, wenn sie regelmäßig wiederholt werden. All diese Körperspiele lösen bei dem Kind wohlige Empfindungen aus. Sie vermitteln ihm Sicherheit und Geborgenheit. Dadurch wird es zu neuen Entdeckungen ermutigt. Es beginnt, selbst aktiv mit seinem Körper zu spielen. Es entdeckt sein erstes Spielzeug: Hände und Füße.

Da geht die Maus

Da geht die Maus die Treppe rauf.
Klopft an, bim, bam,
„Guten Tag Herr/Frau Nasemann!"

Die Finger krabbeln von Füßen über den Bauch bis zum Kopf, klopfen sanft auf die Stirn, ziehen leicht am Ohrläppchen und berühren die Nase.

1, 2, 3, 4, 5 und 6

1, 2, 3, 4, 5 und 6,
auf die Nase einen Klecks.
7, 8 und 9 und 10,
gleich kannst du mich nicht verstehn.
Ich zähl bis 11 und 12,
hier unter dem Gewölbe,
sitzt eine kleine Micky Maus
und die muss schleunigst raus.

Das Kind von den Füßen anfangend bei jeder Zahl antippen, weiter im Kopfbereich antippen, kurz ein Ohr zuhalten, am Ohr krabbeln, mit dem Wattestäbchen vorsichtig das Ohr reinigen.

Ich besuche Micky Schnick

Ich besuche Micky Schnick.
Er ist rund und ziemlich dick.
Ganz knubbelig ist er auch,
und er wohnt auf deinem Bauch.

Die Finger streicheln um „Micky Schnick", den Bauchnabel.

Pustegedicht

Das Fräulein Puste auf ihrem Gang
Geht grad auf deinem Bein entlang.
Es lacht und singt ganz leise:
„Wie wunderschön ist meine Reise!"
Das Fräulein Puste geht zum Rücken.
Und oben sagt sie voll Entzücken:
„Nun pust ich drüber, blas dir ins Gesicht
und sage noch einmal das Pustegedicht
..."

Vorsichtig über die einzelnen Körperteile des Kindes pusten.

Erste Sehspiele

Bereits im Mutterleib ist das ungeborene Kind in der Lage, die Augen zu öffnen und zu schließen und dabei hell und dunkel zu unterscheiden. Wird das Kind geboren, nimmt es die Welt um sich herum noch ziemlich verschwommen wahr. Anfangs scheint es, als würde das Kind schielen. Aber es muss seine Augenmuskeln trainieren, um sie in eine bestimmte Richtung zu lenken. Es lernt so, Gegenstände mit den Augen zu fixieren. Nach etwa einer Woche sieht das Kind schärfer, aber nur aus einem Blickwinkel und auf 20 bis 30 cm Entfernung.

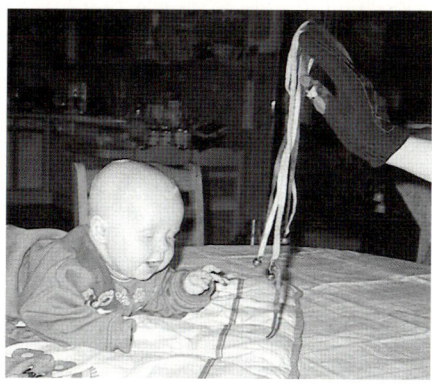

Gesichter findet ein Kind von Anfang an faszinierend. Sobald es kann, greift es auch danach. Da die Bezugsperson dem Kind bei der Nahrungsaufnahme oder bei Pflegemaßnahmen sehr nahe kommt, kann es sich schon sehr früh mit diesem Gesicht vertraut machen. Schon nach wenigen Wochen ist das Kind in der Lage, das Gesicht seiner Bezugsperson von anderen Gesichtern zu unterscheiden.

Das Kind dreht seinen Kopf gern zum Tageslicht, während es bei grellem Lichtschein Abwehrreaktionen zeigt.

Im zweiten und dritten Monat verfolgt es bereits ein farbkräftiges Spielzeug mit den Augen, wenn es langsam von einer Seite zur anderen geführt wird.

Der Blick des Kindes wird zuerst von der Farbe Rot angezogen. Später kommen die Farben Blau, Gelb und Grün hinzu. Alle Farben werden im Kontrast mit Weiß besonders gut erkannt.

In den Wachphasen wollen die Augen des Kindes nun mehr und mehr beschäftigt sein. Es betrachtet länger und interessiert Gegenstände und Spielzeuge. Zunächst greift es absichtslos danach, dann aber gezielter und sicherer. Es wird aufmerksamer, sucht immer häufiger Augenkontakt und erwidert die freundliche Zuwendung mit seinem ersten Lächeln.

Hexentreppen-Schlange

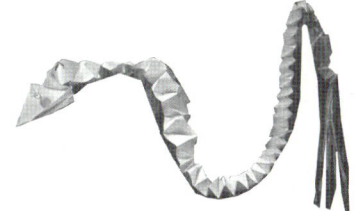

Material: Tonpapier, Klebe, Geschenkbänder

Aus dem Tonpapier werden zwei schmale Streifen geschnitten und zu einer Hexentreppe gefaltet (s. Zeichnung). An beide Enden werden bunte Geschenkbänder geklebt. Mit Hilfe eines Fadens kann die bunte Schlange über dem Bett oder Wickelplatz des Kindes aufgehängt werden.

Fensterfarbkleckse

Material: transparente Folie in den Grundfarben oder transparente Fensterfarbe („Sonnenscheinfarbe")

Geometrische Grundformen oder andere großflächige Motive auf das Fenster malen oder ausschneiden und auf das Fenster kleben.

Windspiel

Material: ein Styroporring, ca. 20 cm Durchmesser, farbiges Seidenpapier, Aluminiumfolie, Nylonfaden, Klebstoff

Das Papier und die Folie in Streifen schneiden, z. B. 3 × 50 cm. Viele Streifen an den Styroporring kleben. An dem Nylonfaden den fertigen Ring über dem Kinderbett oder Wickeltisch aufhängen. Im Luftzug rascheln und bewegen sich die Bänder.

Erste Hörspiele

Im ersten Lebensmonat unterscheidet das Kind Stimmen und Geräusche, die es umgeben. Wiederkehrende Geräusche und vertraute Klänge beruhigen das Kind und geben ihm Sicherheit. Hört das Kind ein vertrautes Geräusch, z. B. seine Rassel, sucht es mit den Augen und durch Drehung des Kopfes die Geräuschquelle. Es zeigt Freude. Auf laute und plötzliche Geräusche reagiert das Kind reflexartig.

Gegen Ende des dritten Monats versucht das Kind, gezielt nach der Rassel zu greifen. Es wedelt mit den Armen und strampelt mit den Beinen, wenn es ihm gelungen ist. Seine Stimme wird differenzierter. Es produziert unterschiedliche Laute, hört sie, ahmt sie nach und beginnt so zu lallen. Das Zusammenspiel von Hören – Sehen – Fühlen (Greifen) ermöglicht dem Kind nun viele neue Erlebnisse und Erfahrungen. Es lernt, dass mit den Armen und Beinen dem Spielzeug angenehme Töne und Geräusche zu entlocken sind. Viele Wiederholungen festigen die neuen Erfahrungen und eröffnen neue Möglichkeiten.
Menschliche Stimmen nimmt das Kind bereits sehr differenziert wahr. Hohe Töne sind ihm meist angenehm, während tiefe es häufig verstimmen. Es hört die Stimme seiner Bezugspersonen aus anderen Stimmen heraus.

Musikalische Reime, Verse und Lieder stimulieren das Kind. Bei Trostversen und Wiegenliedern lauscht es der vertrauten Stimme und dem Rhythmus der Worte. Die gleichmäßigen Schaukelbewegungen und die körperliche Geborgenheit beruhigen und trösten.

Heile, heile Gänschen

Heile, heile Gänschen,
s' wird alles wieder gut.
Das Kätzchen hat ein Schwänzchen.
Es wird alles wieder gut.
Heile, heile Mausespeck
In hundert Jahr'n ist alles weg.

Das Kind wiegen und/oder die schmerzenden Stellen des Kindes streicheln.

Dreimal pusten

Dreimal pusten, Hand auflegen,
drüber streichen, das bringt Segen.
Klatsch dann einmal in die Hände,
schon hat aller Schmerz ein Ende.
(Autorinnen)

Über die schmerzenden Stellen des Kindes pusten, das Kind streicheln, beide Hände des Kindes zum Klatschen zusammenführen.

Es schlafen die Seehundkinder

(Volksweise aus Irland/Melodie: Autorinnen)

1. Es schla - fen die See - hund - kin - der, auf den Schä - ren schla - fen sie. Um - spült von den Wel - len und kei - ner singt sie ein.

2. Es schlafen die Hexenkinder,
in den Höhlen schlafen sie.
Sie heulen und knurren
und keiner singt sie ein.

3. Es schlafen die Katzenkinder,
in den Kellern schlafen sie.
Sie spinnen und schnurren
und keiner singt sie ein.

4. Es schlafen die Menschenkinder,
in den Bettchen schlafen sie.
Sie schnullen und lallen
und ... singt sie ein (Namen
des Sängers einsetzen).

Schlaf, Kindchen schlaf

(Volksweise)

1. Schlaf, Kind - chen, schlaf! Der Va - ter hüt die Schaf. Die Mut - ter schüt - telt's Bäu - me - lein, da fällt her - ab ein Träu - me - lein. Schlaf, Kind - chen, schlaf!

2. Schlaf, Kindchen, schlaf,
so schenk ich dir ein Schaf,
mit einer goldnen Schelle fein,
das soll dein Spielgeselle sein,
Schlaf, Kindchen, schlaf.

Klapperring

Material: 1 Holzring (8 cm Durchmesser), 6 farbige Holzkugeln (ungiftig), Baumwollkordel

Die Holzkugeln auffädeln und fest am Holzring anknoten. Der Klapperring kann zunächst am Bett oder Kinderwagen befestigt werden, später wird er dem Kind in die Hand gegeben.

Strampelkugeln

Material: transparente Kunststoffkugeln
Knöpfe, kleine Federn, Holzperlen, Glöckchen u. Ä.
Klebstoff
Baumwollkordel oder Kleiderbügel

Die Kugeln mit den Materialien unterschiedlich füllen, zukleben und an die Baumwollkordel oder an den Kleiderbügel knoten. Die Kugeln dann in Beinhöhe über dem Kinderbett anbringen. Das Kind sieht die bunten Kugeln und hört sie, wenn es daran tritt.

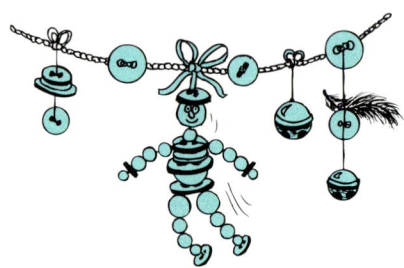

Die 3-K-Kette: (Knopf-Kugel-Klingel-Kette)

An einer festen Baumwollkordel werden Knöpfe, Holzkugeln und Metallglöckchen befestigt und über dem Bett oder Kinderwagen angebracht.

AUFGABEN

Wodurch schützt sich das Neugeborene vor neuen Umwelteinflüssen?
Nennen Sie Beispiele.

Welche Personen sind für das Kind wichtig?
Begründen Sie Ihre Aussage.

Erstellen Sie eine Tabelle nach folgendem Muster und übertragen Sie die wichtigsten Merkmale von Jans Entwicklung.

Alter	Psycho-motorische Entwicklung (liegen, greifen, sitzen, stehen, laufen)	Kognitive Entwicklung (sehen, hören, sprechen)	Emotionale Entwicklung (weinen, lachen)	Soziale Entwicklung (Spiel, Umweltbegegnung)
0–3 Monate				

Wählen Sie z.B. in der Kinderbücherei aus der Spielliteratur ein Spiel aus, das Jans Körperwahrnehmung anregt.

Schreiben Sie das Spiel auf und fügen Sie es in Ihrer Spielkartei unter: „Körper- und Fingerspiele" ein.
Lernen Sie es auswendig und stellen Sie es Ihren Mitschülerinnen vor.

Stellen Sie ein Spielzeug her, wodurch das Sehen des zehn Wochen alten Jan anregt wird. Achten Sie auf die Farbauswahl.

Gehen Sie in die Stadtbücherei. Entleihen Sie Bücher, die Ihnen Gestaltungsanregungen zur Herstellung weiterer „Seh-Spielzeuge" vermitteln.

 Erarbeiten Sie das Wiegenlied „Schlaf Kindchen, schlaf".

Erfinden Sie einen neuen Reim. Bauen Sie eventuell Tagesereignisse oder Erwartungen mit ein.

 Stellen Sie für Jan ein „Hör-Spielzeug" her.

Erfüllen Sie bei der Herstellung des Spielzeugs die erforderlichen Hygiene- und Sicherheitsbedingungen.

 Überlegen Sie Fragestellungen zur Entwicklungsstufe des Kindes bis drei Monaten, die in weiteren Unterrichtsfächern bearbeitet werden können.

In einer Fragerunde Fragen stellen und beantworten

Jede Schülerin formuliert zum Thema eine Frage und schreibt sie auf ein Blatt. Es wandert im Kreis innerhalb einer Gruppenarbeit weiter. Wer eine Antwort weiß, trägt sie ein. Nach einer Runde werden Fragen und Antworten vorgelesen, besprochen, ausgewählt und festgehalten. Das Ergebnis wird visualisiert und im Plenum veröffentlicht.

Fragen stellen

Fragen sind wichtige Mittel um z.B. das (Vor-)Wissen oder die Einstellung zu erfahren. Der Fragensteller sollte neugierig und offen sein und sich selbst überprüfen: „Weiß ich schon genug?" Fragen setzt voraus, mehr erfahren zu wollen. Deshalb sollten sie so gestellt werden, dass der Antwortende viel beitragen kann. Außer Fragen können auch neugierige Sätze oder Impulse zu Antworten anregen, wichtig ist es, dass der Antwortende zum Sprechen oder Schreiben gebracht wird. Zu vermeiden sind ausfragen und werten.

„Gute" Fragen (Fragefragmente)

→ Wie war das?
→ Was beschäftigt Sie gerade?
→ Wie geht es Ihnen dabei?
→ Wie geht es weiter?
→ Was hat Ihnen daran gefallen, was nicht?
→ Was bedeutet Ihnen ...?
→ Was fällt Ihnen ein, wenn ...?
→ Was hat besondere Priorität?
→ Was/wer könnte dabei helfen?

„Gute" Sätze

→ Das verstehe ich nicht ganz.
→ Dazu möchte ich mehr hören/lesen.
→ Das interessiert mich näher.

„Gute" Impulse
→ Wirklich?
→ Das ist ja spannend.

Beispiel
Welche Personen sind für das Kind wichtig?
Eröffnender:
Versetzen Sie sich in die Rolle des Kindes und entwickeln Sie Aussagen zur Bedeutung der unterschiedlichen Personen, die in der Umgebung des Kindes anzutreffen sind.
oder
Sie sollen die Betreuung eines Kindes übernehmen. Worauf achten Sie bezüglich der Personen, die für das Kind wichtig sind?

3.2 Vom Greifen und Begreifen (vier bis sechs Monate)

Marco absolviert zur Zeit sein Familienpraktikum. Er soll Jan (sechs Monate) die Windeln wechseln, doch dies bereitet ihm große Schwierigkeiten. Jan bleibt einfach nicht ruhig liegen. Er strampelt heftig, dreht sich vom Rücken auf den Bauch und versucht, sich mit den Armen aufzustützen. Außerdem greift er nach allem, was in seiner Nähe ist, und steckt es in den Mund. Jetzt fängt Jan auch noch an zu weinen. Marco kommt ins Schwitzen. Doch er hat eine Idee, wie er Jan ablenken kann. Aufmerksam verfolgt er Marcos spielerische Zuwendung und beginnt zu lachen. Ohne Schwierigkeiten lässt Jan sich nun sauber machen und anziehen.

Die Körperbeherrschung des Kindes nimmt weiter zu

In der Bauchlage stützt es sich mit den Unterarmen ab, hebt dabei den Kopf und streckt die Beine. In dieser Lage kann es das erste Mal den Kopf frei drehen. Sein Sichtkreis erweitert sich. Mit den Augen untersucht es seine Umgebung, wobei es den Kopf selbstständig dreht. Einige Wochen später wird es schon mit den Handflächen den Oberkörper abstützen und mit gestreckten Beinen Schaukelbewegungen ausführen.

Das Kind entdeckt seine Hände und Füße

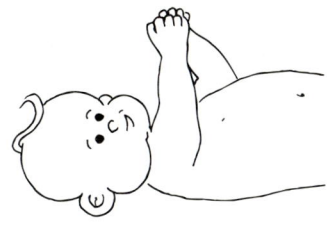

In der Rückenlage bewegt das Kind locker die Arme und die Beine. Es beobachtet und erforscht neugierig seine Hände, indem es sie vor dem Oberkörper zusammenführt. Lange und ausgiebig spielt es mit den Fingern. Es steckt sie in den Mund und lutscht, saugt und nuckelt an ihnen. Durch diese Berührungen spürt und empfindet das Kind seine Hände, den Mund und die Zunge. Sieht das Kind seine strampelnden Beine, versucht es, sie zu ergreifen. Es gelingt ihm, die Zehen in den Mund zu stecken. Die Zehen werden von ihm genauso neugierig erforscht wie vorher die Hände.

Der Mund ist im ersten Lebensjahr ein wichtiges Sinnesorgan

Alles, was das Kind greifen kann, steckt es in den Mund. Hier lauern Gefahren, wenn es sich z. B. um etwas Scharfkantiges oder Ungenießbares handelt. Wichtig ist also, dass das Kind nur ungefährliche Gegenstände in seiner Greifnähe findet. Mit den Händen und dem Mund lernt es seinen Körper und Gegenstände kennen. Das Saugen und das Lecken mit der Zunge bereiten ihm ein Lustgefühl und geben ihm Zufriedenheit. Das Daumenlutschen ist für das Kind zunächst als eine lustbetonte eigene Körpererfahrung wichtig. Als „Tröster" ist der Daumen immer erreichbar. Etwa ab dem sechsten Monat sollte der Schnuller den Daumen ablösen, um die Kieferentwicklung nicht zu stören. Wird dem Kind die Milch- oder Teeflasche gereicht, versucht es, mit den Händen die Flasche zu halten.

> **Vorsicht: Das Kind nie allein auf dem Wickeltisch oder Sofa liegen lassen!**

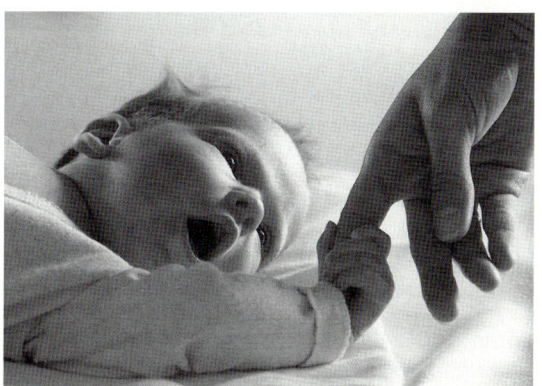

Aus der Rückenlage versucht das Kind, sich auf die Seite zu drehen. Gelingt es ihm, wird es sich bald auch auf den Bauch rollen. Durch die Kopf- und Armfreiheit kann es nun selbstständig Dinge in die Hand nehmen und festhalten. Das Kind zeigt dabei Freude und Anspannung.

Die Koordination von Auge und Hand gelingt. Die Wahrnehmung des Kindes verfeinert sich

Reicht die Bezugsperson dem Kind die Hände, umklammert es fest die Finger und zieht sich zum Sitzen hoch. Zunächst sitzt es noch wackelig, hält aber den Kopf sicher oben. Das Kind stützt sich mit den Händen ab oder wird von der Bezugsperson gehalten. Ist die Rückenmuskulatur weiter gekräftigt, kann das Kind das Gleichgewicht halten und sicher sitzen. Das Kind nimmt nun aufmerksam seine soziale Umwelt wahr.

Das Kind kann das Aussehen von vertrauten Personen unterscheiden

Spricht eine Person freundlich mit ihm, verfolgt es konzentriert die Mundbewegungen und den Klang der Worte. Das Kind antwortet auf die sprachliche Zuwendung, indem es die Mundbewegungen und den Klang der Worte nachahmt. Es begleitet seine Antwort mit freudigen und erwartungsvollen Bewegungen. Das Kind erkennt, dass es durch seine Sprache die Aufmerksamkeit der Bezugsperson erregen kann.

Wenn das Kind alleine spielt, sollte es nicht gestört werden

In den nun länger werdenden Wachphasen spielt das Kind mit sich selbst oder möchte beschäftigt werden. Wird das Kind in seiner Spieltätigkeit häufig unterbrochen, verlernt es, sich längere Zeit mit einer Sache zu befassen. Es wird dann leicht ablenkbar und verlangt nach ständiger Beschäftigung. Die Bezugsperson sollte das Kind aus einiger Entfernung ruhig beobachten. Sie erkennt dann, ob es alleine spielen möchte oder ob es Anregung braucht.

Spielanregungen

Neugierig greift das Kind nach allem, was sich in seiner Nähe – Greifweite – befindet und seine Aufmerksamkeit erregt. Hält die Bezugsperson dem Kind eine Rassel hin und bewegt diese, hört und sieht das Kind die Rassel und versucht, sie mit den Händen zu greifen. Es hält sie gut fest, betrachtet sie von allen Seiten, nimmt sie von einer Hand in die andere, bewegt sie hin und her und steckt die Rassel schließlich in den Mund. Durch Wiederholungen erkennt das 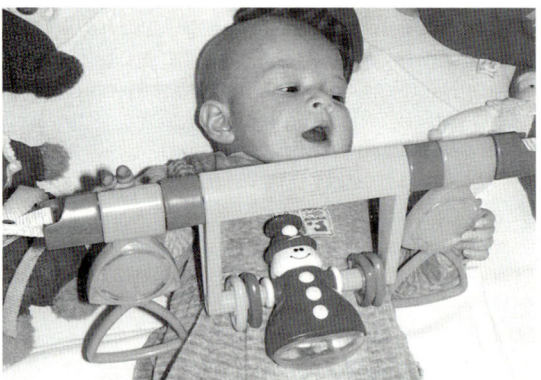 Kind, dass es die Rassel immer wieder ergreifen und ihr schöne Geräusche entlocken kann. Dieses Spiel überträgt das Kind auch auf andere Gegenstände und anderes Spielzeug. Das Kind beginnt, sich zu erinnern. Es wendet seine ersten selbstständigen Erfahrungen an. Es greift zur Wagenkette und bewegt diese schnell oder langsam, damit sie laut oder leise erklingt. Fällt ein Spielzeug vom Wickeltisch, schaut das Kind gespannt hinterher und greift freudig danach, wenn es wieder auftaucht.

Auch in der Badewanne wird es vergnügt in das Wasser platschen und versuchen, die Schwimmente zu ergreifen und festzuhalten. Spiele mit dem Waschlappen wird es bald mögen. Für die Sprachentwicklung ist es nun wichtig, dass die Bezugsperson die Dinge mit Namen benennt und alle Tätigkeiten mit Worten begleitet. Sie kann beschreiben, was sie gerade tut, oder die Tätigkeit mit Reimen oder einem Lied begleiten. Das Kind versteht zwar noch nicht den Sinn der Worte, aber es lauscht dem Wortklang. Durch Wiederholungen kann es erste Zusammenhänge erkennen und ahmt den Klang der Wörter nach.

Finger- und Körperspiele

Krabbel-Mäuschen

Kribbel, krabbel Mäuschen
jetzt schleich ich in mein Häuschen.
Kribbel, krabbel, Maus,
jetzt komm ich wieder raus.
Ich sehe mir die/den ... an,
ob sie/er wieder lachen kann.

Mit den Fingern über den Körper des Kindes krabbeln.

Zehn kleine Krabbelfinger (Text: Autorinnen)

Zehn kleine Krabbelfinger
krabbeln auf und nieder,
hast du's gern, dann tun sie's immer wieder.
Zehn kleine Krabbelfinger winken hier und winken da.
Zehn kleine Krabbelfinger reisen gern nach Kanada.
Zehn kleine Krabbelfinger zwicken dies und das.
Zehn kleinen Krabbelfingern macht das Riesenspaß.
Zehn kleine Krabbelfinger geben niemals Ruh.
Zehn kleine Krabbelfinger verschwinden jetzt im Nu!

Mit den Händen die Bewegungen zum Text ausführen.

Bimmel bammel

Bimmel, bammel, bommel,
die Katze spielt die Trommel.
Die Mäuschen tanzen in der Reih,
da wackelt die ganze Erde dabei.

Das Kind sitzt auf dem Schoß und klatscht mit den Händen auf den Tisch. Das Kind leicht rütteln.

Hampel und Strampel

Guten Morgen, ihr Beine!
Wie heißt ihr denn?
Ich heiße Hampel
Und ich heiße Strampel.
Hier ist das Hampelfüßchen
Und dort ist das Strampelfüßchen.
Hampel und Strampel
gehen auf große Reise.
Hampel läuft so, Strampel läuft so,
ein jedes auf seine Weise.

Mit beiden Beinen des Kindes spielen, ein Bein schütteln, verstellt antworten, einen nackten Fuß kitzeln, das Kind an den Armen hochheben, die Beine des Kindes zappeln lassen. Der Körper ist dabei gestreckt.

Der Walfisch

Der Walfisch schwimmt im Meer.
Er schläft, er atmet schwer.
Ich wasche ihm derweil
sein Walfisch-Hinterteil.

Die Bewegungen dem Text entsprechend ausführen

Methodische Hinweise: Fingerspiele

→ Fingerspiele bieten einen ständigen Anreiz für soziale Kontakte. Daher sollte die Kinderpflegerin Text, Bewegung und Melodie sicher beherrschen, um auf gegebene Situationen eingehen zu können. Freies Erzählen ist besser als steifes Ablesen!

→ In die Erzählweise kann Spannung hineingebracht werden, durch langsames, schnelles, lautes oder leises Sprechen und zaghafte oder forsche Gestik.

→ Zur Förderung der eigenen Körperwahrnehmung können Streichel- und Fingerspiele nach dem Baden des Kindes auf dem Wickeltisch durchgeführt werden.

→ Bei unbeliebten Pflegehandlungen, z. B. dem Nägelschneiden, lenken Fingerspiele das Kind ab und beruhigen es.

→ Abends beim Schlafengehen werden Schlaflieder oder Fingerreime dem Kind in beruhigendem, wiegendem Rhythmus vorgesprochen.

→ Bei älteren Kindern (ab dem zweiten Lebensjahr) wird die Methode des Vormachens und des Nachmachens weiterhin angewandt. Allerdings sollte kein Zwang auf die Kinder ausgeübt werden.

→ Bei Arbeiten im Haushalt oder bei der Nahrungszubereitung, bei denen die Kinder zusehen oder mithelfen können, werden Fingerspiele zum Gesprächsanlass, z. B.:

5 Männer wollten es versuchen,
zu backen einen Festtagskuchen.
Der Dicke hatte ein Rezept,
der Zweite hatte es verschleppt,
der Lange holte eins, zwei, drei Mehl, Honig, Nüsse und ein Ei.
Der Vierte schrie: „Ich will mal rühren!"
Der Fünfte wollte nur probieren.
Sie haben alles aufgegessen
*und **Jan** dabei zuletzt vergessen!*

→ Beim Spazierengehen können Fingerspiele oder Reime dem Kind die Jahreszeit näher bringen, z. B.:

Wenn die Pflanzen grade grün,
wenn die ersten Blüten blühn,
kommen über Land und Meer
viele Vögel wieder her.
Star und Wildgans, der Pirol,
jeder weiß, wohin er soll.
*Und die **Anne** ruft: „Hurrah!*
Endlich ist der Frühling da."

→ Fingerspiele können mit Hilfe von kleinen Requisiten gestaltet werden, z. B. Gesichter auf Hände oder Finger malen, kleine Papier- oder Fingerhüte aufsetzen, lustig gestaltete Handschuhe, Strumpfgesichter, Waschlappentiere, Fingerpüppchen usw.

Spielzeuge zum Greifen

Das Zusammenspiel von Sehen – Hören – Greifen ermöglicht dem Kind nun viele neue Erlebnisse und Erfahrungen. Es hat gelernt, Spielzeug zu greifen und ihm interessante Geräusche zu entlocken. Viele Wiederholungen haben die Erfahrungen des Kindes gefestigt.

Wird dem Kind ein Gegenstand hingehalten. greift es mit beiden Händen danach. Entdeckt es ihn zufällig, versucht es ebenfalls, ihn zu ergreifen. Das Kind unterscheidet aber noch nicht Spielzeug von anderen Dingen. Es greift nach allem, was sich in seiner Greifnähe befindet. Es bestaunt und erforscht neugierig mit den Augen, den Händen und dem Mund.

Bei der Auswahl und Selbstherstellung von Spielzeug ist grundsätzlich darauf zu achten, dass es ungefährlich ist. Das Spielzeug zum Greifen sollte aus verschiedenen Materialien mit unterschiedlichen Eigenschaften sein, z.B. weich, glatt, hart, rau, glänzend, flauschig. Es kann mit wenigen Mitteln und geringem Aufwand selbst hergestellt werden.

→ Leere Cremedosen, Filmdosen, Schachteln können mit Sand, Steinchen oder Perlen gefüllt und mit Klebeband sorgfältig zugeklebt werden.
→ Einfache Haushaltsgegenstände wie Topfkratzer aus Kunststoff, Pfannenheber aus Holz können mit Glöckchen, bunten Bändern und Knöpfen belebt werden.
→ Aus verschiedenen textilen Stoffen wie Cord, Seide, Frottee, Leinen können längliche Säckchen genäht und mit Watte, Murmeln, Obstkernen und Nussschalen gefüllt zu „Greifwürsten" werden.
→ Korken, Holzkugeln und Schraubdeckel können auf eine Kordel gezogen zu „Greiflingen" werden.
→ Durchsichtige Luftballons, die nicht zu prall aufgeblasen sind, werden mit Federn, oder etwas Wasser gefüllt.
→ In Gefrierbeutel kann mit Lebensmittelfarbe gefärbtes Wasser eingefüllt und verschweißt werden.

Das Kind kann nach all diesem Spielzeug greifen, es betrachten, es bewegen und damit Geräusche erzeugen. Seine Sinne werden angeregt.

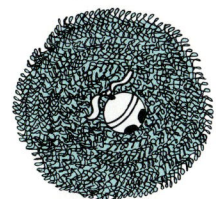

Klingelnder Topfkratzer

In der Mitte eines Topfkratzers aus Kunststoff wird eine Metallglocke festgeknotet.

Knopf-Handschuh

An einen Massagehandschuh aus Sisal werden bunte Knöpfe mit festem Garn genäht.

Rasselring

Ein durchsichtiger Kunststoffschlauch wird so mit Perlen gefüllt, dass sie sich im Ring bewegen können. Anschließend werden die beiden Enden mit einem Holzdübel verklebt.

Übertragen Sie die Entwicklungsmerkmale von Kindern im Alter von vier bis sechs Monaten in die Tabelle (s. S. 44).

 Ergänzen Sie die Sprechblasen und erklären Sie, welche neuen Erfahrungen Jan mit sechs Monaten macht.

 Welche Vorsichtsmaßnahmen muss der Praktikant Marco bei Jan in dieser Entwicklungsphase treffen? Geben Sie Beispiele.

 Durch welche Spielanregung kann Marco Jan auf dem Wickeltisch ablenken? Nennen Sie Beispiele.

 Tauschen Sie mit Ihren Mitschülerinnen Ideen für selbst hergestelltes Greifspielzeug aus. Vergleichen Sie es mit gekauftem Spielzeug.

 Stellen Sie ein Greifspielzeug her, durch welches die Sinne des Kindes angeregt werden.

 Sichten Sie in einschlägiger Spielliteratur Fingerspiele für Kleinkinder. Übertragen Sie es in Ihre Spielkartei. Lernen Sie es auswendig und stellen Sie es in Ihrer Lerngruppe vor.

 Überlegen Sie Fragestellungen zur Entwicklungsstufe des Kindes von vier bis sechs Monaten, die in weiteren Unterrichtsfächern bearbeitet werden können.

Mit Brainstorming und Brainwriting Ideen finden

Brainstorming
Die Lerngruppe wird mit einem Thema, einer Fragestellung, einem Impuls oder Problem konfrontiert. Nun gilt es, spontan oder in einer vorgegebenen Zeit Ideen, Antworten, Assoziationen, Vorkenntnisse zu sammeln und festzuhalten.

Regeln
→ Jede Idee – und mag sie noch so absurd sein – ist zugelassen.
→ Viele Ideen sind wichtiger als ihre Güte und Brauchbarkeit.
→ Kritik ist verboten.
→ Ideen der anderen regen zu eigenen an.
→ Nach der kreativen Phase wird mit anderen Methoden sortiert, gebündelt oder ausgearbeitet.

Brainwriting
Die Lerngruppe erhält (schriftlich) ein Thema, eine Fragestellung, einen Impuls oder ein Problem. Jede Einzelne überlegt zunächst möglichst viele Ideen, Antworten, Assoziationen usw. und vergleicht diese dann mit den Nachbarinnen. Ein gemeinsamer Aspekt wird auf eine Karte notiert und veröffentlicht. Sind gemeinsame Antworten erschöpft, können weitere individuelle notiert werden.

Alternativ: Die Ideen werden auf einer Folie festgehalten und an die nächsten Nachbarn (max. fünf Paare) weitergereicht. Diese ergänzen neue Ideen und geben sie an das Ausgangsduo zurück.

3.3 Vom Sitzen und Krabbeln (sieben bis neun Monate)

Im zweiten Halbjahr werden die Wachphasen des Kindes länger und die Schlafzeiten kürzer. In der Regel schläft es nachts zwischen zehn und zwölf Stunden und hält zusätzlich einen ausgedehnten Zwischenschlaf. Häufig können Schlafstörungen auftreten, da das Kind in diesem Alter die ersten Zähne bekommt.

In den Wachphasen ist das Kind sehr aktiv. Es kann sich vom Bauch auf den Rücken und vom Rücken auf den Bauch drehen, wobei es erstmals ein „Oben" und „Unten" kennen lernt. Diese neue Bewegungsmöglichkeit ist eine gute Voraussetzung zum Sitzen und späteren Krabbeln. Anfangs stützt sich das Kind beim Sitzen noch mit den Händen seitlich ab, um nicht das Gleichgewicht zu verlieren.

Gegen Ende des neunten Monats beherrscht es das Sitzen und freut sich über seine neue Aussicht. Seine Hände und Arme kann es dabei frei bewegen. Es beginnt, mit Hilfe der Unterarme und Ellbogen vorwärts und rückwärts zu robben. Diese Fortbewegungsart ist besonders mühsam und anstrengend. Der ganze Körper ist dabei in Aktion. Manches Kind beugt die Beine zum „Vierfüßlerstand". Es merkt dabei, dass es sich auch auf seine Knie stützen kann. In dieser Haltung schaukelt es hin und her und balanciert dadurch sein Gleichgewicht.

Einige Kinder versuchen dann, einen Arm oder ein Bein nach vorne zu bringen. Sie erproben so die neue Fortbewegungsart des Krabbelns. Die neu erworbenen Fähigkeiten, frei sitzen, robben und krabbeln zu können, erweitern den Spielraum und die Spielmöglichkeiten.

Es sitzt nun gerne auf dem Boden und beschäftigt sich ausgiebig mit Gegenständen. Kleine Dinge ergreift es zunächst mit dem gestreckten Daumen und Zeigefinger, im so genannten **Pinzettengriff**.

Das Kind möchte nun selbst den Löffel beim Essen in die Hand nehmen. Dieses „Selberessen-wollen" gelingt aber noch nicht, denn das Kind experimentiert mit dem Kartoffel- oder Möhrenbrei genauso wie mit anderen Spielmaterialien. Die Bezugsperson muss bei diesen ersten Essversuchen sehr geduldig und nachsichtig sein. Sitzt es am Tisch, lässt es gerne Gegenstände fallen und schaut interessiert hinterher. Dieses bewusste Fallenlassen von Dingen wird dann zum beliebten Spiel zwischen dem Kind und der Bezugsperson. Spielzeuge werden so immer wieder aus dem Bett geworfen und die Bezugsperson hebt sie wieder auf. Das Kind wiederholt gerne diesen Vorgang und freut sich auch über die dabei entstehenden Geräusche.

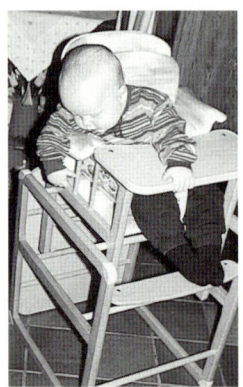
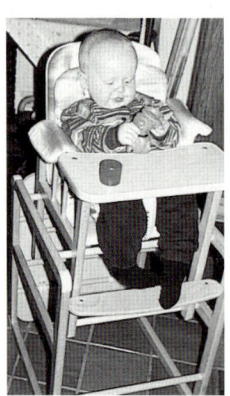

Im konzentrierten Spiel dreht und wendet das Kind Gegenstände mit beiden Händen und klopft sie mitunter gegeneinander. Es greift jetzt bereits in Gefäße hinein, um einen Gegenstand herauszuholen. Dieses Hineingreifen und Herausholen wird unzählige Male wiederholt. Spielerisch lernt das Kind, sich räumlich zu orientieren, was oben und unten, hinten und vorne oder innen und außen bedeuten.

Die Fähigkeit des Hörens, auch **auditive Wahrnehmung** genannt, ist jetzt viel differenzierter. Das Kind interessiert sich für leise Geräusche. Es lauscht konzentriert dem Ticken der Uhr oder der Stimme aus dem Telefon. Beim Betrachten des eigenen Spiegelbildes ist das Kind verwirrt. Häufig ist zu beobachten, dass es mit dem Gesicht Kontakt aufnimmt und in den Spiegel hineingreifen möchte, um es zu berühren. Es sieht zwar das Gesicht, erkennt es aber nicht als sein eigenes.

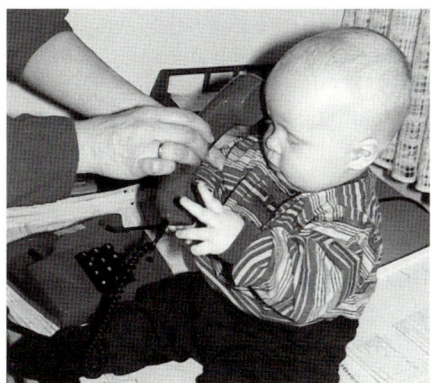 

Im sozialen Kontakt ist die Bezugsperson für das Kind immer noch der wichtigste Spiel- und Gesprächspartner

Das Kind entdeckt bereits in diesem Alter eines der ältesten Kinderspiele: das Versteckspiel. Allerdings mit einer sehr einfachen Regel: Die Bezugsperson legt ihm ein leichtes Tuch über das Gesicht, zieht es wieder weg und ruft dabei: „Kuckuck!" Schnell findet das Kind Freude an diesem Versteckspiel und wiederholt es immer wieder.

Spricht die Bezugsperson freundlich mit dem Kind, gibt es plappernd Antwort. Dabei reiht es Doppelsilben aneinander und es entstehen Zufallswörter, wie *ma-ma, ba-ba, dei-dei* zur Freude der Erwachsenen. Wird das Kind gerufen, reagiert es bereits auf seinen Namen.

An den Tätigkeiten der Bezugspersonen ist das Kind sehr interessiert. Es schaut aufmerksam zu, wenn die Mutter eine Kerze ausbläst oder der Opa auf dem Computer schreibt. Diese Beobachtungen des Kindes sind wichtig und werden im Spiel nachgeahmt.

Bei der Begegnung mit fremden Erwachsenen können beim Kind mitunter Ängste ausgelöst werden (**Achtmonatsangst**). Es hat gelernt, bekannte und fremde Gesichter zu unterscheiden. Dieses so genannte **Fremdeln** zeigt sich z. B. darin, dass das Kind sich nicht anfassen lassen möchte, unruhig wird oder anfängt zu weinen. Die Erwachsenen sollten in dieser Situation die Angstreaktion des Kindes respektieren. Da das Kind eine natürliche Neugierde an anderen Menschen zeigt, wird es dieses Fremdeln ganz von allein verlieren. Eine längere Trennung oder sogar der Verlust der Bezugsperson kann darüber hinaus jedoch zu lang anhaltenden negativen Reaktionen des Kindes führen.

Spielanregungen

Im zweiten Halbjahr erreicht die körperliche Entwicklung einen neuen Höhepunkt. Das Kind kann sich selbstständig vom Rücken auf den Bauch drehen und somit seine Körperlage verändern. Sehr anstrengend sind dann die ersten Versuche des Kindes, vorwärts zu kommen.

Manche Kinder rollen durch den Raum, während andere sich mit einem Arm und einem Bein vorwärts bewegen, wobei der Körper aber auf dem Boden liegen bleibt. Bei allen Bewegungen ist der ganze Körper aktiv und das Gleichgewicht wird ständig trainiert.

Einen Anreiz zum Krabbeln bilden interessante Spielzeuge oder andere Materialien, die in erreichbarer Nähe des Kindes sind. Es kann sie sehen und vielleicht auch hören, aber nicht sofort greifen: z. B. ein tickender Wecker, ein Kochtopf mit Deckel oder ein bunter Luftballon. Das Kind ist neugierig und versucht, diesen Gegenstand zu erreichen. Das gelingt nicht sofort, aber mit einem Male merkt es, dass es seinen Platz aus eigenem Antrieb verlassen kann. Wenn es das Spielzeug dann ergriffen hat, freut es sich über seinen Erfolg, und die Bezugsperson ermutigt und bestärkt es in seinem Tun. Das Rollen, Rutschen, Robben oder Krabbeln können darüber hinaus im gemeinsamen Spiel mit der Bezugsperson aktiviert, unterstützt und gefördert werden.

Herr Links und Frau Rechts

Herr Links und Frau Rechts,
die taten nichts Schlechts.
Auf zum Tanze, Herr Links,
mit Frau Rechts gestern ging's.
Erst tanzen sie so,
dann kreuzten sie, oh
und warfen so froh
beide Beine zum Po.

Erst das linke, dann das rechte Bein schütteln,

das linke Bein anwinkeln und strecken,
mit dem rechten ebenso.

Bein kreuzen, linkes Bein oben,
dann rechtes Bein oben
mit beiden Beinen Rad fahren.

Das Lied vom dicken Zeh
(Text: Autorinnen, Melodie: überliefert)

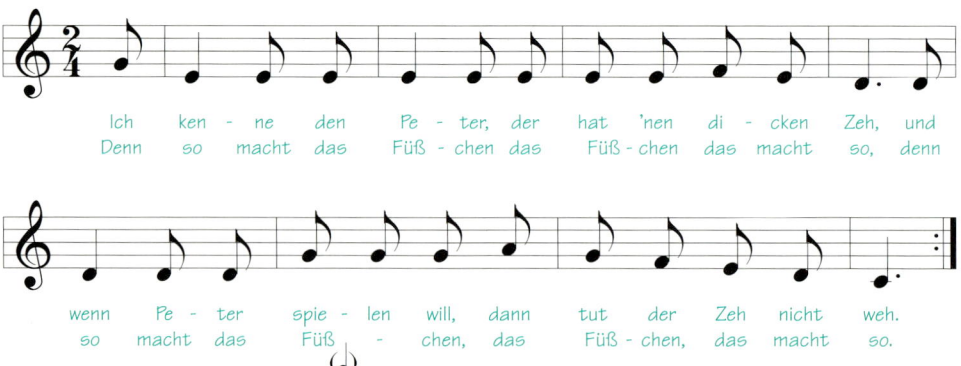

Ich kenne den Peter, der hat 'nen dicken Zeh, und
Denn so macht das Füßchen das Füßchen das macht so, denn

wenn Peter spielen will, dann tut der Zeh nicht weh.
so macht das Füß - chen, das Füß - chen, das macht so.

Namen des Kindes einsetzen. Es sitzt auf dem Schoß oder liegt auf dem Rücken. Rhythmische Bewegungen zum Text ausführen.

Pferd und Reiter

Das Kind liegt mit dem Bauch auf dem Oberkörper der Bezugsperson. Ein Spielgegenstand wird neben den Körper gelegt. Um das Spielzeug zu erreichen, muss sich das Kind strecken, mit den Beinen abstützen und nach vorn beugen.
Variante: In einer veränderten Spielweise dreht die Bezugsperson langsam ihren Oberkörper, wobei das Kind sein eigenes Gleichgewicht balancieren muss. Hilfestellung ist dabei anfangs erforderlich.

Hoppe, hoppe Reiter

(Text und. Melodie: Volkstümlich)

Die Bezugsperson setzt das Kind auf den Schoß, hält es an den Händen und führt rhythmische Bewegungen zu Text und Melodie aus. Dabei werden beim Kind die Bewegung des Aufrichtens unterstützt, die Bauchmuskeln gekräftigt und das Gleichgewicht trainiert.

Kommt die Anne gekrabbelt

(Text: Autorinnen; Volksweise-Melodie: Kommt ein Vogel geflogen)

Einen Spiegel als Krabbelziel aufstellen.

Ein kleiner grauer Esel

(Text und Melodie: Überliefert)

Kind und Bezugsperson krabbeln gemeinsam.

Tunnelkrabbeln

Die Bezugsperson baut aus ihrem Körper eine Brücke, unter der das Kind hindurch krabbelt. Weitere Krabbeltunnel können sein: Stuhl, Tisch, Kriechtunnel.

Spielzeug zum Krabbeln

Durch das Krabbeln wird die Wohnung für das Kind zum Spiel- und Lernraum. Durch geeignete Spielmaterialien können die entwicklungsbedingten Fähigkeiten unterstützt und gefördert werden. Das Kind freut sich, dass es einen Ball zum Rollen bringen kann. Es kriecht ihm nach, um ihn zu greifen oder immer wieder anzustoßen. Aus dieser Freude über den eigenen Erfolg, werden seine Bewegungen allmählich sicherer, zielgerichteter, geschickter und schneller.

Dabei sind nicht immer die gekauften Spielzeuge von besonderem Reiz, sondern sehr häufig einfache Dinge aus dem Haushalt, z. B. ein Schneebesen, Sieb, Joghurtbecher oder eine Teigrolle. Diese Gegenstände können in einer Schublade untergebracht sein, die für das Kind leicht zugänglich ist und seiner Entdeckerfreude entgegenkommt. Da das Kind noch sehr viele Dinge in den Mund steckt, ist darauf zu achten, dass keine kleinen Materialien, wie Perlen oder Knöpfe, aber auch keine Kunststofffolien, Styropor oder andere gesundheitsgefährdende Stoffe, dem Kind zugänglich sind.

Rollender Karton

Ein Ball wird unter einen leeren Schuhkarton gelegt. Wird der Karton angestoßen, rollt er durch den darunter gelegten Ball vorwärts. Der Karton kann bemalt, beklebt oder in Tierform gestaltet werden. Die Bewegungsfreude des Kindes wird dadurch aktiviert.

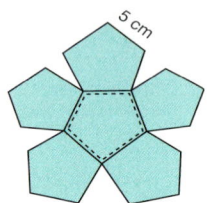

Klingelball

Material: Frottee- oder Baumwollstoff, Zauberwatte zum Füllen, eine Metallglocke

Herstellung: Aus Pappe wird eine Schablone eines Fünfecks mit der Seitenlänge von 5 cm angefertigt und mit Hilfe dieses Musters werden zwölf gleiche Teile aus Stoff zugeschnitten. Danach nimmt man eines der Teile und näht rundherum an jeder Kante jeweils ein weiteres Teil an, so dass ein sternförmiges Gebilde entsteht (s. Skizze). Diese Sternenform wird noch einmal angefertigt. Beide Teile werden so zusammengenäht, dass eine Seite offen bleibt, um den Ball zu füllen. In die Mitte kommt die Metallglocke. Damit der Ball eine schöne Rundung erhält, sollte die Zauberwatte fest gestopft werden.

Kuschelhöhle

An einem Holzreifen werden rundherum bunte, durchsichtige Schals geknotet. Dieser Holzreifen wird unter der Decke so aufgehängt, dass die Schals den Boden berühren. Hier können gemeinsam mit der Bezugsperson spannende und interessante „Versteckspiele" gespielt werden.

AUFGABEN

Diskutieren Sie (Diskussion s. S. 34):
Ist ein Laufstall als Spielort für ein Kleinkind geeignet?

Erweitern Sie die Tabelle von S. 44 um die Monate sieben bis neun und übertragen Sie die Merkmale der Entwicklung.

Beschreiben Sie das Spiel eines sieben bis neun Monate alten Kindes.

Zeigen Sie Spielmöglichkeiten auf, die als Anreiz zur aktiven Fortbewegung dienen können.

Erlernen Sie ein Kniereiterspiel. Übertragen Sie es in Ihre Spielkartei unter die Rubrik „Bewegungsspiele".

Ein Krabbelkind steckt voller Neugierde und Entdeckungsdrang. Zeigen Sie mögliche Gefahrenquellen in der Wohnung auf.

3.4 Von ersten Schritten und ersten Wörtern (zehn bis zwölf Monate)

Jans Oma ist zu Besuch. Sie sind in der Stadt, um einzukaufen. Jan ist an allem interessiert. Neugierig beobachtet er den Hund, der an einer Hausecke schnüffelt. Am liebsten möchte er ihn anfassen. Gerne ahmt er Tierlaute nach und sagt „Wau-Wau" zum Hund oder „Ga-Ga" zur Ente. Auch andere „Kinderwörter" verwendet er schon sinnvoll, z. B. „Brum-Brum" für Auto oder „Tei-Ta" für den Spaziergang. Ebenso richtet er die Beziehungswörter „Mama" und „Papa" bereits an die richtige Person.

Das Kind kann sich jetzt aus jeder Lage selbstständig aufsetzen. Aus der Rückenlage muss es sich dabei aber z. B. am Bettgitter festhalten, im so genannten **Langsitz** sind Rücken und Beine gestreckt. Es verliert nicht das Gleichgewicht, auch wenn es über einen längeren Zeitraum in dieser Haltung spielt.

Das Kind krabbelt mit großer Sicherheit durch die ganze Wohnung

Es versucht, sich nun an den Händen der Erwachsenen oder an Möbelstücken zum Stehen hochzuziehen. Der Körper ist sehr schwer zu tragen, die Beine sind noch schwach. Am Ende des ersten Lebensjahres macht das Kind vielleicht die ersten selbstständigen Schritte. Natürlich sind diese Schritte noch sehr unsicher und der Gang ausgesprochen breitbeinig.

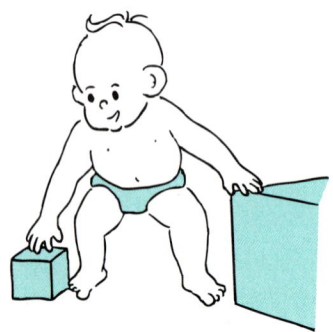

Drei oder vier Schritte gelingen, dann sitzt es wieder auf der Erde – immer wieder ein ständiger Wechsel zwischen Erfolg und Misserfolg. Trotzdem merkt das Kind, dass der Boden nicht nur wehtun, sondern auch bewältigt werden kann.

Geht es seitlich an den Möbeln entlang, hält es sich bereits mit einer Hand fest und bückt sich, um mit der anderen Hand einen Gegenstand aufzuheben. In der Wohnung kann das Kind ruhig barfuß laufen oder auf Strümpfen mit einer rutschfesten Sohle. Draußen sollte es jedoch einen elastischen Lauflernschuh tragen, der sich jeder Bewegung des Fußes anpasst.

Die Augen-Hand-Koordination des Kindes wird genauer

Das Kind kann einen Zwieback oder einen Keks schon allein in der Hand halten und essen. Aus der Tasse kann es auch alleine trinken, wobei es mit beiden Händen zufasst. Das Kind beherrscht jetzt den **Zangengriff**. Daumen und Zeigefinger sind dabei gebeugt, und es kann sogar kleine Kuchenkrümel aufheben. Darüber hinaus kann es auch z. B. Perlen in eine Flasche stecken.

Für diese komplizierte Tätigkeit muss es gezielt greifen und bewusst loslassen können. Außerdem muss es die Augen-Hand-Koordination beherrschen und das Innen und Außen von Räumen erkennen.

Das Kind erfasst erste Zusammenhänge

Im Spiel entdeckt das Kind, dass es Spielzeug, welches außerhalb seiner Reichweite liegt, nicht nur mit den Händen, sondern auch mit Hilfe eines anderen Gegenstandes zu sich heranholen kann. Es zieht z. B. die Spielzeugente an einer Schnur zu sich heran. Das Kind erkennt hierbei erste Zusammenhänge zwischen sich, der Spielzeugente und der Schnur, die ihm als „Werkzeug" dient, um das Ziel zu erreichen. Daher wird diese Erkenntnis auch als **Werkzeugdenken** bezeichnet.

Am Ende des ersten Lebensjahres entwickelt sich deutlich das gemeinsame Spiel zwischen Kind und Bezugsperson

Das Kind gibt gerne Spielgegenstände in die ausgestreckte Hand des Erwachsenen. Dieses Geben und Nehmen wird zum beliebten Spiel. Ebenso kann das Verstecken von Spielzeug zu einem weiteren gemeinsamen Spiel werden. Die Bezugsperson versteckt z. B. den Ball vor den Augen des Kindes, unter einer Decke. Das Kind erinnert sich an den Ball, zieht die Decke fort und entdeckt mit Freude den gesuchten Gegenstand. „Fangen" kann auch in diesem Alter schon in vereinfachter Form gemeinsam gespielt werden. So hat das Kind großen Spaß daran, wenn die Bezugsperson hinter ihm herkrabbelt und es fangen möchte.

Das Kind verwendet zum ersten Mal sinnvolle Wörter

Es reiht Doppelsilben aneinander, z. B. „Wau-Wau" für alle Tiere, „ham-ham" für das Essen oder „la-la" für Musik. Diese „Baby-Sprache" sollte die Bezugsperson nur im Zusammenhang mit den tatsächlichen Begriffen wiederholen, z. B. „Der Hund macht wau-wau!" Das Kind prägt sich die Begriffe ein und bringt sie so in den richtigen Zusammenhang. Die Wörter „Mama" und „Papa" werden jetzt schon an die entsprechenden Personen gerichtet. Der aktive Sprachschatz des Kindes umfasst ca. zwei bis drei Wörter. Vorgemachte Gesten versucht das Kind nach mehrmaliger Wiederholung nachzuahmen, z. B. „winke-winke" (winken) oder „backe-backe-Kuchen" (in die Hände klatschen). Einfachen Forderungen, Verboten und Fragen kann das Kind folgen, z. B. „Komm her!", „Nein!" oder „Wo ist der Papa?", worauf es dann den Vater anschaut oder auf ihn zeigt. Diese Aufforderungen vergisst es zwar noch sehr häufig, befolgt sie aber gerne, wenn es dabei gelobt wird. An diesen Beispielen wird deutlich, dass das **passive Sprachverständnis** des Kindes in diesem Alter größer ist als das **aktive Sprechen**.

Bei allen gemeinsamen Spielen braucht das Kind Zustimmung und Anerkennung durch die Bezugsperson. Dies bestärkt das Kind in seinem Tun, und sein Selbstvertrauen wird gefestigt.

Spielanregungen

Im Alter zwischen zehn und zwölf Monaten steht die eigene Fortbewegung für das Kind im Mittelpunkt. Es ist wichtig, dem Kind viele Möglichkeiten zum Spielen und Toben zu geben, um sein Bewegungsbedürfnis zu befriedigen.

In der Wohnung macht das Kind die ersten Bewegungserfahrungen. Unterschiedliche Möbelstücke oder Treppen reizen zum Klettern. Durch das selbstständige Ausprobieren erlebt das Kind seinen ganzen Körper. Es erfährt, wie es mit ihm umgehen kann. Die Bezugsperson ist dabei der wichtigste Begleiter. Sie gibt dem Kind Anregungen, wie es z. B. die Treppe rückwärts wieder hinunterkrabbeln kann, oder belohnt es mit Zärtlichkeiten, wenn es mutig vom Stuhl in die Arme des Erwachsenen springt.

Bei gemeinsamen Bewegungs- und Singspielen erfährt das Kind engen Körperkontakt, der ihm Vertrauen und Sicherheit vermittelt. Nach mehrmaliger Wiederholung gewinnt es Zutrauen zu seinen eigenen körperlichen Fähigkeiten, und sein selbstständiges Handeln wird gestärkt. Wenn es sich bereits in diesem Alter umfassend bewegen kann, wird es später in anderen Situationen seine erlernten Fähigkeiten anwenden können.

Krabbel-Lauf-Käfer

Das Kind krabbelt oder läuft auf unterschiedlichen Oberflächen drinnen und draußen, z.B. auf dem Holzboden, der Wiese, im Sand oder auf dem Waldweg. Diese natürlichen Materialien ermöglichen dem Kind unterschiedliche Tasterlebnisse und Bewegungserfahrungen.

Rutschbahnspiel

Das Kind sitzt auf dem Schoß der Bezugsperson. Es wird an den Händen festgehalten und kann so an den Beinen des Erwachsenen herunterrutschen.

Schubkarre

Die Bezugsperson hält das Kind an den Unterschenkeln fest. Es läuft dann auf den Händen.

Verstecken

Der Erwachsene versteckt sich vor den Augen des Kindes und ruft: „Wo bin ich?" Das Kind sucht und freut sich über seine Entdeckung.
Ebenso wird es sich nach mehrmaliger Wiederholung auch selbst verstecken. Sein Versteck ist aber für den Erwachsenen sofort sichtbar, so dass er so tun muss, als würde er suchen. Bekannte Gegenstände können auch vom Kind in leicht zugänglichen Verstecken gesucht werden.

Wer kommt in meine Arme?

Die Bezugsperson breitet die Arme aus und ruft: „Wer kommt in meine Arme?" Das Kind läuft auf sie zu, wird hochgenommen und gedreht. Ebenso kann es von einer kleinen Mauer in die Arme springen.

Fangen

Das Kind läuft. Die Bezugsperson versucht, es zu fangen, wobei sie eine schnellere Laufbewegung vortäuscht.

Ballspiele

Der Ball wird mit dem Kind gerollt, geworfen, gekickt, gefangen oder auch versteckt. Werden kleine Bälle durch breite Kunststoffrohre oder Architektenrollen gekullert, erhält das Spiel neuen Reiz.

Entdecker-Spaziergang

Beim gemeinsamen Spaziergang kann das Kind interessante Entdeckungen machen, z.B. ein Blatt, ein Stein oder eine Kastanie. Diese „Funde" werden in einem selbst hergestellten Beutel gesammelt und zu Hause im Spiel miteinbezogen.

Elefanten-Bummel

(Melodie aus USA – Text: Ulrich Kabitz – Rechte: Fidula-Verlag, Bappard/Rhein und Salzburg)

Ein E-le-fant wollt bum-meln gehn, sich die wei-te Welt an-sehn.
Lang-sam setzt er Fuß vor Fuß, denn er ist kein Om-ni-bus.

Die Bezugsperson stapft mit langsamen, schweren „Elefanten-Schritten" durch die Wohnung. Das Kind versucht, es nachzumachen.

Zwerg und Riese

(Volksweise/Melodie: Wollt Ihr fleißige Handwerker sehn – Text: Autorinnen)

2. Schrumm, schrumm, schrumm
   tanzen beide rundherum!

3. Tripp, tripp, trapp
   stapfen sie bergauf, bergab!

Das Kind steht auf den Füßen des Erwachsenen, der es an den Händen festhält. Beide bewegen sich zu Text und Melodie.

Tanzlied

(Volksweise/Melodie: Fuchs, du hast die Gans gestohlen – Text: Autorinnen)

2. Wir fassen uns jetzt beide an
   und drehen uns im Kreis.
   Nun seht mal her und schaut uns an,
   wir werden jetzt ganz leis.

3. Mareike hat sich müd getanzt
   und macht sich nun ganz klein.
   Ich nehm sie gleich auf meinen Arm
   und kuschel sie dann ein.

Bezugsperson und Kind führen gemeinsam Bewegungen zu Text und Melodie aus.

Die Windmühle

Wir zählen bis zehn,
die Mühle bleibt stehn.
Wir zählen bis hundert,
die Mühle geht runter.
Wir zählen bis tausend,
die Mühle muss sausen.

Bezugsperson und Kind führen Bewegungen zum Text aus.

Das Kind wird unter den Armen gefasst und gedreht.

Spielzeug zum Entdecken

Das einjährige Kind hat gelernt, sich selbstständig fortzubewegen, krabbelnd im Vierfüßlergang oder bereits aufrecht mit wenigen Schritten. Aus diesem Grund ist es jetzt vor allem an Spielzeugen interessiert, die es auf seinen Entdeckungstouren begleiten.

Nachzieh- oder Schiebe-Spielzeuge auf Rädern sind hierfür besonders geeignet. Sie sind in verschiedenen Tierformen und als Fahrzeuge mit Ladeflächen zum Be- und Entladen oder Draufsetzen im Handel erhältlich. Aus kostenlosen Materialien lassen sich ebenfalls Nachzieh-Spielzeuge selber herstellen.

Dosenwurm

Material: mehrere Weißblechdosen (oder Klorollen)
ca. 3 m Paketschnur
farbiges Papier zum Bekleben oder Fingerfarben zum Anmalen

In die Mitte des Dosenbodens und -deckels wird je ein Loch gebohrt. Die Dosen werden entweder mit farbigem Papier beklebt oder mit Fingerfarben angemalt. Das Paketband mit wird Hilfe einer langen Nadel durch die einzelnen Dosen durchgefädelt (s. Zeichnung) und eine Dose als Wurmkopf vorne angebracht. Bei den Klorollen wird das Band durch die einzelnen Röhren gezogen. Das Kind kann den Dosenwurm an einer langen Schnur hinter sich herziehen.

Milchtütenschiff

Material: eine rechteckige Milchtüte
farbiges Papier zum Bekleben
ein Korken
Schaschlik-Stab
Klebstoff, Papier oder Stoffrest als Segel
Schnur zum Ziehen

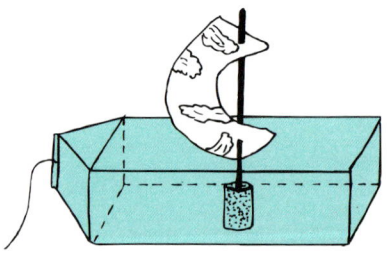

Eine Fläche der Milchtüte wird aufgeschnitten. In den so entstandenen Schiffsrumpf wird der Korken geklebt und der Schaschlik-Stab mit dem Segel hineingesteckt. Die Milchtüte wird von außen bunt beklebt. Das Kind kann das Schiff mit kleinen gesammelten Gegenständen beladen und es an einer Schnur ziehen.

Durch die wachsende Geschicklichkeit der Finger (Pinzettengriff und Zangengriff) erprobt das Kind weitere Spielmöglichkeiten. Die Hände können nun ziehen, drücken, stecken, nehmen und geben. Viele Spielzeuge, die man kaufen kann, unterstützen diese Fingerfertigkeit, z.B. Steckspiele (Bechertürme, Ringpyramiden), Formenboxen mit einfachen Formen zum Hineinstecken, Hampelmänner, Brummkreisel, Kugelbahnen u.a. Häufig ist dieses Spielmaterial jedoch für das Kind nach wenigen Wochen wieder uninteressant. Es ist daher preiswerter und für das Kind abwechslungsreicher, die Handgeschicklichkeit durch einige selbst hergestellte Spielmittel zu fördern.

Formenbox

Leere Kaffee- oder Teedosen werden von außen bunt bemalt oder beklebt. In den Plastikdeckel wird eine einfache geometrische Form geschnitten, z.B. Kreis, Quadrat, Rechteck. Kugeln, kleine Bälle und Bausteine lassen sich dann in diese Öffnung stecken.

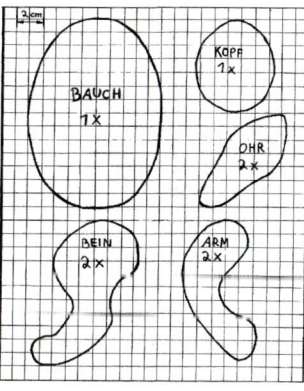

Hampelhase

Material: farbiger Fotokarton
Bdindfaden, 4 Musterklammern
eine dicke Holzperle

Die Umrisse der Vorlage auf den Fotokarton übertragen und ausschneiden. Den Kopf mit den angeklebten Ohren am Bauch befestigen. Arme und Beine mit Hilfe der Musterklammern am Bauch anhängen, so dass sie beweglich bleiben. Auf der Rückseite der Figur werden Arme und Beine mit dem Bindfaden verbunden und unten ein Zugfaden befestigt. Eine dicke Holzperle am Ende des Zugfadens erleichtert dem Kind das Ziehen.

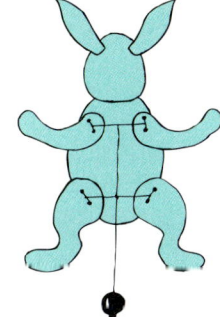

AUFGABEN

 Vervollständigen Sie die Tabelle von Seite 44 um die Monate zehn bis zwölf und übertragen Sie die Merkmale der Entwicklung.

 Formulieren Sie in Gruppenarbeit zu jedem Entwicklungsbereich im ersten Lebensjahr drei Fragen mit drei Antworten, wobei nur eine Antwort nur zutrifft, z.B.: Wie bewegt sich das Kind im Alter von zehn bis zwölf Monaten fort?

→ durch Laufen
→ durch Robben oder Krabbeln
→ mit dem „Bobby-Car"

Stellen Sie die Fragen der Gesamtgruppe vor. Die Gruppe, die die meisten Fragen (nicht die eigenen) beantworten kann, gewinnt.

 Das Kind muss erst die angeborenen unwillkürlichen Reflexe ablegen, bevor es einen Gegenstand zielgerichtet ergreifen kann. Zeigen Sie die einzelnen Entwicklungsstufen des Greifens bis zum Alter von zwölf Monaten auf. Bringen Sie die unten stehenden Bilder in die richtige Reihenfolge. Schreiben Sie zu jedem Bild eine kurze Erläuterung.

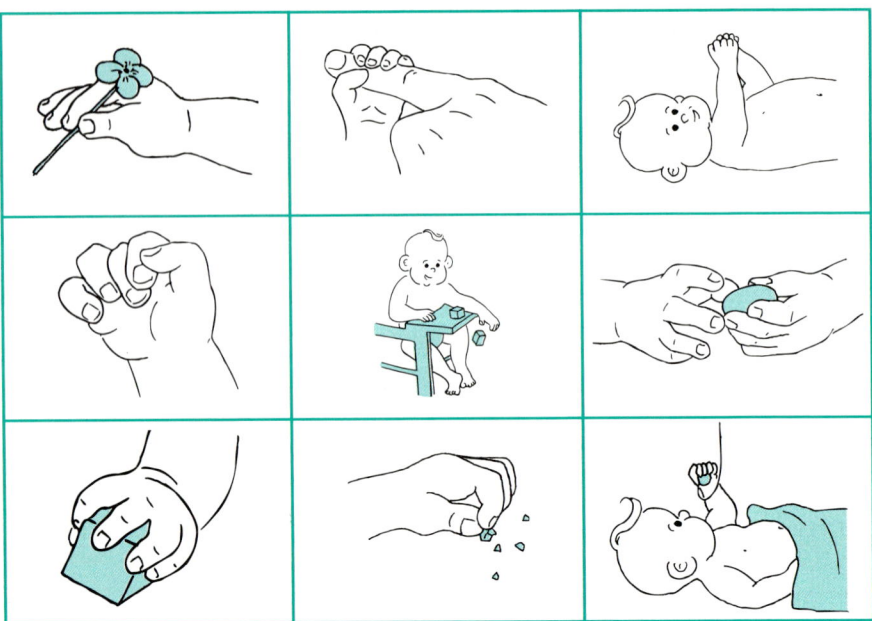

 Erfinden Sie für das Kind interessante Spiele, die den Pinzettengriff und Zangengriff fördern und unterstützen.

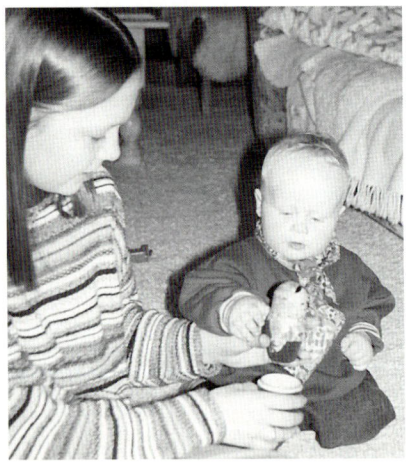 

 Jedes Kind entwickelt seine Bewegungsfähigkeiten stufenweise in einer ganz bestimmten Reihenfolge und innerhalb bestimmter Zeitabschnitte. Das Kind geht gewöhnlich zu keinem neuen Entwicklungsschritt über, bevor es nicht den davor gemacht hat.

Welche Entwicklungsschritte muss das Kind machen, um selbstständig laufen zu können? Bringen Sie die unten stehenden Bilder in die richtige Reihenfolge. Schreiben Sie zu jedem Bild eine kurze Erklärung und machen Sie eine ungefähre Altersangabe.

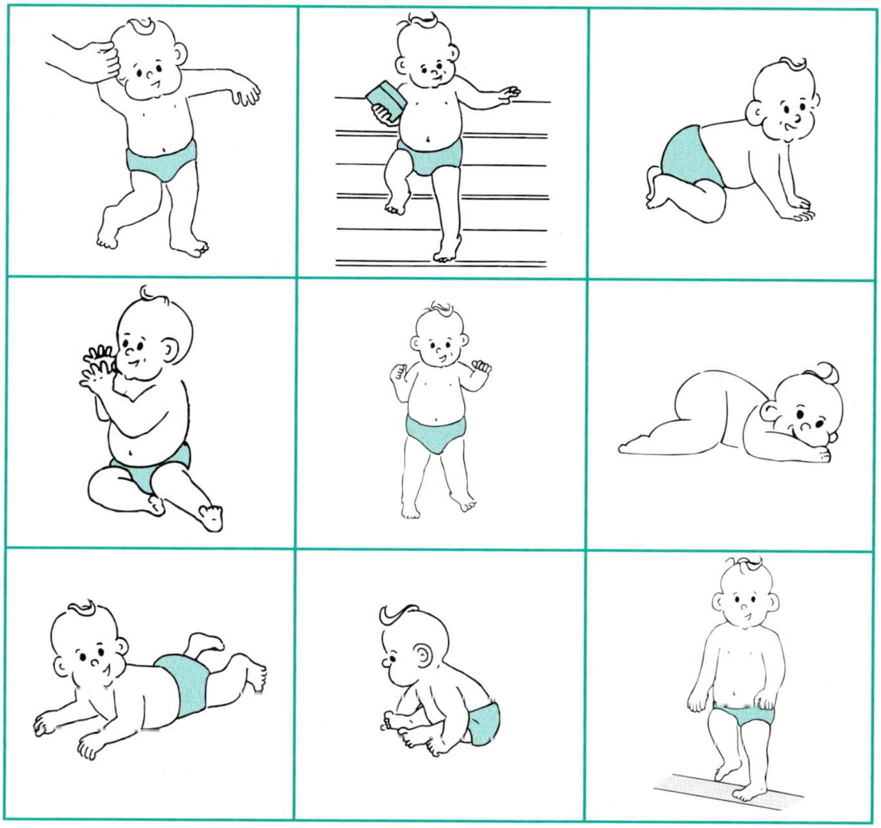

Die Mutter des elf Monate alten Jan schildert folgende Situation:

„Jan kann bereits einige Schritte laufen und schon sicher stehen. Er hält sich aber immer noch gerne an irgendwelchen Möbelstücken fest. Seine Spielsachen liegen meist auf der Krabbeldecke. Wenn er davon etwas haben will, bückt er sich und zieht mit einer Hand an der Decke."

Diese Beobachtung des ersten „Werkzeugdenkens" ist beim Menschen der Anfang seiner Intelligenzentwicklung. Schildern Sie eine Situation, in der Sie „Werkzeugdenken" beobachten konnten.

Kommentieren Sie die Sprachentwicklung des elf Monate alten Jan und das Sprachverhalten seiner Großmutter (s. Comiczeichnung auf S. 59). Beobachten Sie passives Sprachverständnis und aktives Sprechen bei einjährigen Kindern.

Erstellen Sie ein Mindmap (s. S. 19) zum Thema: „Spielzeug im ersten Lebensjahr".
Stellen Sie Vor- bzw. Nachteile von gekauftem und selbst hergestelltem Spielzeug gegenüber.

3.5 Die Umgebung verstehen lernen (ein bis zwei Jahre)

Die Praktikantin und Anne (1,10 Jahre) waren heute vormittag im Supermarkt einkaufen. Sie wollen gemeinsam Pizza backen, denn die essen alle in der Familie gerne. Anne ist ganz begeistert. Sie hilft sehr gerne bei der Nahrungszubereitung mit.

Das Kind lernt laufen

Mit dem zweiten Lebensjahr beginnt eine wichtige Entwicklungsphase des Kindes.
Seine äußere Gestalt verändert sich. Der Körper streckt sich, wird beweglicher und wirkt nicht mehr pummelig und babyhaft. Die aufrechte Haltung ist für das Laufen eine Voraussetzung. Um nicht umzufallen, hält sich das Kind erst noch fest. An der sicheren Hand der Bezugsperson versucht es, die ersten Schritte zu gehen, indem es einen Fuß vor den anderen setzt. Ermutigt durch Lob und Anerkennung, geht das Kind dann bald die ersten selbstständigen Schritte. Auf diese Leistung ist es sehr stolz. Zunächst hebt es die Beine noch sehr hoch und trippelt auf den Zehenspitzen. Um das Gleichgewicht zu halten, breitet es seine Arme seitlich aus. Obwohl es noch manchmal hinfällt, steht es immer wieder auf und probiert weiter das „Alleinegehen".

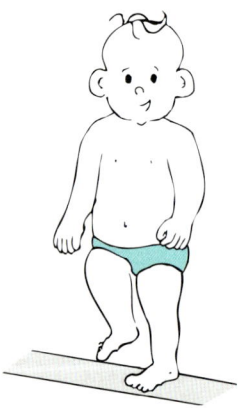

Aus Sicherheitsgründen sollten nun zerbrechliche oder gefährliche Gegenstände aus der Greifweite des Kindes entfernt werden. Das Lieblingsspielzeug auf dem Couchtisch aber kann ein Ansporn zum selbstständigen Gehen sein. Das Kind wird in seinen Gehbewegungen immer sicherer. Beim Treppensteigen stützt es sich mit beiden Händen auf der nächsten Stufe ab. Es steigt immer mit demselben Fuß und hebt den anderen Fuß dann nach. In gleicher Haltung, also auf „allen Vieren" steigt das Kind die Treppe auch rückwärts wieder hinab.

Das Kind beginnt zu hüpfen, zu springen und zu balancieren. Es jauchzt dabei vor Freude. Sein Lieblingsspiel wird nun das Weglaufen und das Einfangen vom Erwachsenen. Durch die neu erworbenen Bewegungsmöglichkeiten eröffnen sich dem Kind weitere Spielräume. Die körperlichen Fortschritte und die Bestärkung durch die Bezugsperson geben ihm Sicherheit und Zuversicht. Es traut sich etwas zu.

Das Zusammenspiel aller Sinnesorgane verfeinert sich

Die genaue Hand-Auge-Koordination gelingt jetzt. Wenn das Kind etwas aufheben will, hockt es sich noch hin, später bückt es sich. Mit den Händen kann es nun geschickt greifen. Es transportiert Dinge durch das Zimmer, stapelt Bausteine aufeinander und ineinander, packt etwas ein und aus, hält einen Becher und trinkt daraus, es isst selbstständig mit dem Löffel. Einen Stift hält es sicher in der Hand, kritzelt damit und zieht Linien. Die erste Malstufe beginnt (vgl. S. 88).

Das Kind unterscheidet noch nicht zwischen der rechten und der linken Hand. Beide Hände sind gleich geschickt. Die Betonung einer Körperhälfte beginnt im dritten Lebensjahr.

Die geistigen Fähigkeiten nehmen zu. Das Kind probiert aus, experimentiert, untersucht und versucht, durch Wiederholungen zum Ziel zu kommen. Sinnvolle und anregende Beschäftigungen befriedigen sein Spiel- und Bewegungsbedürfnis. Durch die vielfältigen praktischen Erfahrungen schreitet die geistige Entwicklung des Kindes schnell voran. Mit einem Blick erkennt es nun, wo im Raum sein Spielzeug liegt. Es beginnt, logisch und sinnvoll zu denken und zu handeln. Es stellt einfache Zusammenhänge her: Läutet die Türglocke, läuft es erwartungsvoll zur Wohnungstür. Sieht es den Apfel auf einem Bild, versucht es nicht mehr, nach ihm zu greifen, sondern es geht zur Obstschale, holt ihn und vergleicht ihn mit der Abbildung. Kennt das Kind schon den Namen, benennt es den Apfel auch. Es erinnert sich. Das Kind lernt nun zu denken.

Die sprachliche Entwicklung setzt nun verstärkt ein

Das Kind verfügt über einen kleinen aktiven und einen größeren passiven Wortschatz. Es benennt Gegenstände und Dinge mit Namen. Einfache Aufforderungen versteht es und führt sie auch aus. Wenn ihm etwas erzählt oder erklärt wird, hört es gespannt zu. Reime und Lieder hört es gerne, es singt und spielt sie nach.

Einen Wunsch oder Bedürfnis drückt es mit einem Ein-Wort-Satz aus. Sagt das Kind das Wort „Ball", möchte es vielleicht auf den Ball aufmerksam machen oder ausdrücken, dass es den Ball haben möchte, oder es ist eine Aufforderung zum gemeinsamen Ballspiel. Aus der Lautstärke, der Betonung und den begleitenden Hand- und Körperbewegungen muss die Bezugsperson nun deuten, was das Kind mit dem Ein-Wort-Satz „Ball" mitteilen möchte. Seinen Namen kennt und spricht das Kind, aber es sagt noch nicht „Ich", sondern „Tim Saft?" Die Bezugsperson hilft dem Kind indirekt, wenn sie mit einfachen Worten den Wunsch des Kindes wiederholt. Das Kind merkt sich die Worte und den Satzaufbau.

Im weiteren Verlauf der sprachlichen Entwicklung bildet das Kind Zwei-Wort- und Mehr-Wort-Sätze. Es versucht, Geschichten zu erzählen, die aber vom Erwachsenen oft nicht verstanden werden, z. B. „Papa? Auto! Weg!"

Das Sprachvorbild ist für das Sprechen des Kindes wichtig

Die Bezugsperson begleitet alle Tätigkeiten mit Worten. Das Kind hört zu und überträgt das Sprechen z. B. in sein Spiel. In spielerischer Weise erweitert es so seinen Wortschatz, es übt die richtige Aussprache. Durch das Betrachten von Bildern, Bilderbüchern und anderen Dingen werden weitere Sprechanlässe geschaffen. Das Kind stellt Fragen und antwortet auf Fragen, es führt kleine Gespräche mit der Bezugsperson oder auch anderen Menschen.

Das Kind zeigt und äußert seine Gefühle spontan

Es ist in der Lage, seine Gefühle differenziert zu zeigen. Ist ihm etwas gelungen, lacht es laut und ist stolz auf seine Leistung. Misslingt ihm etwas, wird es wütend und wirft sich auf die Erde, es schreit und strampelt. Das Kind kann sich aber auch verstellen und seine Gefühle verbergen. Muss das Kind häufig seine Gefühle unterdrücken, z. B. aus Furcht vor Strafe, äußert es sich in anderer Weise, z. B. durch Unruhe, Schlaf- und Essstörungen.

Die Bezugsperson sollte die intensiven Gefühle des Kindes zulassen und mit Gelassenheit darauf reagieren. Ihre eigenen Gefühle sollte sie dem Kind in angemessener Art zeigen.

Soziale Verhaltensweisen muss das Kind erlernen

Bei den ersten Erfahrungen mit gleichaltrigen Kindern zeigt das Kind Begeisterung und Neugierde. Die erste Kontaktaufnahme geschieht meistens über das intensive Beobachten, das Anfassen und das Streicheln des anderen Kindes. Die eigenen Erfahrungen gibt das Kind wieder. Manchmal nehmen sie das Spielzeug des anderen Kindes, spielen damit alleine oder zusammen. Häufig kommt es um das Spielzeug zum Streit und zu Wutausbrüchen. Das Kind sieht nur sich selbst und das Spielzeug. Das Teilen und Tauschen mit Gleichaltrigen hat es noch nicht gelernt. Dass es das Spielzeug jetzt nicht haben kann, weil das andere Kind damit spielt, versteht es noch nicht. Es weiß auch noch nicht, dass das Zerren an den Haaren, das Kneifen und Beißen dem anderen Kind Schmerzen bereitet. Trotz solcher Unstimmigkeiten sind die Kinder gern zusammen. Der Streit ist schnell vergessen.

Gegen Ende des zweiten Lebensjahres steht das Spielzeug nicht mehr im Mittelpunkt, wenn zwei Kinder zusammenkommen, sondern die Gemeinschaft mit anderen Kindern wird interessant. Die Kinder können jetzt längere Zeit nebeneinander spielen. Sie regen sich gegenseitig an, vergleichen sich und messen ihre Kräfte. Sie versuchen, die Aufmerksamkeit des Erwachsenen auf sich zu ziehen. Dieser sollte also in der Nähe der spielenden Kinder bleiben, um im Ernstfall eingreifen und helfen zu können. Um seine sozialen Verhaltensweisen ausbilden zu können, braucht das Kind den Umgang mit Gleichaltrigen, die Kontakte zu den Erwachsenen und älteren Geschwistern reichen nicht.

Essgewohnheiten bilden sich heraus

Im Laufe des zweiten Lebensjahres kommen alle Milchzähne heraus. Meistens geschieht dieses ohne Komplikationen. Das Kind möchte nun alles essen, was die anderen Familienmitglieder auch essen. Es zeigt Vorlieben und Abneigungen für bestimmte Nahrungsmittel. Im Speiseplan der Familie sollte dies berücksichtigt werden. Das Einnehmen der Mahlzeiten sollte für alle angenehm verlaufen. Das Essen sollte Spaß machen und nicht nur der Nahrungsaufnahme dienen.

An Tischgesprächen kann und will das Kind meistens nicht teilnehmen. Wenn es satt ist, will es weiter aktiv sein. Es spielt mit seinem Essen und dem Gedeck. Verbote und Ermahnungen lösen seinen Protest aus. Kann es nicht abgelenkt oder anderweitig beschäftigt werden, sollte es sinnvollerweise vom Tisch aufstehen und woanders spielen können.

Durch regelmäßige Mahlzeiten gewöhnt sich das Kind an die Essenssituation. Die Grundlagen für das spätere Essverhalten und die Essgewohnheiten werden jetzt herausgebildet.

Erste Spielplatz-Spiele

Sobald das Kind sicher laufen kann, wird sein Bewegungsdrang immer größer. Je mehr Möglichkeiten das Kind hat, ausgelassen zu rennen, zu klettern und zu toben, desto zufriedener und ausgeglichener wird es sein. Spielräume für Bewegung finden wir aber nicht nur in der eigenen Wohnung, sondern besonders im Freien, wo es auch mit anderen Kindern Kontakt bekommen kann. Öffentliche Spielplätze ermöglichen die Begegnung mit anderen Kindern und schaffen darüber hinaus neuartige Erfahrungen, die es in geschlossenen Räumen nicht machen kann, z.B. das Kennenlernen von Sand in Verbindung mit Wasser.

Spielplatzerfahrungen sind für die soziale Entwicklung des Kindes von großer Bedeutung. Dort lernt es, dass der Sandkasten von allen Kindern benutzt werden kann und dass es z.B. an der Rutsche warten muss, bis das andere Kind unten angekommen ist. Hierbei kommt es zu den ersten Konflikten, die das Kind noch nicht alleine austragen kann, sondern dabei auf die freundliche Unterstützung der Bezugsperson angewiesen ist.

Da sich nicht jeder Spielplatz in einem guten Zustand befindet, sollte er vor dem ersten Besuch auf seine Sicherheit für Kleinkinder überprüft werden (s. Aufgabe 4, S. 74). Einige Spielplatzgeräte sind für Kleinkinder noch nicht geeignet, z.B. Drehkarussells, Tunnelrutschen oder Seilbahnen, da sie viele unberechenbare Gefahrenzonen aufweisen, die jüngere Kinder noch nicht einschätzen können. Auch an das Spiel an Geräten wie Rutsche, Wippe oder Schaukel muss das Kind schrittweise durch die Bezugsperson herangeführt werden.

Im Sandkasten

→ Mit den Händen fühlen, greifen, graben, matschen, formen
→ Füße im Sand vergraben
→ Auf feuchtem, geglättetem Sand hinterlassen Hände oder Füße sichtbare Spuren
→ Ein vorher mit Sand zugedeckter Gegenstand wird vom Kind entdeckt und wieder ausgegraben
→ Schaufeln
→ Gefäße (auch alte Haushaltsgegenstände) oder Fahrzeuge mit Sand füllen und wieder leeren
→ Sand über den Körper rieseln lassen, durch Trichter, Röhren, Siebe oder Wasserräder
→ „Kuchen-Backen" mit Förmchen, Eimern, Joghurtbechern usw.

> **Finger im Sand**
> Fünf Finger sind an jeder Hand.
> Fünf Finger graben heut im Sand:
> Der Daumen heißt Herr Dickemann,
> der dicke Löcher bohren kann.
> Der Zeigefinger Krümm-dich-doch,
> der bohrt ein langen, dünnes Loch.
> Der Mittelfinger ist Herr Klein,
> der bohrt das tiefste Loch hinein.
> Der Ringfinger heißt Herr Charmant,
> drückt flink ein Löchlein in den Sand.
> Der kleine Finger Schubidu,
> der schüttet alle Löcher zu!

→ Sand-Murmel-Bahn: Aus nassem Sand wird mit Hilfe der Bezugsperson ein hoher Berg geformt. Dann wird eine Muldenbahn angelegt. Sie beginnt oben und führt in Spiralen rundherum nach unten. Ein kleiner Ball oder eine Murmel rollt dann um den Berg ins Ziel
→ Sand-Spiel-Garten: Mit den Händen wird der feuchte Sand glatt gestrichen. Gefundene Naturmaterialien (Blätter, Äste, Steine, Muscheln) oder kostenloses Material (z.B. Eisstiele, Eierkartons, Joghurtbecher) können dort zu einem „Garten" verbaut werden. Zusätzliche Tiere, Figuren und Fahrzeuge aus Holz oder Plastik beleben diese Sand-Spiel-Gärten.

An der Kletterrutsche

→ Das Kind sollte nur so hoch klettern, dass die Bezugsperson Hilfestellung geben kann
→ Den Teddy oder die Puppe rutschen lassen

→ Auf dem Schoß der Bezugsperson oder eines älteren Kindes (ab zwölf Jahre) rutschen
→ Das Kind auf die Mitte der Rutschbahn setzen und unten auffangen
→ Das Kind rutscht allein, unten auffangen
→ Das Kind rutscht in unterschiedlichen Körperlagen herunter, unten auffangen

An der Wippe

→ Bezugsperson oder älteres Kind sitzt mit dem Kind zusammen auf der Wippe
→ Kind sitzt allein, der Teddy oder die Puppe sitzt gegenüber. Die Bezugsperson hebt die Wippe an und drückt sie wieder hinunter
(Mit anderen Kindern zusammen zu wippen, gelingt erst ab etwa drei Jahren.)

An der Schaukel

→ Teddy oder Puppe werden geschaukelt
→ Kind sanft anstoßen, reagiert es freudig, schwungvoller schaukeln
(Bis zum dritten Lebensjahr Hilfestellung geben!)

AUFGABEN

Erfassen Sie die wesentlichen Merkmale der kognitiven, emotionalen, psychomotorischen und sozialen Entwicklung eines Kindes im zweiten Lebensjahr in Form einer Tabelle. Informationen dazu finden Sie im Text auf S. 68 f., im folgenden fiktiven Interview mit Anne und durch eigene Beobachtungen.

Fiktives Interview mit Anne (zwei Jahre)

Wann hast du deine ersten Schritte gemacht?	*Mit 13 Monaten.*
Wie viele Wörter kannst du schon sprechen?	*Mehr als zehn Wörter.*
Sprichst du viel mit deinen Eltern?	*Ja, wir unterhalten uns schon ganz gut.*
Aus wie viel Bauklötzen baust du einen Turm?	*Die Bauklötze fallen immer um.*
Was kannst du schon alles allein machen?	*Meine Haare kämmen, den Wasserhahn aufdrehen, ein Butterbrot essen, mich ausziehen, meine Zähne putzen.*
Kennst du dich in der ganzen Wohnung aus?	*Ja, ich laufe überall herum und habe alles untersucht.*
Machst du noch einen Mittagsschlaf?	*Ja, jeden Tag.*
Isst du alles, was auf den Tisch kommt?	*Fast alles. Fleisch und Eintopf esse ich nicht so gerne.*
Spielst du gern mit anderen?	*Ja, ich spiele gerne mit meiner Oma, meinen Eltern, Sara, das ist unsere Praktikantin, und mit Jan, aber mit dem nicht immer.*
Hast du schon deinen „eigenen Kopf"?	*Ja, wenn man mir etwas wegnimmt, werde ich wütend.*
Wie sicher bist du auf deinen Beinen?	*Ich kann schon Treppen steigen.*

Wie geschickt bist du mit den Händen?	*Ich kann schon mit dem Löffel alleine essen und mit meinen Wachsmalstiften kritzeln.*
Was spielst du besonders gern?	*Ich spiele gerne mit meiner Puppe Lilly, im Kaufladen, im Sandkasten und in der Küche mit Mamas Töpfen.*
Spielst du viel im Freien?	*Ja, bei uns im Garten. Da haben wir einen Sandkasten und eine Schaukel. Manchmal gehen wir auch auf den Spielplatz oder in den Wald.*
Hörst du gerne Musik?	*Ja, ich habe einige Kassetten mit Kinderliedern, die höre ich sehr gerne.*
Bist du gern zu Besuch bei anderen?	*Ja, ich gehe gerne mit meiner Mama in die Spielgruppe oder zu Oma und Opa.*
Schaust du dir gerne Bilderbücher an?	*Ja, mit Mama oder Sara.*
Lässt du dich gerne baden?	*Ja, es macht mir großen Spaß.*
Hilfst du gerne im Haushalt?	*Ja, ich helfe gerne beim Kuchenbacken. Ich kann auch schon Pizza belegen und Obstquark rühren. Aufräumen mag ich nicht.*
Hörst du immer darauf, was deine Eltern dir sagen?	*Nein, manchmal bin ich bockig.*
Bist du schon sauber?	*Nein.*
Wie bringen dich deine Eltern abends ins Bett?	*Meistens singt Mama mir ein Schlaflied oder erzählt eine Geschichte.*

 Stellen Sie fest, was Anne jetzt schon alles selbstständig kann:

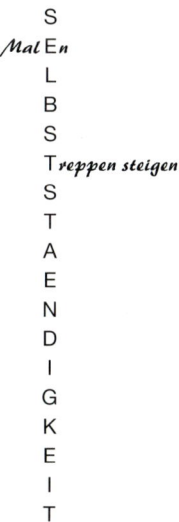

```
          S
      Mal En
          L
          B
          S
      T reppen steigen
          S
          T
          A
          E
          N
          D
          I
          G
          K
          E
          I
          T
```

 Planen Sie ein Spielangebot, das Sie mit der zweijährigen Anne durchführen könnten. Benutzen Sie dazu die Vorgaben für angeleitete Angebote auf S. 174.

Besuchen Sie mit Ihrer Lerngruppe einen Spielplatz in der Nähe Ihrer Berufsfachschule. Überprüfen Sie den Spielplatz mit Hilfe des untenstehenden Fragebogens auf seine Sicherheit und Eignung für Kleinkinder.

Lesen Sie dazu die rechtlichen Hinweise zu Haftungsfragen und Sicherheitsvorschriften.

Haftungsfragen und Sicherheitsvorschriften

Die Kommunen haben als Träger öffentlicher Spielanlagen die Verpflichtung, im Rahmen des Zumutbaren Verletzungen und andere Gefahren für die Nutzer auszuschließen. Sie haften für Schäden, die dem Nutzer entstehen, wenn ein schuldhaftes Verhalten ihrerseits vorliegt. Dabei ist in jedem Einzelfall nachzuweisen, ob und durch wen der Schaden entstanden ist. Aus der Rechtsprechung der letzten Jahre geht hervor, dass nicht verlangt wird, jede mögliche Gefahrenquelle zu vermeiden. Kinder haben einen Anspruch auf Spielplätze, die in begrenztem Maße Abenteuer und Risiko bieten. Die Haftung und damit auch die Versicherungspflicht im Schadensfalle beziehen sich sowohl auf die Beschaffenheit des Platzgeländes als auch auf die Art und den Zustand der Platzausstattung (z.B. Geräte und Bepflanzung). Darüber hinaus erstreckt sie sich auf Wegführung und Einfriedung. Spielplätze sollten möglichst nicht von stark befahrenen Straßen umgeben sein. Durch eine entsprechende Einfriedung muss dafür gesorgt werden, dass Kinder nicht vom Spielplatz auf die Straße laufen.

Der Träger ist verpflichtet, Spielgeräte so aufzustellen und zu unterhalten, dass Kinder nicht gefährdet werden. In der DIN-Norm „7926 Konstruktion von Spielplätzen und Geräten" sind die Mindestanforderungen an Konstruktion, Einbau und Anordnung von Kinderspielgeräten aus sicherheitstechnischen Gesichtspunkten vom Bundesministerium für Arbeit und Sozialordnung als Sicherheitsnorm festgelegt worden. www.tageseinrichtungen.nrw.de

Ministerium für Arbeit, Gesundheit und Soziales des Landes NRW, 1989, S. 53 f.

Fragebogen zur Sicherheit von Spielplätzen für Kleinkinder

Haben alle Geräte, von denen Kinder aus mehr als 2 m Höhe fallen können, weiche Untergründe, also Sand oder elastische Dämmstoffe?	Ja	Nein
Sind an allen Geräten Ecken und Kanten abgerundet?	Ja	Nein
Haben Sie sich davon überzeugt, dass an allen Geräten keine Metallteile angerostet und keine Taue angescheuert sind?	Ja	Nein
Sind alle Holzteile splitterfrei und frei von Spaltrissen?	Ja	Nein
Haben Sie sich davon überzeugt, dass nirgendwo Nägel oder Schrauben herausschauen?	Ja	Nein
Ist der Abstand von schwingenden Teilen, etwa Schaukeln, zu Mauern, Bäumen oder anderen Spielgeräten mindestens 2 m?	Ja	Nein
Sind die Kettenglieder bei Schaukeln und anderen Geräten höchstens 6 mm breit, so dass keine Gefahr fürs Einquetschen von Kinderfingern besteht?	Ja	Nein
Sind die Schaukeln sicher und stabil befestigt, so dass z.B. die Ketten nicht reißen können?	Ja	Nein
Ist das Geländer der Rutsche mindestens 15 cm hoch?	Ja	Nein
Haben Sie sich davon überzeugt, dass die Rutschbahn keine spitzen Winkel besitzt, in denen kleine Kinder hängen bleiben und von nachrutschenden Kindern verletzt werden können?	Ja	Nein
Haben alle Wippen dämpfende Aufschläge?	Ja	Nein

Fragebogen zur Sicherheit von Spielplätzen für Kleinkinder		
Ist dafür gesorgt, dass der Sand im Sandkasten zumindest einmal im Jahr ausgetauscht wird?	Ja	Nein
Haben Sie sich davon überzeugt, dass keine Giftpflanzen um den Spielplatz herum stehen?	Ja	Nein
Ist das Gelände ausreichend vor der Straße geschützt, so dass die Kinder nicht plötzlich vor ein Auto rennen können?	Ja	Nein

Mönkemeyer, 1988, S. 167

Jeder Frage, die Sie heute noch mit „Nein" beantworten müssen, sollten Sie bald nachgehen. Fassen Sie Ihre festgestellten Mängel und Schäden, auch Hundekot im Sandkasten und andere Verschmutzungen, zusammen und geben Sie diese an den Träger des Spielplatzes weiter.

3.6 Das eigene „Ich" entdecken (zwei bis drei Jahre)

Jeden Montag besucht die Praktikantin Sara zusammen mit Jan (2,5 Jahre) und seiner Mutter die Spielgruppe „Purzelbaum". Mit ihm sind dort noch zehn andere Kinder, alle zwischen zwei und drei Jahren. Heute hat die Spielgruppenleiterin einen Waschmaschinenkarton als Spielhaus mitgebracht. Alle Kinder sind begeistert. Sie haben es gemeinsam angemalt und Fenster und eine Tür hineingeschnitten. Doch schon nach kurzer Zeit beobachtet Sara den ersten Streit. Jan hat das Haus besetzt und lässt keinen hinein.

Im dritten Lebensjahr verliert das Kind seine babyhafte Figur. Seine Arme und Beine werden länger und Schulter und Becken breiter. Durch diese körperliche Veränderung verlagert sich der Schwerpunkt des Körpers nach unten. Das Kind kann dadurch das Gleichgewicht besser halten. Gleichzeitig wachsen seine körperlichen Kräfte.

Die grob- und feinmotorischen Bewegungen des Kindes erweitern sich

Der Begriff „Motorik" umfasst alle Bewegungsabläufe des Körpers, wobei zwischen grobmotorischen Bewegungen (z. B. laufen, klettern) und feinmotorischen Bewegungen (z. B. malen, schneiden) unterschieden wird. Das Kind versucht nun, zu rennen, auf Mauern und Bänken zu balancieren, dort hinaufzuklettern und wieder herunterzuspringen. Es probiert, auf einem Bein zu stehen. Im Laufe des Jahres kann es die Treppe hinauf- und hinunter-

gehen wie ein Erwachsener. Es schaukelt, wippt, hüpft über Gräben oder Pfützen, wirft den Ball auf ein Ziel und fährt Dreirad. Diese Bewegungsspiele entstehen spontan und bereiten dem Kind Vergnügen. Häufig muss es sich dabei anstrengen oder auch seine Ängste überwinden, aber der Erfolg stärkt letztlich sein Selbstbewusstsein. Auch die feinmotorischen Bewegungen des Kindes werden gezielter. Sein Forscherdrang ist unermüdlich. Es möchte für viele Dinge, die es noch nicht kennt, eine Erklärung finden. So schraubt es mit Vorliebe Spielzeug oder Deckel von Behältern auf. Es klopft Nägel in weiches Holz und versucht bereits, mit der Schere zu schneiden. Es ist jetzt mehr an Büchern interessiert und kann die Seiten mühelos umblättern. Im Spiel baut es Türme aus mehreren Klötzen, fädelt dicke Perlen auf und steckt komplizierte Formen in die passenden Öffnungen.

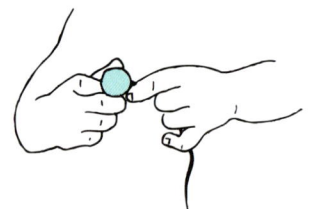

Das Kind übernimmt nun gerne kleine, sinnvolle Aufgaben. Seine Selbstständigkeit wächst

Es kann sich selbst an- und ausziehen. Bei großen Knöpfen und Schuhschnallen gelingt ihm das Auf- und Zumachen, bei komplizierten Verschlüssen braucht es jedoch die Hilfe des Erwachsenen. Es isst selbstständig, übt dabei aber noch den Umgang mit Messer und Gabel. Es kann sich die Hände waschen, abtrocknen und sich kämmen. Es ist in der Lage, selbstständig zur Toilette zu gehen, braucht aber hierbei noch die Unterstützung der Bezugsperson. Hin und wieder muss trotzdem mit nächtlichem Einnässen gerechnet werden.

Im Haushalt übernimmt das Kind gerne kleine Aufgaben, um seine größere Selbstständigkeit zu zeigen, aber auch neue Fertigkeiten zu erwerben. Es hilft beim Aufräumen und Abtrocknen. Ein kleines Tablett mit einigen Geschirrteilen trägt es sicher. Dieses selbstständige Tun des Kindes ist für den Erwachsenen sehr häufig keine Arbeitserleichterung. Er muss Geduld und Zeit aufbringen, das Kind durch Lob und Zuspruch ermutigen, um so sein Selbstvertrauen zu stärken.

Das Denken des Kindes in diesem Alter ist sehr „ich"-bezogen

Es nimmt an, dass die Dinge aus seiner Umwelt die gleichen Eigenschaften und Fähigkeiten haben wie es selbst. Seine eigenen Wünsche und Gefühle bezieht es auf sich selbst und denkt, andere Menschen haben die gleichen Wünsche und Gefühle. Es hat noch keine anderen Vergleichsmöglichkeiten. So wird diese Phase des kindlichen, ich-bezogenen Denkens auch als „Egozentrismus" bezeichnet. Sein Erfahrungsschatz ist noch begrenzt. Vorgänge, die es nicht versteht, versucht es daher in bereits bekannte Zusammenhänge zu bringen. So ist der Stuhl, an dem sich das Kind gestoßen hat, ein „doofer Stuhl", weil er ihm, in der Meinung des Kindes, absichtlich wehgetan hat. Eine bekannte Person, die sich vor den Augen des Kindes als Nikolaus verkleidet, wird plötzlich zu einer „magischen" Figur, die beängstigend wirken kann. Das Kind verbindet Gegenstände oder auch Erscheinungen in der Natur mit magischen Kräften. Z. B. erklärt der dreijährige Tim den Blitz: „Wenn einer auf der Welt ganz böse ist, dann blitzt es. Das ist die Strafe." Diese Eigenart des Denkens wird als „magisches Denken" bezeichnet.

Die Denkfähigkeit des Kindes wird durch den zunehmenden Wortschatz erweitert

Durch Fragen und Nachdenken möchte das Kind viele Dinge wissen und deren Ursachen herausfinden. Die Bezugsperson muss ständig auf Fragen wie „Is das?" oder „Warum?" antworten, so dass dieses Alter auch das „Fragealter" genannt wird.

Das Kind ist in der Lage, Sätze zu bilden, die zunehmend die richtige grammatikalische Form enthalten. Häufig kommen noch Fehler in der Aussprache vor. Die Bezugsperson sollte diese Fehler aber nicht verbessern oder sogar kritisieren, sondern dem Kind aufmerksam zuhören und in einer besseren Sprechweise antworten. Durch ein ruhiges Sprechvorbild können so mögliche Sprachfehler verhindert werden.

Das Kind wird zu einer eigenständigen Persönlichkeit – es entdeckt sein „Ich"

Sprach das Kind früher von sich selbst in der dritten Person, benutzt es nun das Wort „Ich". Es erprobt seinen Willen, macht erste Pläne und merkt dabei, dass es sich zwischen zwei Möglichkeiten entscheiden kann. Seine Gefühle sind häufig sehr widersprüchlich. Alltägliche Situationen können so zu Konflikten zwischen Bezugsperson und Kind werden, z. B.: Es möchte sich nicht mehr waschen lassen, im Supermarkt nicht im Einkaufswagen sitzen oder anstatt Milch nur noch Saft trinken. Durchkreuzt die Bezugsperson diese eigenständigen Willensentscheidungen, so reagiert das Kind häufig mit starken Gefühlsausbrüchen. Es schreit, stampft mit den Füßen oder wirft sich sogar auf den Boden. Diesen Trotzanfällen sollte der Erwachsene mit Ruhe und Geduld begegnen. Manchmal gelingt es auch, das Kind durch ein Spiel oder eine Geschichte von seiner zu starken Willensäußerung abzulenken. Die Bezugsperson sollte dem Kind wenig Verbote erteilen, dafür aber seine Wahl respektieren und Regeln und Gebote klar aufzeigen.

Das Kind ist nun stärker an seinem Körper und seinen Geschlechtsorganen interessiert. Es vergleicht Mädchen und Jungen und beobachtet die Nacktheit der Bezugspersonen. Manchmal kommt es zwischen gleichaltrigen Kindern zu „Doktorspielen", um den Körper des anderen kennen zu lernen. Die in diesem Zusammenhang auftauchenden Fragen sollten von den Bezugspersonen frei und kindgerecht beantwortet werden. Aus dieser altersgemäßen Neugierde entwickelt sich eine natürliche Beziehung zur Sexualität.

Im dritten Lebensjahr ist das Bedürfnis nach sozialen Kontakten mit gleichaltrigen Spielkameraden sehr groß

In Spielgruppen mit mehr als sechs Kindern ist zu beobachten, dass Gleichaltrige meist nebeneinander spielen. Ein gemeinsames Spiel miteinander entsteht noch nicht. Sie sind zu sehr auf ihr eigenes Spiel konzentriert und können sich noch nicht auf mehrere Personen gleichzeitig einstellen. Dafür beobachten sie aber gern das Spielgeschehen und die Verhaltensweisen der anderen Kinder, um sie später nachzuahmen.

Am liebsten spielt das Kind in einer Zweiergruppe. Bei gegenseitiger Sympathie kann dieser Spielpartner sogar zum Freund werden. Viele Formen des positiven Sozialverhaltens sind in diesem Alter bereits zu beobachten: Sie trösten, küssen und streicheln ihren traurigen Spielkameraden, helfen ihm, teilen mit ihm das Spielzeug und verteidigen es auch gegenüber anderen. Zugleich sind aber auch negative soziale Verhaltensweisen zu erkennen: Im Streit um ein Spielzeug oder bei mangelnder Sympathie wird dann der Spielpartner geschlagen, gestoßen und beschimpft.

Das Gefühlsleben der Zwei- bis Dreijährigen ist so gegensätzlich und wechselhaft, dass es im Kontakt mit anderen Kindern häufig zu Konflikten kommt. Das Spiel mit Gleichaltrigen kann z. B. zum Konkurrenzerlebnis werden:

> *Christian, das einzige Kind, steht zu Hause immer im Mittelpunkt. In der Spielgruppe erfährt er zum ersten Mal einen anderen Jungen als Bedrohung seiner Interessen. Jan möchte mit demselben Bagger spielen wie er. Christian stößt Jan um und reißt ihm den Bagger aus den Händen. Anschließend stellt er den Bagger zu seiner Mutter und lässt kein anderes Kind damit spielen.*

In diesem Streit siegt der Überlegene mit der größeren Durchsetzungskraft und der Schwächere unterliegt. Beide Kinder erleben die Wirkung ihres Verhaltens. In weiteren Konflikten brauchen sie die Hilfe der Erwachsenen. Schüchterne und zurückhaltende Kinder müssen ermutigt werden, sich selbst durchsetzen zu können. Überlegenere Kinder erfahren, dass sie teilen können, und lernen, Rücksicht zu nehmen. Gleichstarke Kinder sind vielleicht schon in der Lage, den Konflikt selbst zu lösen.

Hieran wird deutlich, dass die Grundlagen für soziale Verhaltensweisen erst langsam eingeübt werden müssen. Die beste Gelegenheit dafür bietet der regelmäßige Besuch einer gleich bleibenden Spielgruppe. In jeder Stadt werden von Familienbildungsstätten oder anderen Einrichtungen Eltern-Kind-Gruppen oder Mini-Clubs angeboten. Darüber hinaus ist es auch möglich, selbst eine Gruppe zu gründen.

Anregungen für eine Eltern-Kind-Spielgruppe

Mögliche „Spielregeln":
→ In der Gruppe sollten nicht mehr als zehn Kinder zusammen spielen, wobei das Verhältnis von Jungen und Madchen möglichst ausgewogen sein sollte.
→ Die Gruppe trifft sich ein- bis zweimal in der Woche. Die Spielzeit sollte nicht länger als zwei bis drei Stunden dauern.
→ Der Spielraum sollte so groß sein, dass die Kinder sich darin frei bewegen können und die Bezugspersonen eine Gelegenheit zum Sitzen haben. Für die Kinder ist es sehr abwechslungsreich, wenn das Spiel auch draußen stattfinden kann (Garten, Spielplatz, Schwimmbad).
→ Jedes Kind kann ein Spielzeug von zu Hause mitbringen, falls es sich dadurch sicherer fühlt. Ansonsten steht das Spielmaterial der Gruppe zur Verfügung, z. B. Bilderbücher, Nachzieh- und Schiebespielzeug, Ball, Bausteine, Fahrzeuge, Puppen, Holzeisenbahn, Hauhaltsgegenstände, Tücher, Decken, Papier, Wachsmalstifte etc.
→ Eine Bezugsperson trägt für die jeweilige Spielstunde die Verantwortung. Sie wählt Spiele bzw. Aktivitäten aus, greift in Konflikte ein, die die Kinder selbst nicht lösen können, und versucht zu trösten.

Fingerspiele

Wenn's regnet

Der sagt: „Wenn's regnet, werde ich nass."
Der sagt: „Wenn's regnet, macht es mir Spaß."
Der sagt: „Wenn's regnet, bleib ich zu Haus."
Der sagt: „Wenn's regnet, geh ich nicht raus."
Der sagt: „Wenn's regnet, da ist es schön,
da kann ich mit meinem Schirm in die Spielgruppe geh'n."

Die Finger einer Hand nacheinander zeigen, mit dem Daumen beginnen.

Pinke-Pank

Pinke-Pank,
Herr Schmitt ist krank.
Wo soll er wohnen?
Unten oder oben?

Ein Gegenstand wird in einer Faust versteckt. Dann werden die Fäuste abwechselnd übereinander gehalten und der Vers gesagt. Frage: „Wo ist der Gegenstand versteckt?"

Liedkreisspiele

Ich bin der starke Löwe

(Melodie und Text: Werner Kötteritz – Rechte: Klettermax-Verlag, Iserlohn)

2. Ich bin der flinke Hase und bin dabei ganz froh,
   und wenn ich durch die Wiesen hüpf, dann geht das einfach so:
   Ich hüpfe vor, zurück ...

3. Ich bin die Krabbelspinne und bin dabei ganz froh,
   und wenn ich übers Netz spazier, dann geht das einfach so:
   Ich krabble vor, zurück ...

4. Wir sind die Menschenkinder und sind dabei ganz froh,
   und wenn wir fröhlich tanzen wolln, dann geht das einfach so:
   Wir tanzen vor, zurück ...

Alle Kinder stehen mit den Eltern im Kreis und stellen die verschiedenen Bewegungen der Tiere dar. Eigene Vorschläge können hinzugefügt werden.

Im Mini-Club
(Text und Melodie: Autorinnen)

Im Mi - ni - Club, im Mi - ni - Club, da kann ich Spie - le ma - chen. Da

kann ich to - ben, ma - len, bau - en und auch tüch - tig la - chen.

Und zum Schluss gibt's ein Lied doch mei - ne Mam - ma, die muss mit!

2. Im Mini-Club, im Mini-Club,
   gehts über Tisch und Bank.
   wir springen in die Kissen rein,
   verstecken uns im Schrank.

   Refr.: Und zum Schluss ...

3. Im Mini-Club, im Mini-Club,
   da gibts Geburtstagsfeste.
   dann zünden wir die Kerzen an
   und wünschen alles Beste.

   Refr.: Und zum Schluss ...

Spielaktivitäten

→ Bilderbücher anschauen
→ Formen mit selbst hergestellter Knete (Rezept s. S. 90)
→ Spiele mit Kartons und Dosen
→ Spiele mit Tüchern, Decken, Luftballons
→ Rollenspiele: Verreisen, Familie, Post, Einkaufen, Verkleiden

Besondere Spielaktionen

→ Feste feiern (Geburtstag, Laternenfest, Eintritt in den Kindergarten, Sommerfest)
→ Besuch auf einem Bauernhof
→ Picknick auf dem Spielplatz

AUFGABEN

Überlegen Sie, durch welche spielerischen Angebote Sie die grob- und feinmotorischen Fähigkeiten von Jan (2,5 Jahre) fördern könnten.

Beschreiben Sie die Konfliktsituation, in der Jan das Spielhaus besetzt (s. S. 75). Nennen Sie Möglichkeiten, wie Sie sich in dieser Situation verhalten würden.

Lesen Sie den folgenden Bericht der Spielgruppe „Mini-Maus" und formulieren Sie Fragestellungen, z.B.:

→ Wie heißt der Träger der Spielgruppe?
→ Welche Kinder besuchen die Spielgruppe (Anzahl/Alter)?
→ Welche Ausbildung haben die Spielgruppenleiterinnen?

Unsere Spielgruppe „Mini-Maus"

Das Kinderhaus „Kunterbunt" der evangelischen Kirchengemeinde Iserlohn setzt sich zusammen aus einer viergruppigen Kindertagesstätte und zwei Spielgruppen. Die Spielgruppen wurden im August 1998 eingerichtet und sind offen für Kinder ab zwei Jahren. Die Kinder können so lange in der Spielgruppe bleiben, bis sie in eine Kindergartengruppe wechseln können. Jede der beiden Gruppen wird von zehn bis zwölf Kindern besucht, die wöchentlich an zwei Tagen jeweils drei Stunden (8:45 bis 11:45 Uhr) betreut werden. Die eine Gruppe hat montags und mittwochs geöffnet, die andere Gruppe dienstags und donnerstags. Die Spielgruppen sind im Tiefparterre des zweigeschossigen Kita-Gebäudes untergebracht. Den Spielgruppen steht ein eigener, ca. 40 m^2 großer Gruppenraum zur Verfügung. Nachmittags dient der Spielgruppenraum als Ausweich- und Rückzugsraum für die Kindergarten- und Hortkinder; einmal in der Woche trifft sich dort die Flötengruppe.

Der Spielgruppenraum ist mit alten Kindergartenmöbeln ausgestattet. Aus dem Sachkostenetat wurden Spiel- und Beschäftigungsmaterialien insbesondere für jüngere Kinder angeschafft, z. B. eine Murmelbahn, „Bobby-Cars", zwei Holzpuppenwagen mit Zubehör und einige Elementarbilderbücher. Durch den Austausch von Spielmaterialien mit den Kindergartengruppen und das Ausleihen von Bilderbüchern in der Kita-Bibliothek erhalten die Spielgruppenkinder zusätzliche Spielmöglichkeiten.

Neben ihrem Gruppenraum können die Spielgruppenkinder auch den Bewegungsraum und die Küche mit benutzen. Das Gleiche gilt für das Außengelände mit seinen Spielgeräten und Spielmaterialien. Die gemeinsame Aufsicht im Außengelände entlastet die Erzieherinnen und die Kinderpflegerinnen der Spielgruppen und der Kita; ferner erleichtern gemeinsame Materialbestellungen die Arbeit. Anmeldungen für die Spielgruppen nimmt auch die Leiterin der Kita entgegen.

Besonders junge Familien und Alleinerziehende besuchen mit ihren Kindern die Spielgruppen, um Kontakte in ihrem Wohnbereich oder zur Kirchengemeinde zu bekommen. In der Spielgruppe haben die Kinder schon sehr früh die Möglichkeit, Kontakte mit Gleichaltrigen zu knüpfen und soziale Regeln einzuüben. Sie lernen unter dem Schutz der Erwachsenen, erste Konflikte auszutragen. Den Erwachsenen bietet die Spielgruppe die Möglichkeit, andere Eltern in ähnlicher Situation kennen zu lernen und Erfahrungen auszutauschen. Sie erhalten professionelle Hilfe z. B. in Erziehungsfragen, Spielanregungen und Vorschläge für Freizeitbeschäftigungen mit ihren Kindern.

Das Spiel in der Spielgruppe unterscheidet sich deutlich vom Spiel im Kindergarten. Das niedrige Alter, die geringen Sozialerfahrungen und mangelndes Regelverständnis beeinflussen das Spiel der Kinder erheblich. Darüber hinaus können die zeitweilige vertraute Gegenwart und subjektive Einflussnahme der Bezugspersonen das Spiel der Kinder positiv als auch negativ beeinträchtigen. Von daher ist es notwendig, gemeinsam „Spielgruppen-Regeln" aufzustellen, um Problemsituationen zu vermeiden.

Weil unsere Spielgruppen und die Kita unter einem Dach sind, gewinnen Kinder und Eltern durch den Besuch der Spielgruppen schon sehr früh einen Einblick in den Ablauf unserer Kita. Die gute Zusammenarbeit von Spielgruppen und Kita ermöglicht den Familien, an gemeinsamen Festen, an Gottesdiensten oder an themenbezogenen Elternabenden teilzunehmen und dabei alle pädagogischen Mitarbeiter kennen zu lernen.

Spielgruppenkinder, die in eine unserer Kindergartengruppen wechseln, haben keine Ablösungsprobleme. Sie fühlen sich vom ersten Tag an im Kindergarten zu Hause. So bietet unser „Kinderhaus" von der Spielgruppe über den Kindergarten bis zum Hort eine verlässliche, qualifizierte Betreuung für Kinder von zwei bis 14 Jahren, mit den vielfältigen Möglichkeiten der Persönlichkeitsentfaltung und -förderung.

Nehmen Sie Kontakt zu einer Spielgruppe in Ihrer Nähe auf und hospitieren Sie einen Vormittag.

Erstellen Sie ein Protokoll über Ihre Hospitation unter Berücksichtigung folgender Fragen. Tauschen Sie danach Ihre Erfahrungen im Unterricht aus.

Protokoll des Spielgruppen-Treffs

Name der Spielgruppe:
Ort:
Zeit:

1. Wie viele Kinder mit ihren Bezugspersonen besuchen die Spielgruppe?
2. Wie alt sind die Kinder?
3. Wer leitet die Spielgruppe (Qualifikation)?
4. Welchen Eindruck machte der Spielgruppenraum auf Sie?
5. Wie ist der Spielgruppenraum gegliedert/eingerichtet?
6. Welche Spielmaterialien stehen den Kindern zur Verfügung?
7. Wie verlief der Spielgruppen-Treff?
7.1 Wie haben Sie Kontakt zu den Kindern aufgenommen?
7.2 Gab es vereinbarte Spielgruppen-Regeln? Wenn ja, welche?
7.3 Gab es ein besonderes Spielangebot? Wenn ja, welches?
7.4 Mit welchem Spielmaterial waren die Kinder überwiegend beschäftigt?
7.5 Mit wem haben die Kinder überwiegend gespielt (mit der Bezugsperson/der Spielgruppenleiterin/allein/zu zweit/zu mehreren)?
7.6 Gab es für Sie auffällige Situationen?

3.7 Mit Freunden die Welt erforschen (vier bis sechs Jahre)

Alle Sinne auf Empfang gestellt

Im Kita-Alter durchleben Kinder die entscheidende Phase der Hirnentwicklung – und wollen gefordert sein

Rund sechs Jahre dauert es, bis sich die Grundstruktur der Nervenverbindungen im Kopf eines neuen Erdenbürgers gebildet hat. In der ersten Phase, die sich über etwa zwei Jahre erstreckt, wird nahezu alles mit allem verdrahtet, pro Sekunde können im Kopf eines Säuglings bis zu zwei Millionen neue Kontakte entstehen. Das so gebildete neuronale Netz saugt Reize auf wie ein trockener Schwamm – ein Kleinkind hat alle seine Sinne auf Empfang gestellt, ist begierig, die Eindrücke, denen es ausgesetzt wird, zu sortieren, zu beurteilen, zu begreifen.

Für die Ausformung des individuellen Denk- und Gefühlsapparats ist jedoch vor allem die zweite Phase der Hirnentwicklung wichtig, also etwa der Zeitraum zwischen dem dritten und dem siebten Lebensjahr eines Kindes. Dann nämlich wird im Kopf sortiert: Viel genutzte Nervenverbindungen verstärken sich, wenig genutzte hingegen verkümmern – aus dem wüsten Durcheinander der ersten Jahre entsteht langsam ein strukturiertes, an die jeweiligen Anforderungen angepasstes Netz. Langeweile und Unterforderungen gehören zum Schlimmsten, was einem gesunden Gehirn in dieser Entwicklungsphase widerfahren kann. Denn Signalbahnen, die im Kleinkindalter zurückgebaut werden, lassen sich später nur schwer rekonstruieren.

Selbst komplexere Zusammenhänge können Kinder schon im Kita-Alter begreifen. Etwa mit zwei Jahren entdeckt ihr Denken das „Ich" und wagt dann auch den Sprung ins Abstrakte. Allerdings ist alles Lernen noch stark an Gefühle gekoppelt: Was nicht berührt, hat keine Dauer. Nur wer es schafft, Kinder für neues Wissen wirklich zu begeistern, sie emotional anzusprechen, erzielt längerfristige Erfolge. Andernfalls werden alle pädagogischen Bemühungen randlos verdampfen.

(Stern 15/2003)

Unterschiedliche Erfahrungsmöglichkeiten prägen den individuellen Entwicklungsrhythmus des Kindes

Bis etwa zum dritten Lebensjahr vollziehen sich die Entwicklung und Erziehung des Kindes im Wesentlichen in der Familie und in der nahen Umwelt. Die einzelnen Entwicklungsschritte verlaufen in unterschiedlichem Tempo. Die Veranlagung und die Umwelteinflüsse bilden die Grundlage für die kognitive, emotionale, motorische und soziale Entwicklung eines Kindes.

Je älter es wird, um so eher und häufiger kommt es mit anderen Kindern und Erwachsenen in Kontakt. Im Kindergarten ergeben sich neue Möglichkeiten und Anregungen für seine Entwicklung. Seine Selbstständigkeit und Individualität nehmen zu. Gleichaltrige Kinder zeigen nun große Unterschiede in ihren Interessen und Fähigkeiten, aber auch in ihrem sozialen Verhalten. Diese Unterschiede müssen bei der weiteren Entwicklung und Erziehung des Kindes berücksichtigt werden.

Die körperliche Entwicklung ermöglicht dem Kind nun alle Arten der Bewegung und Fortbewegung

Im Vergleich zum Kleinkind sucht das Kind nun die körperliche Belastung. Seine wachsende Geschicklichkeit und Gelenkigkeit steigern seinen Bewegungsdrang. Die Freude an der Körperbeherrschung zeigt es beim Klettern, Balancieren und Springen. Beim Fangen, Werfen und Dreiradfahren zeigt es Sicherheit und Ausdauer. In spielerischen Rangeleien mit gleichaltrigen Freunden oder vertrauten Erwachsenen misst es gerne seine Körperkräfte. Größer und stärker zu werden ist etwas ganz Wichtiges für das Kind. Der häufige Vergleich an der Messlatte im Kinderzimmer beweist ihm, dass es wieder ein Stück gewachsen ist.

Dem Kind gelingen nun Tätigkeiten, die eine große Konzentration und Koordination von ihm verlangen

Durch die Fortschritte im feinmotorischen Bereich kann das Kind z.B. sicherer mit der Schere, dem Malstift oder Pinsel umgehen, eine Schleife binden und mit Messer und Gabel essen. Im Spiel mit Konstruktionsmaterialien gelingen bereits komplizierte Bauwerke (s. S. 98). Bei der Ausführung dieser Tätigkeiten zeigt es erhöhte Konzentration und ausdauernde Geduld.

Gegen Ende des fünften Lebensjahres ist die Feinmotorik so weit entwickelt, dass das Kind erste Schreibversuche unternimmt. Durch kreative Gestaltungsarbeiten z.B. beim Weben, Flechten, Nageln kann das Kind seine Fingergeschicklichkeit weiter ausbilden.

Seinen Bewegungsdrang und seine Körpergeschicklichkeit setzt das Kind nun bewusst ein. Es sucht die körperliche Herausforderung und beginnt, auf Rollerblades und Schlittschuhen zu laufen, es fährt Kickboard, Fahrrad ohne Stützräder, versucht, auf dem Skateboard zu rollen und Seilchen zu springen. In einer Gruppe mit Gleichaltrigen machen ihm diese Aktivitäten besonders viel Spaß. Es kann seine eigenen Fähigkeiten mit denen der anderen Kinder vergleichen. Die Kinder spornen sich gegenseitig zu weiteren Leistungen an. Konkurrenzgedanken stehen aber noch nicht im Vordergrund.

Wachsende Selbstständigkeit gibt dem Kind Sicherheit und stärkt sein Selbstvertrauen

Ab dem dritten Lebensjahr ist das Kind in der Lage, viele lebenspraktische Tätigkeiten selbstständig zu erledigen, z.B. beim Essen, bei der Körperpflege oder beim An- und Auskleiden. Es will nun auch eigene Entscheidungen treffen, z.B. was es isst, was es anzieht, wo, was oder mit wem es spielt. Manchmal kann das Kind jedoch die Folgen seiner Entscheidungen nicht überblicken. Der Erwachsene muss dann behutsam, aber konsequent mit dem Kind eine andere Lösung suchen.

Das Kind ist bereit, sich zwischen zwei Dingen zu entscheiden. Es gelingt ihm immer mehr, Absprachen zu treffen und sich an Regeln zu halten. Gewissenhaft führt es Aufträge aus. Durch sein selbstständiges Handeln löst es sich allmählich aus der engen Bindung an die Bezugsperson und ist somit in der Lage, einen Kindergarten zu besuchen. Die Sicherheit und Zuverlässigkeit der Bezugsperson braucht das Kind aber weiterhin.

In der Sexualentwicklung zeigt das Kind möglicherweise Schamgefühl. Es kann sein, dass es sich nicht mehr von der Bezugsperson waschen lässt, da es das schon alleine kann und nicht beobachtet werden möchte. Mitunter lehnt es auch körperliche Zärtlichkeiten ab und mag nicht auf dem Schoß sitzen. Diese Schamgefühle des Kindes müssen unbedingt ernst genommen und respektiert werden.

Das Kind kann nun das Tun und das Denken voneinander unterscheiden und zeigt eine hohe Merkfähigkeit

Wenn das Kind etwas bauen oder malen will, gibt es vorher das Ziel seines Tuns bekannt. Es kann vorausplanen und überlegen, wann und was es als Nächstes tun wird. Es muss nicht mehr alles ausprobieren, sondern es findet durch gezieltes Nachdenken eine Lösung.

Das Kind lernt noch fast ausschließlich durch seine eigenen praktischen Erfahrungen. Wird das Wissen nur verbal (= sprachlich) vermittelt, sind seine Merkfähigkeit und sein Verständnis stark eingeschränkt. Erst durch das emotionale Erleben und spielerische Experimentieren erlangt das Kind Kenntnisse und erinnert sich später daran. Dennoch besitzt das Kind ein gutes Gedächtnis. Wecken z. B. Lieder, Geschichten oder Spiele seine Neugierde und sein Interesse, lernt es diese Texte leicht durch häufige Wiederholungen.

Das Kind verfügt über einen großen aktiven Wortschatz

Seine Sprachentwicklung macht große Fortschritte und es kann sich mühelos verbal verständigen. Es ist sogar in der Lage, mit der Sprache spielerisch umzugehen. In Versen und Reimen veralbert es z. B. Menschen, Dinge oder Situationen, wie *„Happy birthday to you, Marmelade im Schuh …".*

Beim Anschauen von Bilderbüchern, beim Erzählen von Geschichten und Märchen und in Rollenspielen wird die Sprache des Kindes gefördert. In Gesprächen mit Erwachsenen und Gleichaltrigen erweitert es ebenfalls seine Sprachfähigkeit und zeigt seine Freude am Sprechen.

In Wut- und Streitsituationen setzt sich das Kind nicht nur körperlich zur Wehr, sondern auch verbal. Bei manchen Schimpfworten kommt seine Freude an einer bildhaften Sprache zum Ausdruck, z. B. *„Du wackelige Knackwurst!"* Mit seinen Freunden erfindet es gern neue Ausdrücke. Beleidigende Schimpfworte übernimmt das Kind manchmal von Älteren. Den Sinn versteht es aber meistens noch nicht. Der Erwachsene sollte deshalb gelassen auch auf die ihn betreffenden Schimpfworte reagieren und es nicht auf einen Machtkampf ankommen lassen.

Je mehr das Kind spielt, desto mehr Erfahrungen macht es, aus denen es lernt

Im **Rollenspiel** bringt das Kind seine Erlebnisse und Erfahrungen spielerisch zum Ausdruck. Mit Hilfe seiner Fantasie spielt es dann „Mutter-Vater-Kind", Fernseherlebnisse oder einen Krankenhausaufenthalt nach. Es versucht, sich die Welt der Erwachsenen anzueignen und seine erlebten Gefühle zu verarbeiten (vgl. S. 102). Das Kind spielt zwar auch alleine, aber bevorzugte Spielpartner sind gleichaltrige Kinder. Sie kommen im fortgeschrittenen Kindergartenalter zu einem echten gemeinsamen, ergänzenden Spiel zusammen. Erste Freundschaften können sich jetzt entwickeln.

Bewegungsspiele in der Wohnung und das tägliche ausgiebige Toben im Freien mag das Kind besonders gerne. Es kräftigt seinen Körper und beugt Haltungsschäden vor. Appetit und Schlaf werden angeregt und tragen so zu gesundem Wohlbefinden bei (vgl. S. 95).

Das Spielmaterial des Kindes wird nun abwechslungsreicher und umfangreicher. Neben den Alltagsgegenständen und Requisiten für das Rollenspiel braucht das Kind jetzt Materialien zum Werken, Gestalten, Bauen und Konstruieren. Es verlangt nach Bewegungsspielzeug und Instrumenten zum Musikmachen. Es möchte Spielmaterial, mit dem es selber etwas tun kann.

Serien- und Actionspielzeug wünscht sich das Kind, weil z. B. andere Kinder es besitzen oder weil die Werbung Neugierde und Bedürfnisse geweckt haben. Spielt das Kind mit den Actionfiguren, verändert es meist deren eigentliche Bestimmung und setzt sie mit viel Fantasie in sein Rollenspiel ein.

Etwa ab dem fünften Lebensjahr können **Regelspiele** für das Kind interessant werden. Es sieht älteren Kindern und Erwachsenen bei Brett- und Kartenspielen zu und möchte mitspielen. Sein Regelverständnis ist aber noch nicht so weit ausgeprägt. Einfache Regelspiele wie Memory, Lotto, Domino oder „Schwarzer Peter" kann es nach Anleitung aber schon mitspielen.

Damit das Spiel des Kindes sich weiterentwickeln kann, muss der Erwachsene bei der Einrichtung der Wohnung und der Gestaltung des Tagesablaufs die Spielbedürfnisse des Kindes berücksichtigen. In den Tageseinrichtungen für Kinder geschieht dies ebenfalls, denn die Hauptaufgabe der Kindertageseinrichtungen besteht darin, die Persönlichkeit des Kindes ganzheitlich im Spiel und durch das Spiel zu fördern.

AUFGABEN

Lesen Sie den Zeitungsartikel „Alle Sinne auf Empfang gestellt". Wie können Sie im Kindergarten eine Atmosphäre schaffen, die das Lernen der Kinder fördert? Geben Sie praktische Beispiele.

Beobachten Sie Kindergartenkinder und sammeln Sie Wer-, Wie-, Was-, Wieso-, Weshalb-, Warum-Fragen. Wählen Sie eine aus und überlegen Sie, wie Sie die Antwort anschaulich und spielerisch vermitteln könnten.

Welche Spiele bevorzugen Kinder von vier bis sechs Jahren? Erstellen Sie hierzu in Gruppenarbeit ein Spiele-Alphabet, z.B.

A = Angelspiel
B = Ballspiel
C = Computerspiel
D = ...

4 Verhalten von Kindern beobachten

Alte Frau oder junges Fräulein?

Totenkopf oder Frau vor dem Spiegel?

Wenn zwei Personen Gleiches sehen, nehmen sie trotzdem nicht das Gleiche wahr. Solche optischen Täuschungen machen deutlich, dass wir unter bestimmten Umständen ein Bild anders wahrnehmen, als es wirklich ist. Das gilt auch für erlebte Situationen.

Die Beobachtung ist eine aktive Wahrnehmung und intensive Auseinandersetzung mit einer Situation und den zu Beobachtenden. Zufällige und gezielte Beobachtungen bilden die Basis sozialpädagogischen Handelns.

4.1 Ausdrucksformen des Kindes

Das was Kinder beschäftigt, Bedürfnisse, Wünsche, Vorstellungen, Meinungen, Träume, Ängste usw., vermitteln sie auf direkte oder indirekte Weise in ihren typischen Ausdrucksformen. Sie äußern sie verbal (sprachlich) oder nonverbal (nicht sprachlich), zeigen ihre Mitteilung mimisch, gestisch oder mit dem ganzen Körper.

4.1.1 Malen – Kneten – Werkeln

Julia (3;6 Jahre) hat am Vormittag – wie viele andere Kinder auch – auf Anregung der Kinderpflegerin mit Hilfe einer Bären-Schablone braune Bären ausgeschnitten. Als sie mittags der Mutter ihren Bären zeigen will, findet sie ihn unter den vielen anderen Bären nicht wieder.

Schritte der kindlichen Gestaltungsentwicklung

Das Kleinkind untersucht alles, was ihm interessant erscheint. Mit jedem neu entdeckten Material sammelt es neue Erfahrungen: Der übergeschwappte Kakao auf dem Tisch wird mit den Fingern verstrichen, die Pflegecreme auf den Spiegel getupft oder sogar das eigene „Häufchen" an das Bettgestell geschmiert. In jedem Fall bemerkt das Kind, dass es Spuren hinterlassen hat. Irgendwann findet es einen Bleistift oder Kugelschreiber, probiert ihn auf der gerade zur Verfügung stehenden Fläche aus, z. B. auf dem Teppich, der Bettdecke oder der Wandtapete, und merkt erstaunt, dass auch durch diese Materialien Spuren entstehen. Diese neue Entdeckung ist der erste Schritt in der Gestaltungsentwicklung des Kindes.

Die erste Stufe des kindlichen Gestaltens ist die Kritzelstufe

In der **ersten Phase der Kritzelstufe** malt das Kind mit dem Stift in der Faust und dem Schwung des ganzen Armes Bilder, die ganz aus dem Bewegungsbedürfnis heraus entstehen. Es kritzelt auch beidhändig, mit allen möglichen Stiften. Je nach Wesensart des Kindes drückt es dabei unterschiedlich stark auf. Nach vielen Wiederholungen lernt das Kind, seine Bewegungen besser zu steuern.
In der **zweiten Phase der Kritzelstufe** entstehen aus den „Auf-und-Ab"- und „Hin-und-Her"-Kritzelgebilden Knäuel, Kreise und Zickzacklinien, wobei das Kind singt, lacht und er-

zählt. Es gibt seinen Bildern vielfältige Bedeutungen: Hat die Familie z. B. gerade ein neues Auto bekommen, so ist das Kritzelgewirr ein Auto, welches aber in einer anderen Situation zu einem Hund werden kann – je nach Vorstellung des Kindes.

In der **dritten Phase der Kritzelstufe** entstehen aus den anfänglichen Kritzelspuren bildhafte Mitteilungen des Kindes. Es erklärt im Vorhinein, was es malen möchte. Dabei kommt es manchmal zu einfachen Gesichtsschemen und so genannten „Kopffüßlern".

Die zweite Entwicklungsstufe des Malens wird auch als Schemastufe bezeichnet

Sie setzt sich etwa bis zum zehnten Lebensjahr in unterschiedlichen Phasen fort. Menschen, Häuser, Bäume werden frontal gezeichnet, Fahrzeuge und Tiere als Seitenansicht.

Bevorzugt verwenden Kinder dabei den rechten Winkel, z. B. stehen die Arme rechtwinklig vom Körper ab und die Äste ragen rechtwinklig vom Baumstamm. In der Zeichnung drückt das Kind sein Erleben und seine Vorstellungen aus. Es zeichnet, was es weiß, und nicht, was es sieht. Es stellt von den Dingen nur das dar, was es erfasst hat und für wichtig hält. In vielen Bildern sind daher die Größenverhältnisse verschoben. Was wichtig ist, wird groß gezeichnet.

Nacheinander verlaufende Ereignisse werden nebeneinander

dargestellt. Die Farbgebung ist bei anfänglichen Malversuchen nicht an der Wirklichkeit orientiert. Das Kind wählt Farben nach dem eigenen Empfinden aus.

Erst im Schulalter kommen die Zeichnungen der Realität näher. Es wird auf Größenverhältnisse, Details, Perspektive und Farbwahl geachtet und kritischer damit umgegangen.

Ähnlich der Malentwicklung durchläuft das Kind verschiedene Entwicklungsphasen beim Kneten, Formen und Werkeln

Dem Kritzeln mit allen möglichen Stiften entspricht das „Schnipseln" mit der Schere und das „Matschen" mit welchen Materialien. Erste Formerlebnisse hat das Kind z. B., wenn es zufällig eine Pellkartoffel greift und feststellt, dass sie sich in seiner Hand verformt. Es entdeckt andere Materialien, die sich ebenfalls durch Quetschen, Drücken und Ziehen verändern: Sand, Schnee, Kuchenteig und Ton. Nach dem Experimentieren mit Matsche und Knete entstehen erste zufällige Formen oder Figuren. Auch hierbei versucht das Kind, seine Gebilde mit Worten zu erklären und ihnen einen Sinn zu geben. Ab drei Jahren wendet das Kind im Umgang mit formbarem Material im Wesentlichen zwei Techniken des Gestaltens an:

→ Formen durch Ziehen, Drücken und Quetschen eines Klumpens (z. B. beim Rumpf eines Tieres),
→ Abzupfen kleiner Fladen vom Materialvorrat, um sie zu einem Ganzen zusammenzufügen (z. B. für Füße, Ohren, Nase).

Die Handgeschicklichkeit und Vorstellungskraft des Kindes entwickeln sich weiter. Es ist in der Lage, Dinge aus seiner Erlebniswelt nachzubilden. Aus Wülsten und gedrückten Kugeln können Figuren, Gefäße und Spielzeuge entstehen. Allerdings muss das Kind genügend Ausdauer und Geduld für die verschiedenen Arbeitsgänge aufbringen, meist gelingt das erst ab fünf Jahren.

Geeignete Materialien zum Malen, Kneten, Formen, Werkeln

→ Als Unterlagen: Kunststofffolie, Wachstuch, Zeitungspapier
→ Malkittel (altes Oberhemd, Müllsack mit Hals- und Armausschnitt)
→ Großformatige Papiere zum Malen auf dem Fußboden oder Tisch mit Klebeband befestigen
→ Weitere Papierarten (Pappe, Tapete, Pack-, Einwickel-, Computer-, Makulatur-, Seiden-, Toilettenpapier) zum Knüllen, Reißen, Schneiden, Falten, Rollen, Löchern, Kleben
→ Steine, Straße, Fensterscheibe

→ Stabile Kinderscheren mit abgerundeten Spitzen
→ Wachsmalblöcke, Wachsmalbirnen (brechen nicht so leicht in der Hand des Kindes)
→ Dicke Buntstifte, dicke Filzstifte, Kreide
→ Dicke Borstenpinsel
→ Fingerfarben (beim Kauf auf den Hinweis achten: „Entspricht der freiwilligen Vereinbarung über Fingerfarben von 1987")
→ Kleisterfarben (ungiftige Abtönfarbe und Tapetenkleister)
→ Wasserfarben in standfesten Wasserfarbtöpfen zum Matschen, Klecksen, Pusten, Spritzen, Mischen
→ Klebstoffe ohne Lösungsmittel, z. B. Tapetenkleister, Klebestifte
→ Schwämme, Korken, Finger, Hände, Füße zum Drucken
→ Ton, Sand, Wasser, Spielteige (Mehlteig, Salzteig, Knete) zum Kneten und Formen
→ Naturmaterialien (Blätter, Kastanien, Steine, Äste) zum Werkeln
→ Textile Materialien (Stoff, Wolle, Knöpfe) zum Werkeln

Rezepte zur Herstellung von Spielteigen

Viele Knet- und Modelliermassen aus dem Handel sind für Kleinkinder bedenklich oder sogar gefährlich, da sie Giftstoffe enthalten. Die Verpackungen tragen häufig den Hinweis „Kein Kinderspielzeug". Da aber die Materialerfahrungen beim Kneten und Matschen für Kinder sehr wichtig sind, können Spielteige auch aus Nahrungsmitteln hergestellt werden.

Mehlteig

1 Tasse Wasser	Alle Zutaten gut durchkneten.
2 EL Öl Lebensmittelfarbe	
3 Tassen Mehl	

Dieser Teig ist bereits für einjährige Kinder geeignet.

Salzteig

2 Tassen Mehl	Alles gut durchkneten. Um den Teig zu färben, kann zusammen mit dem Wasser flüssige Lebensmittelfarbe hinzugefügt werden (auch Ostereierfarbe, Kakao und Lebensmittelfarbe, Rote-Beete-Saft möglich).
7 Tasse Salz	
1–2 EL Speiseöl	
Wasser nach Bedarf	

Der Teig sollte Kindern unter einem Jahr noch nicht zur Verfügung gestellt werden. Sie probieren zu viel davon, und das Salz würde die Nieren zu stark belasten.

Kneteteig

400 g Mehl	Mit dem Wasser die Lebensmittelfarbe zum Mehl geben. Alles gut durchkneten. In Schraubgläsern aufbewahrt ist die Knete für lange Zeit verwendbar.
200 g Salz	
1/2 l kochendes Wasser	
3–4 EL Öl	
30–40 g Alaunpulver (Apotheke)	
Lebensmittelfarbe	

Dieser Teig sollte erst Kindern ab drei Jahren zur Verfügung gestellt werden.

Methodische Hinweise: Bildnerisches Gestalten mit Kindern

→ So wie das Lallen eine Vorstufe zum Sprechen ist, so ist das Kritzeln eine Vorstufe zum Malen und Zeichnen. Daher ist es wichtig, das Kind in seiner Kritzellust und seinem Bewegungsbedürfnis zu unterstützen und ihm viele Möglichkeiten und unterschiedliche Materialien zum Experimentieren bereitzustellen.

→ Das Malen und Gestalten des Kindes sollte man ernst nehmen und es in seinem Tun durch Lob und Zuspruch ermutigen.

→ Das Kind wird durch die bereitgestellten Materialien zum Malen motiviert, aber auch durch eigene Erlebnisse und Geschichten. Z. B. kann ein Spaziergang, ein Lied oder Fingerreim oder ein Bilderbuch das Kind anregen, einen Baum mit Vögeln zu malen.

→ Die Kinderpflegerin sollte das Kind nicht mit Fragen oder vorschnellen Deutungen bedrängen, sondern ruhig und geduldig den Erzählungen zuhören.

→ Vorzeichnen oder Vormachen sind in diesem Alter nicht erwünscht!

→ Dem Kind keine Schablonen oder Vorlagen zum Nachmachen geben.

→ Bei der Einführung einer neuen Technik die Methode des Vormachens und Nachmachens anwenden.

→ Das Kind sollte sich beim Malen und Gestalten frei bewegen.

→ Je jünger das Kind ist, desto größer sind die Mal- und Gestaltungsmaterialien, z. B. große Blätter, dicke Pinsel.

→ Die Bilder oder Figuren werden nicht verbessert! Das Kind versucht, seine Erlebniswelt bildhaft oder plastisch auszudrücken, und entwickelt dabei eigene Vorstellungen.

→ Fertige Bilder oder Figuren werden im Raum aufgehängt bzw. aufgestellt oder kommen im gemeinsamen Spiel zum Einsatz. Weitere Produkte können in einer besonderen Schublade aufgehoben werden. Durch diese Wertschätzung wird das Kind bestärkt und ermutigt.

AUFGABEN

Wählen Sie geeignete Gestaltungsarten aus für zwei bis dreijährige, vier bis fünfjährige, fünf bis sechsjährige Kinder. Probieren Sie die Techniken zu Hause oder im Unterricht aus!
Überlegen Sie in der Lerngruppe, wie Sie gemeinsam mit Kindern diese Gestaltungsmöglichkeit durchführen würden.

Lesen Sie das Eingangsbeispiel (s. S. 88). Diskutieren Sie in der Lerngruppe, ob das Malen und Ausschneiden mit vorgefertigten Schablonen in Kindergartengruppen angeboten werden soll.

Erarbeiten Sie Vor- und Nachteile für die Entwicklung von Fantasie und Kreativität. Veranschaulichen Sie Ihre Argumente.
Finden Sie geeignete Alternativen zur Schablonenarbeit (s. Pro-und-Contra-Diskussion S. 34).

4.1.2 Spielen und sich bewegen

Sarah (4;11 Jahre) legt eine Pop-Kassette in den Kassettenrecorder, der im Gruppenraum in der Le-seecke steht. Sie singt den Song mit und tanzt. Danny (5;7 Jahre) kommt dazu und fragt, ob er mit-machen kann, da er den Song kennt. Jenny (4;4 Jahre) und Tina (4;1 Jahre) wollen auch mitmachen. Sarah dreht die Musik lauter. Die Kinderpflegerin wendet sich der kleinen Gruppe zu.

Bewegungserfahrungen

In der heutigen Zeit haben Kinder nur begrenzte Möglichkeiten der Bewegungserfahrung. Der Spiel- und Bewegungsraum ist oft eingeschränkt: In den hellhörigen Wohnungen und kleinen Kinderzimmern können die Kinder sich nicht austoben. Der Anreiz von Video und Fernsehen ist sehr hoch. Die Spiel-plätze sind von der Wohnung weit entfernt und oft auch fantasielos angelegt. Straßen und Plätze sind für Bewegungsspiele zu gefährlich, und in das Schwimmbad dürfen die Kinder noch nicht alleine gehen.

Ihre Bewegungsfreude können Kinder verlieren, wenn z. B. der Erwachsene aus Überängstlichkeit oder Bequemlichkeit das Kind ständig ermahnt: „Sei vorsichtig! Bestimmt fällst du gleich da herunter." „Lass das! Du tust dir noch weh." „Pass auf, sonst passiert noch was!" Durch solche und ähnliche Aus-sagen wird das Kind verunsichert. Es traut sich bald nichts mehr zu und entwickelt ein geringeres Selbstwertgefühl. In einer Gruppe mit Gleich-altrigen fühlt es sich dann unterlegen und zieht sich zurück oder spielt sich auf. Beides sind aber Verhaltensweisen, die sich auf den Umgang miteinander nicht förderlich auswirken.

Der Mangel an Bewegungserfahrung und Bewegungserlebnissen muss durch häufige Ge-legenheiten und regelmäßige Bewegungssituationen ausgeglichen werden. Ausreichende Bewegung ist für die gesunde körperliche, seelisch-geistige und soziale Entwicklung des Kindes notwendig. Dem Kind muss die Möglichkeit gegeben werden, seinen Körper und seine Bewegungen wahrzunehmen. Das Kind hat einen großen Bewegungsdrang und ein ausgeprägtes Bewegungsbedürfnis. Sich zu bewegen gehört zu seiner alltäglichen Be-schäftigung. Dabei lernt es seinen Körper kennen und damit auch sich selbst. Es erfährt seine körperliche Leistungsfähigkeit, aber auch seine Grenzen, z. B. Kraft, Ausdauer, An-spannung und Entspannung, Ermüdung usw.

Durch seine körperlichen Bewegungen zeigt das Kind seine Gefühle und Empfindungen

Es nimmt die Sinneseindrücke mit dem ganzen Körper wahr und beschreibt sie auch so, wie z. B.: „Meine Füße sind müde und möchten jetzt schlafen" oder „Da hüpft mein Bauch vor Freude". Schritt für Schritt, mit seinem Körper und seinen Sinnen, erobert und begreift das

Kind seine Umwelt. In seiner Entwicklung erlernt es zuerst die Fortbewegungsarten wie Krabbeln, Kriechen und Gehen. Später lernt es dann weitere Grundbewegungsarten wie Laufen, Hüpfen, Springen, Werfen, Fangen, Klettern, Balancieren usw. Durch ständiges Üben verfeinern sich die Bewegungsarten und das Kind erwirbt weitere hinzu wie Tanzen, Schwimmen, Schaukeln usw. Ebenfalls verbessern sich: seine Gleichgewichtsfähigkeit (z. B. kann es auf einem Bein stehen und dabei die Hände in den Hosentaschen lassen), seine Reaktionsfähigkeit (z. B. kann es beim Fangspiel auf Zuruf plötzlich wie versteinert stehen bleiben), und es kann sich räumlich orientieren, indem es z. B. mit dem Rad geradeaus fahren kann.

Bei Bewegungsspielen entwickelt das Kind soziale Beziehungen, Leistungsfähigkeit und Kreativität

Im Bewegungsspiel nimmt das Kind zu anderen Kindern Kontakt auf. Es übt Rücksichtnahme und achtet auf die Bedürfnisse der anderen. Das Kind lernt, Belastungen zu ertragen und Siege und Niederlagen zu verarbeiten. Im Umgang mit Spiel- und Beschäftigungsgeräten testet es deren Eigenarten und Möglichkeiten aus. Da Kinder neugierig sind und viele Beschäftigungsideen haben, brauchen sie Gelegenheiten, um sich und ihre körperlichen Fähigkeiten aktiv und selbstständig zu erforschen und zu erproben. Die Kinder müssen Fehler machen und sich selbst korrigieren können. Sie entwickeln so Vertrauen in ihren Körper und ihre Leistungsfähigkeit. Die gewachsene Selbstsicherheit, Körperkraft und Geschicklichkeit schützen das Kind in Gefahrensituationen, z. B. im Straßenverkehr.

Um die sinnliche Wahrnehmungsfähigkeit der Kinder zu steigern, muss man die Kinder in ihrem alltäglichen Verhalten nur beobachten und ihre Verhaltensweisen aufgreifen: Die leere Küchenrolle wird zu einem Fernrohr, der leere Joghurtbecher wird als Krone auf dem Kopf balanciert, die Fußbodenfliesen werden zu Hüpfkästchen, der Stuhl wird zu einer Brücke, über die der Tiger klettern muss, und das Ganze wird mit Worten, entsprechenden Kommentaren und Geräuschen begleitet. Die Ideen und Einfälle der Kinder sind sehr vielfältig. Ihre Neugierde ist ein wichtiger Antrieb, um etwas auszuprobieren. Diese altersgemäßen Verhaltensweisen muss z. B. die Kinderpflegerin im Kindergarten aufgreifen und in geplante Bewegungsspiele und Bewegungssituationen einfließen lassen.

Gemeinsame Spielaufgaben nicht gegeneinander, sondern miteinander lösen

In Wettbewerbsspielen messen und vergleichen die Kinder ihre Leistungen mit denen der anderen Kinder. Für die Kinder bis etwa acht Jahren stehen aber die Bewegung und das Spiel im Mittelpunkt ihres Interesses, und nicht der Leistungsvergleich oder das Gewinnen und Verlieren. Deshalb werden Konkurrenzspiele, Staffeln und Ausscheidungsspiele vermieden.

Die Kinder sollen ihr Selbstwertgefühl nicht vom Erfolg in einem Spiel abhängig machen. Der Spaß an der Bewegung ist wichtig, und nicht, „Erster" zu sein. Z. B. kann der Kommentar der Kinderpflegerin lauten: „Sabine war die Schnellste, aber Daniela und Thomas waren auch ganz schön schnell." Das Kind sollte an seinen eigenen Leistungen gemessen und verglichen werden, z. B. „Heute ist dir das Balancieren besser gelungen". Die Art der Aufgabenstellung entscheidet darüber, ob das Kind das Gefühl hat, die Aufgabe selbstständig gelöst zu haben, z. B. „Probier mal, wie du mit dem Seilchen springen kannst", und nicht: „Wer kann so mit dem Seilchen springen?"

Gemeinsam eine Spielaufgabe zu bewältigen und gemeinsam daran Spaß zu haben, miteinander und nicht gegeneinander zu spielen, das sind Kooperationsspiele. Durch eine einfache Änderung der Spielregeln lässt sich ein Konkurrenzspiel in ein Kooperationsspiel umwandeln. Nicht mehr „Erster" zu sein oder „Ich muss noch einmal suchen" ist dann beim Suchspiel wichtig, sondern das gemeinsame Spiel, z. B.: Die Vogelkinder sind aus dem Nest gefallen und davongehüpft, während die Vogelmutter schlief. Sie wird wach und sucht ihre Kinder. Erst wenn alle wieder zusammen sind, beginnt die neue Spielrunde. Das letzte Vogelkind vielleicht auch gemeinsam suchen.

Bewegungsspiele im Kindergarten

Im Kindergarten sollten den Kindern zweckmäßig eingerichtete Spiel- und Bewegungsräume zur Verfügung stehen. Im Gruppenraum sollte genügend freier Platz sein. Die Eingangshalle, der Flur, ungenutzte Ecken und der Mehrzweckraum sind für die Spiel- und Bewegungsbedürfnisse der Kinder ebenso geeignet.

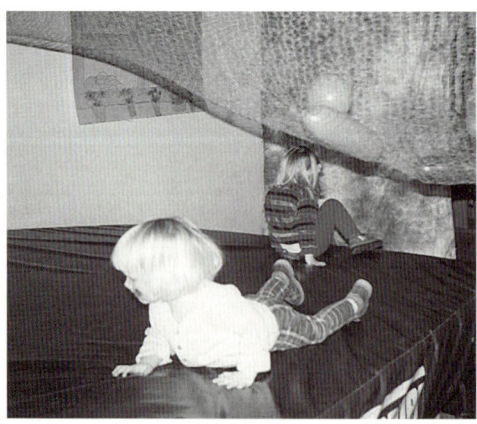

Bei engen räumlichen Bedingungen kann durch Wegräumen der Tische und Stühle im Gruppenraum Platz geschaffen werden für Bewegungsspiele mit der ganzen Gruppe. Oder Tische und Stühle können unter Einbeziehung von Kissen, Decken und Tüchern zu einer Bewegungslandschaft aufgebaut werden. Hier finden dann fantasievolle Bewegungsspiele oder eine „Mach-mit-Geschichte" statt.

Die Spielfläche im Freigelände bietet den Kindern besonders anregende Möglichkeiten für Bewegungserlebnisse. Wiese, Hügel, Sandkasten und Asphaltfläche bieten Anreiz zum Laufen, Verstecken, Fahrradfahren, zu Fangspielen, Kreisspielen usw. Auch bei ungünstigen Wetterbedingungen – wetterfeste Kleidung schützt – haben Kinder Spaß daran, im Freien zu spielen. Regenpfützen, Wind und Schneefall beziehen sie in ihre Spiele ein.

> **Spiel- und Bewegungsgeräte sollten altersgerecht, bewegungsgemäß und möglichst ungefährlich sein.**

Spiel- und Bewegungsgeräte machen die Kinder neugierig und fordern zur intensiven Beschäftigung auf. Kinder erproben und erforschen diese allein oder mit anderen Kindern. Vielseitig verwendbare Spiel- und Bewegungsgeräte können von jüngeren und älteren Kindern, leistungsschwächeren und leistungsstärkeren Kindern gleichermaßen genutzt werden. Die Gestaltung der Spiel- und Bewegungsräume und das Bereitstellen unterschiedlichster Geräte und Materialien fordern die Kinder zu freien, kreativen Bewegungsspielen auf. Die gewonnenen Bewegungserfahrungen bilden dann die Grundlage für regelmäßige Bewegungsangebote z. B. durch die Kinderpflegerin.

Bewegungsspiele drinnen und draußen

Schweine fangen

Jedes mitspielende Kind bekommt eine kleine Pappspirale mit einer Wäscheklammer auf den Rücken geheftet. Jedes Kind versucht nun, so viele Schwänzchen wie möglich zu erhaschen.

Mückenjagd

In ein Halstuch einen weichen Ball wickeln. Um die vier Ecken des Tuchs ein Seilchen knoten. Den Seilchenball knapp über dem Boden schwingen. Die anderen Kinder müssen darüber springen. Werden die Beine des Kindes von dem Seilchenball berührt, wird der Mückenfänger abgelöst.

Frosch und Storch

Ein Kind versucht, im Storchengang die anderen Kinder im Froschgang zu fangen. Hat der Storch einen Frosch erwischt, tauschen beide die Rollen. Storchengang: Die ausgestreckten Arme in Kopfhöhe auf- und zuklappen, dabei die Knie bis zur Hüfte heben und die Fußspitzen nach unten strecken. Froschhüpfen: In die Hocke gehen, die Beine spreizen und die Hände dazwischen auf den Boden legen. Beim Sprung Füße und Hände gleichzeitig heben und gleichzeitig wieder auf den Boden setzen.

Bewegungsbaustelle

Aus leeren Getränkekisten, Autoreifen, Brettern, Fahrradreifen und Heulrohren wird ein Hindernisparcours aufgebaut. Hier kann man dann schaukeln, schwingen, balancieren, darüber und darunter herkrabbeln. Diese Bewegungsbaustelle kann je nach Bedarf und Spielidee verändert werden.

Ich hüpfe

Ich hüp - fe, ich hüp - fe, ich hüpf auf ei - nem Bein.
Ich hüp - fe, ich hüp - fe, ich hüp - fe ganz al - lein. Und

wenn ich nicht mehr wei - ter kann, dann fängt so - fort die Tan - ja an.

Ein Kind hüpft auf einem Bein. An der entsprechenden Textstelle sucht es sich das nächste Kind aus.

Regentropfenpfützenspiel

Vier verschiedenfarbige Reifen liegen auf dem Fußboden. Zu einer Musik gehen die Kinder durch den Raum. Endet die Musik, ruft der Spielleiter eine Zahl zwischen zwei und acht, und so viele Kinder springen als Regentropfen dann in einen Reifen. Spielt die Musik wieder, beginnt das Spiel von vorne.

Der Obstkorb fällt um

Alle sitzen im Stuhlkreis. Die Obstsorten Apfel, Birne, Banane, Pflaume gleichmäßig auf die mitspielenden Kinder verteilen. Ein Stuhl bleibt frei. Das Kind in der Mitte nennt eine Obstsorte. Diese Kinder wechseln ihre Plätze. Das Kind aus der Mitte versucht, einen freien Platz zu erwischen. Ruft das Kind in der Mitte „Obstsalat", wechseln alle Kinder ihre Plätze. Das Kind, welches keinen Stuhl erwischt, gibt dann die Spielanweisung.

Mach-Mit-Geschichte

Dies ist eine Geschichte, bei der alle alles spielen, was in der Geschichte geschieht.

> *„Ich ging einmal spazieren, da ging ich an einen hohen Zaun. Ich kletterte auf den Zaun. Dicht hinter dem Zaun stand ein Pferd. Leise rutschte ich auf dem Zaun an das Pferd heran, bis ich es erreicht hatte. Ich sprang vom Zaun auf den Rücken des Pferdes. Das Pferd erschreckte sich und galoppierte mit mir wie wild über eine Wiese. Ich versuchte, mich an seiner Mähne festzuhalten, aber das Pferd sprang immer wilder, bis ich in hohem Bogen durch die Luft ins Gras flog. Ich hatte mich am Bein verletzt und humpelte etwas. Da kam ich an einen Bach. Im Wasser spiegelte sich mein Gesicht, bis ich ein Steinchen hineinwarf. Dann nahm ich einen Anlauf, um über den Bach zu springen. Im letzten Moment bekam ich Angst und bremste. Da sah ich einen Baumstamm, legte ihn über den Bach und balancierte hinüber. Auf dem letzten Stück rutschte ich ab und bekam einen nassen Fuß. Ich zog Schuh und Strumpf aus und wrang das Wasser aus meinem Strumpf. Dann zog ich Schuh und Strumpf wieder an und beobachtete einen Hubschrauber, der quer über den Himmel brummte. Plötzlich sah ich einen Hasen, der sich dicht neben mir ins Gras geduckt hatte. Leise schlich ich mich heran. Im letzten Augenblick sprang er auf und davon und ich im Zickzack hinterher. Der Hase war schneller. Schwer atmend stand ich da und schaute zwei Tennisspielern zu. Da fing es an zu regnen. Ich zog meine Jacke über den Kopf und lief zur Straßenbahnhaltestelle, steckte einen Euro in den Automaten, holte meinen Fahrschein heraus und wartete auf die Bahn. Da kam sie schon. Ich stieg ein und fuhr bis zur Vogelwaidstraße[1], stieg aus und hüpfte auf einem Bein in das Haus, wo die vielen Kinder waren und ‚Hallo‘ schrien."*
>
> *(Waechter, 1979, S. 60)*

---

[1] Straße nennen, in der die Kinder gerade sind

Steinchen springen

Jedes Kind bekommt zwei Bierdeckel und verteilt sie im Raum. Zu einer Musik gehen die Kinder barfuß über die Bierdeckel. Der Boden darf nicht berührt werden. Stoppt die Musik, verweilt jedes auf einem Bierdeckel, bis die Musik wieder ertönt. Dieses Spiel kann gut mit dem Regentropfenpfützenspiel verbunden werden.

Geeignete Alltagsgegenstände für Bewegungsspiele

→ Bettlaken und Wolldecken zum Schwingen und Verstecken
→ Teppichfliesen und Teppichreste zum Springen und Hüpfen
→ Bierdeckel und Pappteller zum Tragen und Werfen
→ Leere Plastikbecher (Joghurt, Margarine) mit und ohne Deckel zum Rasseln und Balancieren
→ Aus Pappe: Kartons, Rollen, Kisten zum Bauen
→ Zeitungen, Zeitschriften zum Rollen
→ Fahrrad- und Autoschläuche zum Springen und Rodeln
→ Schnüre, Bänder, Bleiband zum Legen und Binden
→ Tücher aus Baumwolle, Chiffon zum Wedeln und Verkleiden
→ Wäscheklammern für Fangspiele und Ordnungsspiele
→ Plastikrohre zum Heulen und Kullern
→ Kleine und große Kissen zum Werfen und Kuscheln
→ Getränkekisten, Bretter zum Bauen und Wippen

Alle diese Materialien können fast ohne Kosten beschafft werden. Sie ergänzen in sinnvoller Weise die vorhandenen und gekauften Rhythmik- und Kleingeräte wie Bälle, Seile, Reifen, Taue, Sandsäckchen, Schwungtücher, Stäbe, Luftballons usw. Im freien Umgang und unter Anleitung z. B. der Kinderpflegerin können die Kinder allein, zu zweit oder zu mehreren wundervolle Bewegungsspiele erleben.

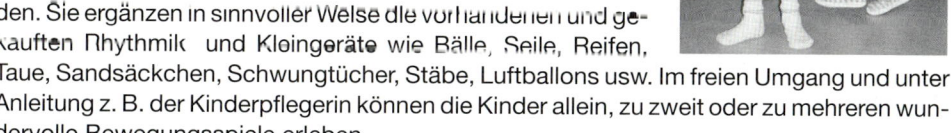

Methodische Hinweise: Geplante Bewegungsstunden

→ Die Anzahl und das Alter der teilnehmenden Kinder müssen von der Kinderpflegerin gut überlegt werden. Entsprechend der Raumgröße und den Interessen der Kinder legt sie die Ziele und den Ablauf der Bewegungsstunde fest.
→ Es sollten möglichst nur gesunde Kinder teilnehmen. Die Kinder sollten sachgerechte Kleidung tragen, da sie bei den Bewegungsspielen vielleicht ins Schwitzen geraten. Ob die Kinder barfuß laufen oder rutschfeste Sportschuhe tragen, muss mit den Eltern der Kinder abgeklärt werden.
→ Durch das selbstständige Umkleiden werden die Kinder auf die bevorstehende Bewegungsstunde eingestimmt. Sie beginnt mit einem lebhaften Spiel oder einer Bewegungsgeschichte, damit der Körper warm wird.
→ Im weiteren Verlauf wechseln ruhige und aufregende Bewegungsspiele einander ab. Das Kind erlebt so nach einer Anspannung die Entspannung. Dieses wirkt ausgleichend auf die Stimmung. Der Ablauf der Bewegungsstunde kann auch unter einem Thema stehen, z. B. „Turnen mit Kuscheltieren", „Reise ins Land der Sinne", „Im Zoo".
→ Werden Geräte oder Materialien eingesetzt, müssen sie vorher auf Sicherheit und Tauglichkeit überprüft werden. Es dürfen nicht zu viele verschiedene Geräte auf einmal eingebracht werden. Die Kinder machen sonst nur oberflächliche Erfahrungen und können das Gerät nicht ausreichend ausprobieren. Sie bleiben dann im Umgang damit unsicher.

→ Grundregeln für das Verhalten im Bewegungsraum und Absprachen über den Umgang mit Großgeräten müssen zwischen den Kindern und der Kinderpflegerin vor der Bewegungsstunde geklärt werden und während der Stunde eventuell in Erinnerung gerufen werden.

→ Spielideen der Kinder muss die Kinderpflegerin aufgreifen, und sie sollte die Kinder auch zum Ausprobieren auffordern. Die Bewegungsideen der Kinder kann sie dann in ihre geplanten Übungen einflechten. Die Motivation und Kreativität der Kinder bleiben erhalten.

→ Die Bewegungsstunde kann mit einem bekannten Spiel enden, bei dem die Kinder zur Ruhe kommen. Fröhlich und entspannt kleiden sie sich dann wieder selbstständig um. Vielleicht helfen sie sich auch gegenseitig.

AUFGABEN

 Lesen Sie das Eingangsbeispiel (s. S. 92). Wie könnte die Kinderpflegerin die Situation auffangen?

 Beobachten Sie sich selbst und stellen Sie fest, welche Kinder Ihnen mehr liegen: Die lauten, lebhaften oder die ruhigen, zurückhaltenden Kinder. Erläutern Sie Ihre Beobachtung.

 Entwickeln Sie in der Lerngruppe eine Bewegungsgeschichte und spielen Sie diese mit den Kindern im Kindergarten. Berichten Sie anschließend über Ihre Eindrücke und Erfahrungen.

 Suchen und wählen Sie ein bewegungsreiches Spiellied aus (z. B. aus einem Spielbuch der Kinderbücherei oder Kindertageseinrichtung).

 Erproben Sie es in der Lerngruppe und führen Sie es anschließend in einer Kindergruppe ein. Überlegen Sie, wie Sie die Kinder auf dieses Spiellied neugierig machen können.

 Erfinden Sie ein Kooperationsspiel und spielen Sie es mit den Kindern im Kindergarten.

 Überlegen Sie, welche der oben aufgeführten Alltagsgegenstände Sie einfach beschaffen können. Tun Sie es, und entwickeln Sie ein Spiel, bei dem die Sinneswahrnehmung gefördert wird. Beziehen Sie die Alltagsgegenstände ein.

 Erkunden Sie, welche Möglichkeiten es in Ihrer Stadt für eine sportliche Betätigung der ganzen Familie gibt.
Gibt es auch Möglichkeiten der sportlichen Betätigung für Sie persönlich?

4.1.3 Bauen und Konstruieren

Mehmet (4;9 Jahre) aktiviert seinen beweglichen, geräuscherzeugenden Dinosaurier aus Jurassic-Park, Daniel (5.3 Jahre) präsentiert stolz sein Performance-Auto, während Andy (6;2 Jahre) seine Weltraumrakete in Gang setzt. Nach einer Weile beschießen die drei, in die Bauecke zu gehen. Sie bauen „Kampfburgen", um sich vor Angreifern zu verteidigen.

Die räumliche Umwelt im Spiel erfahren

Das Bauen gehört zu den beliebtesten Spieltätigkeiten des Kindes. In jeder Altersstufe baut es gerne oder ist für das Bauen zu begeistern. Bausteine sind heute in allen Kinderzimmern und Kindergärten vorhanden und ermöglichen es dem Kind, sich im Spiel kreativ mit räumlichen Formen auseinander zu setzen.

Schon das einjährige Kind hat erste Erlebnisse mit seiner räumlichen Umwelt: Es krabbelt auf dem Fußboden und erfährt so, durch seine eigenen Körperbewegungen, Länge und Breite eines Raumes. Stellt es sich dann aufrecht und beginnt zu laufen, kommt die Höhe als weitere Raumerfahrung hinzu. Durch späteres Hüpfen, Springen und Auf-Bäume-Klettern wird dieses Raumerlebnis erweitert und vertieft. So wie es seinen eigenen Körper benutzt, um räumliche Erfahrungen zu machen, gebraucht das Kind auch Spielmaterialien, um sich den Raum zu erobern: Es fährt den Fußboden mit seinen Fahrzeugen ab, rollt einen Ball quer durch den Raum oder durchfährt die Luft mit einer Papierschwalbe, einem Drachen oder Flugzeug.

Mit dem eigenen Körper und mit Materialien erlebt das Kind Länge, Höhe und Tiefe

Das Bauen ist eine besonders intensive Form der kindlichen Erforschung des Raumes. Das Kind gestaltet im Spiel selbst neue Räume. Einfache Holzbausteine (Würfel/Quader) ermöglichen diese Raumerfahrung, da für dieses Material keine besonderen Fähigkeiten notwendig sind. Im Anfangsstadium des Bauens werden die Bausteine aneinander gereiht. Ähnlich reiht das Kind Stühle, Kartons, Kastanien, Autos hintereinander und erfährt dadurch die Dimension der Länge. Im Weiteren baut es Klötze oder andere Materialien um einen Gegenstand oder um sich selbst herum und erfährt so die Dimension der Tiefe. Die ersten Türme entstehen. Diese Gebilde sind zu Beginn noch windschief und wackelig und bestehen auch meist nur aus drei bis vier Steinen. Das Kind entdeckt die Dimension der Höhe.

Diese ersten Grunderfahrungen der Statik werden im späteren Alter vertieft, da das Kind wirklichkeitsbezogener bauen und spielen will und seine feinmotorischen Fähigkeiten zunehmen: Räume müssen dann senkrechte Wände, Türen und Fenster haben, Ecken entstehen durch verzahntes Mauerwerk, Räume bekommen durch lange Bausteine ein Dach, Brücken und Straßenkonstruktionen entwickeln sich. Das freie Bauen regt die Fantasie des Kindes an und fördert die Vorstellungskraft. Durch Hinzunahme weiterer Spielmaterialien wie Tiere, Figuren, Fahrzeuge, Naturmaterialien entstehen fantasievolle Rollenspiele in der Gemeinschaft mit anderen Kindern.

Jede Entwicklungsphase des Bauens ist für das Kind mit Erfolg verbunden

Ob es nun drei Steine aufeinander legt oder einen hohen Turm errichtet, immer entsteht ein eigenes Produkt – ohne Anleitung des Erwachsenen. Auch das Umstoßen der errichteten Bauwerke gehört zu diesem Erfahrungsprozess und hat nichts mit Zerstörungswut zu tun. Das Gefühl von Spannung und Wagnis bringt das Kind dazu, Veränderungen vorzunehmen, andere Bautechniken auszuprobieren und neue statische Gesetzmäßigkeiten kennen zu lernen. Diese wichtigen Erfahrungen bilden die Voraussetzung zum späteren Verständnis für technische Zusammenhänge.

Auch im Spiel mit **Konstruktionsmaterialien** erlangt das Kind ein Verhältnis zu Form und Raum. Dieses Konstruktionsmaterial (z. B. Lego, Cubal, Constri, Baufix, Nopper, Fischertechnik usw.) unterscheidet sich vom bereits bekannten Baumaterial durch vorgefertigte Steckverbindungen. Das mühelose Ineinanderstecken, z. B. bei Nopper oder Lego-Duplo, garantiert besonders dem jüngeren Kind einen raschen Bauerfolg. Die vorgefertigten Verbindungsmöglichkeiten sind allerdings noch nicht durchschaubar. Statische Gesetzmäßigkeiten werden überdeckt, so dass das Kind sie nicht erfahren und sich mit ihnen auseinander setzen kann. Älteren Kindern (ab fünf bis sechs Jahren) bietet dieses kleinteilige Konstruktionsmaterial jedoch die Möglichkeit, funktionierende Spielmodelle oder sogar maßstabsgetreue Bauwerke selbst herzustellen.

Spielanregungen zum Bauen

Mögliche Baumaterialien

→ Holzbausteine
→ Naturholz, Holzabfälle
→ Styropor
→ Steine
→ Getränkekisten

→ Kissen, Decken, Tücher
→ Kartons
→ Dosen
→ Pappschachteln

→ Joghurtbecher
→ Garnrollen
→ Filmrollendosen
→ Streichholzschachteln
→ Papprollen

Spuren legen

Aus unterschiedlichen gesammelten Materialien (s. o.) können Spuren oder Wege von einem ins andere Zimmer gelegt werden. Aus den Spuren werden Materialschlangen, die sich durch die Wohnung oder den Kindergarten winden.

Lebendige Schlange

Rechteckige Bausteine werden senkrecht, dicht hintereinander in Kurven aufgestellt. Wird ein Baustein angestoßen, setzt sich der nächste in Bewegung und wird zu einer „lebendigen" Schlangenlinie, die sich durch den Raum bewegt.

Brücken- und Treppenbau

Getränkekisten werden hintereinander zu Treppen aufgebaut oder in Verbindung mit Brettern zu Brücken zusammengestellt, auf denen die Kinder balancieren.

Tunnelbau

Durch die Aneinanderreihung von geöffneten Kartons entstehen Tunnel, durch die die Kinder kriechen.

Mauern bauen

Aus unterschiedlichen Baumaterialien entstehen Mauern, die von den Kindern im Rollenspiel als Wohnung, Ladentheke, Gefängnis u. a. benutzt werden. Abwandlung: Die Kinder bauen aus weichen Materialien, z. B. Kissen, Schaumgummiwürfel oder Styropor, eine Mauer. Auf ein Zeichen wird die Mauer mit lautem Gebrüll eingerannt.

Nestbau

Jedes Kind baut aus den oben genannten Materialien einen Ring um sich – sein Nest. Zu einer bewegungsreichen Musik laufen alle Kinder als Vögel durch den Raum. Bei Musik-Stopp ruft die Kinderpflegerin eine Zahl, z. B. „Drei!" Nun müssen sich drei Kinder in einem Nest einfinden. (Tipp: Immer eine Zahl rufen, die durch die Anzahl der Kinder teilbar ist.)

Turmbau

Aus den oben genannten Baumaterialien werden Türme errichtet. Dabei können durch das Angebot von weiteren Materialien neue Kombinationen entdeckt werden, z. B. Joghurtbecher und Bierdeckel oder Papprollen und Pappteller. Abwandlung: Mit einem Softball werden die Türme umgeworfen.

Ergänzendes Spielmaterial

Das Bauen kann durch zusätzlich angebotenes Spielmaterial zu besonderen Themen anregen und den Spielverlauf beleben, z. B. Tiere, Autos, Flugzeuge, Schiffe.

Methodische Hinweise: Bauen und Konstruieren mit Kindern

→ Die Kinderpflegerin sollte dem Kind zum Bauen den abgegrenzten Bereich eines Raumes zur Verfügung stellen. Ein warmer Fußboden oder eine Unterlage ist dabei wichtig. Für größere Bauvorhaben eignen sich Flure, Gymnastikräume oder das Außengelände.

→ Die Entwicklung des kindlichen Bauens beachten: Ein jüngeres Kind bevorzugt größere Bausteine, um sie aneinander zu reihen oder aufzutürmen. Je älter es wird, desto mehr geht es zu einer feineren, differenzierteren Bauweise über. Erst ab acht Jahren stimmen die Größenverhältnisse.

→ Das Kind sollte Gelegenheit haben, mit unterschiedlichen Baumaterialien zu experimentieren, um sich auf deren spezielle Eigenschaften einzustellen.

→ Nicht voreilig eingreifen, auch wenn das Kind behauptet, es könne bestimmte Bauvorhaben nicht umsetzen!

→ Keine Gestaltungsvorschläge für das Bauen erteilen. Besser allgemeine Tipps, aber nie direkte Lösungsmöglichkeiten geben.

→ Das Kind hat oft Lust, seine Bauwerke wieder zu zerstören. Dieses Zerstören ist als eine Zwischenphase in Aufbau und Umsetzung eines Planes zu sehen und bedeutet für das Kind ein Gefühl von Spannung und Wagnis.

→ Die Kinderpflegerin sollte dem Kind genügend Zeit zum Bauen einräumen und ihm die Möglichkeit geben, seine Bauwerke stehen zu lassen. Sie regen häufig zu weiteren fantasievollen Spielen an.

→ Konstruktionsmaterial sollte bei Kindern erst dann eingesetzt werden, wenn mit den Holzbausteinen bereits Erfahrungen gemacht wurden. Auch hierbei sollte das freie Experimentieren gewährleistet sein.

→ Keine Vorlagen geben! Erst ab fünf bis sechs Jahren sind Kinder an Arbeitsvorlagen interessiert und brauchen dann die Unterstützung eines Erwachsenen.

→ Durch das Angebot an unterschiedlichen Baumaterialien und durch die Anteilnahme der Kinderpflegerin bekommt das Kind neue Spiel- und Bauanregungen.

AUFGABEN

 Lesen Sie das Eingangsbeispiel (s. S. 98). Welche kindlichen Bedürfnisse kommen in der Situation zum Ausdruck? In welcher Weise kann die Kinderpflegerin reagieren?

 Erproben Sie im Unterricht unterschiedliche Bau- und Konstruktionsmaterialien. Tauschen Sie danach Ihre Erfahrungen aus.

 Felix (3;8 Jahre) und Anne (4;5 Jahre) spielen mit Bausteinen. Felix baut mit Holzbausteinen und Anne mit Lego-Duplo. Vergleichen Sie die beiden Baumaterialien und stellen Sie Vor- und Nachteile heraus.

 Geben Sie Kindern durch unterschiedliches Bau- und Ergänzungsmaterial eine Spielanregung. Beobachten Sie die spielenden Kinder und reflektieren Sie Ihr Spielangebot.

 Überlegen Sie Fragestellungen zum Bauen mit Kindern in anderen Unterrichtsfächern.

4.1.4 Spiele mit Rollen und Requisiten

Lisa (3;6 Jahre) legt ihre „lebensechte" Babypuppe in den Puppenwagen vom Kindergarten und fragt Irina (5;10 Jahre), ob sie der Vater sein will. Währenddessen packt Julia (5;9 Jahre) vorsichtig die neue Kleiderkollektion ihrer Barbie-Puppe aus. Irina bestaunt die Barbiepuppe und lehnt Lisas Spielaufforderung ab. Lisa geht zur Kinderpflegerin und beschwert sich, dass Irina nicht mit ihr spielen will.

Erste Nachahmungsspiele

Schon im zweiten Lebensjahr beobachtet das Kind die Tätigkeiten der Bezugspersonen ganz genau und ahmt sie im Spiel nach, z. B. rührt es mit einem Löffel im Kochtopf, deckt die Puppe zu, liest die Zeitung oder fährt mit dem Auto brummend durch das Wohnzimmer. Bei dieser ersten Form des Rollenspiels handelt es sich um das Nachahmen von beobachteten Verhaltensweisen aus der unmittelbaren Umwelt des Kindes. Durch wiederholtes Ausprobieren von Bewegungen und Geräuschen sammelt das Kind so Kenntnisse und Erfahrungen über Gegenstände und Sachverhalte.

In einfachen Rollenspielen übernimmt das Kind gerne die Rolle des Erwachsenen

Im Laufe des dritten Lebensjahres wird dem Kind der Unterschied zwischen dem eigenen „Ich" und dem „Du" bewusst. Jetzt erst ist es in der Lage, in die Rolle des Erwachsenen zu schlüpfen und nicht nur seine Tätigkeiten nachzuahmen. Z. B. deckt es die Puppe nicht nur einfach zu, sondern bringt sie als Mutter mit einem Gute-Nacht-Kuss zu Bett, oder es erklärt jetzt, dass es als Vater mit dem Auto schnell ins Büro fahren muss. Bei diesen einfachen Rollenspielen werden dem Kind Gründe und mögliche Folgen von Handlungen der Erwachsenen bewusst. Häufig begleitet es sein Spiel mit Selbstgesprächen, wobei es mitunter seine Stimme verändert, wenn Spielfiguren oder Puppen gewechselt werden.

Symbolhafte Gegenstände bereichern das Rollenspiel

Die Verwendung von symbolhaften Gegenständen bereichert das Rollenspiel. Murmeln im Topf werden z. B. zur Mittagsmahlzeit, das Stofftier zum gefährlichen Löwen, ein umgedrehter Stuhl zum Rennwagen. Symbole sind austauschbar und haben häufig vielfältige Bedeutungen. So kann ein Schuhkarton Arztkoffer, Schatzkiste, Puppenbett oder Auto sein. Durch die Übernahme fremder Rollen gelingt es dem Kind, andere Verhaltensweisen besser zu verstehen, aber auch sich selbst in seiner Rolle als Kind zu erleben. Durch das Rollenspiel können soziale Verhaltensweisen eingeübt werden.

Im Rollenspiel werden Fantasiewelten zur gespielten Wirklichkeit

Nicht nur wirklich Erlebtes wird nachgespielt, sondern auch vorgestellte Fernseh- und Fantasiewelten. Die Möglichkeit, z. B. Cowboy oder Gangsterchef zu sein und im nächsten Augenblick wieder „Ich" zu sein, gibt dem Kind die Gelegenheit, Rollen aus der Erwachsenenwelt durchzuspielen. Gerade mächtige, starke Fernsehhelden wie Michael Knight, Batman oder Bud Spencer werden bewundert und geliebt. Indem sie mit ihnen alle Gefahren cool bestehen, können die Kinder Eindrücke besser verarbeiten, aber auch erlebte Zurückweisungen und seelische Spannungen ausdrücken.

Im Rollenspiel identifiziert sich das Kind mit der angenommenen Rolle

Im vierten und fünften Lebensjahr erreicht das Rollenspiel einen Höhepunkt und wird zu einer beliebten Beschäftigung. Die sprachliche Ausdrucksfähigkeit des Kindes erweitert sich, sein ich-bezogenes Denken nimmt ab und das Interesse an anderen Kindern wächst. Es kommt zum kollektiven Rollenspiel, bei dem die Kinder nebeneinander mit einem gemeinsamen Thema spielen, z. B. mehrere Kinder fahren mit ihren Autos, benutzen aber dafür dieselbe Autobahn.

Das angeleitete Rollenspiel wird von der Erzieherin oder Kinderpflegerin geplant und begleitet. Sie gibt das Thema, den Ort und die Zeit der Handlung vor, bestimmt die Mitspieler und übernimmt eine geeignete Nebenrolle. Die Kinder verteilen die Rollen und beteiligen sich mit an der Planung. Der Verlauf und der Ausgang des Spiels werden vorher nicht geplant.

Darstellungsspiele

Im Folgenden werden Darstellungsspiele vorgestellt, die Kreativität und Vorstellungskraft des Kindes fördern und damit das Rollenspiel anregen und unterstützen. Sie reichen von **Kreis-**, **Liedspielen** und **Mitmachgeschichten** über **pantomimische Spiele** bis hin zu **Fantasiereisen**, bei denen Gefühle und Stimmungen ausgedrückt werden.

Hutspiel

Die Kinder bewegen sich im Raum. Derjenige, der den Hut hat, gibt eine Gangart mit entsprechenden Geräuschen vor, die alle nachmachen. Der Hut wird an ein nächstes Kind weitergegeben.

Timpe-Tampe-Zaubermann

Tim - pe, Tam - pe Zau - ber- mann, weißt du, wie ich zau - bern kann?

Tim - pe, Tam - pe Zau - ber - mann, hör gut zu.

Zauberspruch:

Hatschi, kille, kille, knatschi, bum
bim, bam, basi, rumpumpum.
Ich mach aus euch lauter „Krokodile"

Ein Kind ist der Zauberer, mit Hut und Zauberstab. Es spricht den Zauberspruch und verwandelt alle Kinder in Tiere.

Im Klatscheland

(Melodie aus Dänemark – Text: Margarete Jehn – Rechte: Autorenverlag Warpsweder Musikwerkstatt)

Ich ging wohl ü - ber Meer und Land, da traf ich ei - nen al - ten Mann, er sag- te so und

frag- te so: „Sag, wo bist du zu - hau - se?" Bin zu-hau- se im Klat-sche-land, Klat- sche- land,

Klat- sche - land, je - der, der gut klat - schen kann, ist zu - hau - se im Klat -sche - land.

Refr.: Ich ging wohl über Meer und Land,
da traf ich einen alten Mann.
Der sagte so und fragte so,
sag: Wo bist du zu Hause?

2. Ich bin zu Haus im Trampelland

3. Bückeland

4. Schlummerland ...

Die Kinder klatschen und trampeln mit, bücken sich und tun so, als ob sie schlummern.

Beliebte Themen für kollektive Spiele sind: Haus, Familie und Schule. Dazu werden passende Requisiten benutzt, um der Wirklichkeit möglichst nahe zu kommen. Mitunter identifiziert sich das Kind ganz mit seiner angenommenen Rolle, so dass es auch die entsprechenden Gefühle nachempfindet. Durch Beobachtung von Rollenspielszenen können dem Erwachsenen dadurch Probleme oder besondere Gefühlslagen des Kindes deutlich werden.

Soziales Rollenspiel fördert die soziale Entwicklung

Im Laufe des fünften Lebensjahres entwickelt sich das soziale Rollenspiel, das im Kindergarten-Alltag sehr häufig zu beobachten ist. Mindestens zwei Kinder spielen miteinander und imitieren dabei das Verhalten bestimmter Personen genau. Dazu wird eine entsprechende Spielsituation geschaffen, z. B. das Kind kommt zum Arzt und wird von ihm behandelt. Die Rolle wird über eine bestimmte Zeit hinweg gespielt, kann aber innerhalb des Spiels gewechselt oder sogar verlassen werden, da das Kind besondere Spielanweisungen geben will, z. B. „Du bist jetzt mal unser Baby!"

Die Sprache ist beim sozialen Rollenspiel sehr wichtig. Sie dient einerseits dazu, dieses „Tun-als-ob" herzustellen, zum anderen aber auch dazu, das Spiel zu planen, anzuordnen und sogar zu kritisieren, z. B. „Du kannst ja überhaupt nicht richtig Baby spielen!"

Im sozialen Rollenspiel lernt das Kind:
→ gemeinsam zu planen und zu spielen (Kooperation)
→ sich in andere Rollen einzufühlen (Empathie)
→ andere zu akzeptieren (Toleranz)
→ sich an gemeinsam aufgestellte Spielregeln zu halten (Kompromissbereitschaft)

Rollenspielformen im Kindergarten

Im Kindergarten sind zwei verschiedene Formen des Rollenspiels möglich:
→ das spontane Rollenspiel
→ das angeleitete Rollenspiel

Das spontane, einfache Rollenspiel spielt das Kind allein, ohne einen Spielpartner anzunehmen, z. B. fährt es seine Puppe im Wagen durch den Gruppenraum spazieren. Das Kind wird ohne Mithilfe der Erzieherin oder Kinderpflegerin aktiv. Sie geben keine Anregungen und greifen möglichst nicht in Konfliktsituationen ein. Kommen andere Kinder zu diesem Spiel dazu, z. B. zwei Puppenmütter treffen sich, dann sprechen wir vom **spontanen, kollektiven bzw. sozialen Rollenspiel**.
Bereitgestellte Materialien regen das spontane Rollenspiel an und bieten einen Spielrahmen, der das Handeln bestimmt, z. B.: Autos, Spielzeugtiere, Holzfiguren, Verkleidungsmaterialien, Arzt- und Frisörutensilien, Haushaltsgegenstände, das Puppenhaus, Handspielpuppen, Post-, Büro- oder Verkaufsspiele mit bereitgestelltem Zubehör usw. Im spontanen Rollenspiel kann das Kind, nach eigenen Bedürfnissen, seine Beobachtungen in Handlung umsetzen und so oft wiederholen, wie es möchte.

Löwenjagd

Refr.: Wir gehen heut auf Löwenjagd.
Wir haben keine Angst.
Wir haben ein Gewehr dabei
und auch ein großes Schwert.
Uuh! Da!

Die Kinder knien auf dem Boden und schlagen im Rhythmus mit den Händen auf die Oberschenkel.

Ausruf

1. Ein großer Baum,	
rechts kommen wir nicht vorbei,	In die jeweilige Richtung zeigen und mit Armen und Händen die Bewegungen ausführen.
links kommen wir nicht vorbei,	
drüber kommen wir nicht,	
drunter kommen wir nicht.	
Was tun? Klettern!	
Geschafft!	Ausruf
Refr.: Wir gehn heut auf Löwenjagd ...	
2. Ein hoher Berg!	Zum Text Bewegungen passend ausführen.
Rechts ...	
Was tun? Tunnel graben!	
Geschafft!	Ausruf
Refr.: Wir gehn heut auf Löwenjagd ...	
3. Ein langer Fluss!	Zum Text Bewegungen passend ausführen.
Rechts ...	
Was tun? Schwimmen!	
Geschafft	Ausruf
Refr.: Wir gehn heut auf Löwenjagd ...	
4. Der Löwe!	Erschreckter Ausruf
laufen, laufen, schwimmen,	Schnell auf die Oberschenkel schlagen und alle Bewegungen noch einmal wiederholen.
laufen, graben, laufen,	
klettern, laufen!	
Geschafft!	Ausruf

Figuren schleudern

Ein Kind ist „Figuren-Schleuderer". Es nimmt nacheinander jedes Kind an die Hand, dreht es um die eigene Achse und lässt es dann los. Das „geschleuderte" Kind erstarrt in der Haltung. Nachdem alle Kinder erstarrt sind, werden sie durch einen Zauberhandschuh wieder zum Leben erweckt, z. B. zu Tieren, Fahrzeugen, Robotern usw.

Marionetten-Spiel

Je zwei Kinder spielen zusammen: Eines ist die Marionette, das andere der Marionettenspieler. Dieser zieht bei der Marionette an unsichtbaren Fäden und überprüft dabei z. B. Knie, Füße, Kopf, Schulter, Po usw. Zum Schluss lässt er die Fäden alle los, und die Marionette fällt in sich zusammen. Danach werden die Rollen gewechselt.

Gesichter weitergeben

Die Kinder sitzen im Kreis. Ein Kind schneidet eine Grimasse und zeigt sie seinem linken Nachbarn. Dieser macht sie nach und wendet sich wieder zu seinem linken Nachbarn, um sie weiterzugeben. Beim letzten Kind kann man sehen, was aus der anfänglichen Grimasse geworden ist.

Eine Reise in das Spielzeugland (zehn bis zwölf Kinder ab vier Jahren)

Die Kinderpflegerin erzählt die Geschichte und tritt mit den Kindern die Fantasiereise an.

„Heute wollen wir eine weite Reise machen. Wir fliegen in das ferne Spielzeugland ,Plump-sackmanien'. Dazu fassen wir uns an den Händen und sprechen gemeinsam den Zauber-spruch:

,Abrakadabra, schnurdibum,
der Zauberstab geht rundherum,
Hokuspokus dreht euch um,
ihr werdet jetzt zum Luftballon.'
(Die Kinder tun so, als würden sie zu Luftballons aufgeblasen.)

Wir fliegen in die Luft. Dabei versuchen wir, uns nicht zu berühren, denn wir könnten sonst zu schnell platzen und abstürzen. Ein Sturm kommt auf, der uns sehr schnell vorantreibt (Kin-der laufen). Langsam legt sich der Sturm wieder und wir landen ganz behutsam im Spiel-zeugland ,Plumpsackmanien'.

Wir werden von einem Teddybären begrüßt (die Kinderpflegerin geht mit einem Teddy zu je-dem Kind).

,Guten Tag! Ich heiße Teddy Teddybär und wie heißt du?'

,Ich heiße ...!' (Die Kinder nennen ihre richtigen Namen oder geben sich Fantasienamen).

Zur Begrüßung möchte ich euch mit dem Teddybären-Tanz bekannt machen. (Die Kinder bücken sich, stützen ihre Hände auf den Oberschenkeln auf und stampfen von einem auf das andere Bein.)

,Ich bin ein kleiner Teddybär
und ich komme aus dem Wald.
Ich suche meine Freunde,
und ich finde sie schon bald.
Kommt, wir tanzen hübsch und fein
von einem auf das andre Bein.'

Dann verabschieden wir uns von dem freundlichen Teddybären, denn wir wollen das Spiel-zeugland ja noch näher kennen lernen.

Wir kommen auf eine große Wiese und Anna (Name eines Kindes einsetzen) ruft: ,Hier gibt es ja Bäume, an denen überall Spielzeug hängt!' Jeder von uns möchte so ein Spielzeug ha-ben. Wir müssen uns recken/strecken/hochspringen/klettern (Kinder ahmen die Bewegun-gen nach), um ein Spielzeug zu pflücken.

Geschafft! Jeder hat das erwischt, was er gerne haben wollte, und zeigt es den anderen. (Je-des Kind stellt sein Spielzeug pantomimisch dar, die anderen raten, z. B. Ball, Puppe, Flug-zeug, Fahrrad, Game-Boy usw.)

Wir werden ganz leise, da sagt Michael (Name eines Kindes einsetzen): ,Ich höre Stimmen von weit her!' Nun hören es die anderen auch. Die Stimmen kommen aus einer Kiste. Aber die steht am anderen Ufer eines breiten Flusses. Wie kommen wir nur herüber? (Vorschläge der Kinder aufgreifen – Bewegungen nachmachen).

Geschafft! Vorsichtig öffnen wir die Kiste (Kiste mit Handspielpuppen, jedes Kind nimmt sich eine). ,Ich habe gehört, dass es euch allen nicht gut geht. Ihr sagt, ihr habt in der Spielzeug-kiste eure Gefühle verloren. Welches Gefühl hast du denn verloren, Kasper?' (Jedes Kind denkt sich ein Gefühl für seine Puppe aus, z. B. Kasper – fröhlich sein)

Wir wollen euch helfen, dass ihr eure Gefühle wiederbekommt.

(Nacheinander werden die genannten Gefühle durch Mimik und Gestik dargestellt). Lang-sam wird es dunkel im Spielzeugland ,Plumpsackmanien', und es wird Zeit, wieder nach Hause zu fliegen.

Wir fassen uns an und sprechen gemeinsam den bekannten Zauberspruch: ,Abrakadabra ... Wir werden zu Luftballons und schweben langsam zurück zur Erde!' "

Methodische Hinweise: Rollenspiel mit Kindern

→ Besonders bei jüngeren Kindern ist die Erzieherin oder Kinderpflegerin zunächst die beste Spielpartnerin. Sie stellt sich auf den Rollenspielanfänger ein, ist tolerant und vermittelt ihm lustvolle Spielerfahrungen. Im Anspielen fordert sie das Kind zur Nachahmung von beobachteten Handlungsweisen auf.

→ Die Kinderpflegerin stellt den Kindern geeignete Spielräume und genügend Spielzeit zur Verfügung. Rollenspiele sind für Kleingruppen von sechs bis acht Kindern gedacht, die einen eigenen Spielraum brauchen. Das kann im Gruppenraum die bekannte Bau- und Puppenecke sein, aber auch ein Nebenraum oder Flur. Hier können sich die Kinder durch Veränderung des leichten Mobiliars bzw. durch Decken und Tücher ihre eigene Spielatmosphäre schaffen.

→ Die Kinderpflegerin kann durch das sparsame Angebot von Requisiten die Kinder in ihrer Rollenfindung unterstützen und zu neuen Spielthemen anregen, z. B. Polizeimütze, Clownsnase, Handtasche, Bügeleisen, Arztkoffer, Stempel, Telefon usw.

→ Die Kinderpflegerin sollte sprachliches Vorbild sein, da ihre Sprache (z. B. Redewendungen) ebenso von Kindern im Rollenspiel nachgeahmt und übernommen wird.

→ Die Kinderpflegerin hat folgende Möglichkeiten, Spielimpulse zu geben, ohne dabei das Spiel zu lenken oder zu gängeln:

- Sie übernimmt eine Nebenrolle und spielt mit, z. B.: „Guten Tag, Frau Meier, Sie hatten mich heute zum Kaffeetrinken eingeladen." Ist das Spiel im Gange, zieht sie sich ebenso wieder von der Spielhandlung zurück.

- Sie macht Vorschläge, gibt Hinweise oder stellt Fragen in der Spielsprache, z. B. „Rufen Sie doch die Polizei an!" oder „Der Zoo hat leider schon geschlossen!" oder „Wann gehen Sie denn ins Bett, Frau Müller?"

→ Die Spielsprache hilft auch, einzelne Kinder zu Spielgruppen zusammenzuführen oder zwischen zwei Spielgruppen eine Verbindung herzustellen, z. B. bei Familie Müller meldet sich Besuch an, oder ein Autounfall – der Krankenwagen und die Polizei müssen kommen, oder die wilden Tiere sind aus dem Zoo ausgebrochen, die Wärter holen sie zurück.

→ Vermittelnde Kenntnisse oder Begriffe werden im Rollenspiel ebenso beiläufig in der Spielsprache erwähnt, z. B. „Ein Löwe frisst nur Fleisch, Herr Zoodirektor, keine Pommes!"

→ Durch folgende Möglichkeiten können Rollenspiele eingeleitet oder angeregt werden:

- Die Kinder gestalten etwas und beziehen es in ihr Spiel ein, z. B. Früchte aus Papp-maché für das Kaufladenspiel.

→ Die Kinderpflegerin oder die Kinder erzählen eine Geschichte oder ein Erlebnis und spielen es nach:

- durch die Gestaltung von einfachen Handspielpuppen
- durch Gestaltung einer Puppenstube aus Kartons oder Schachteln
- durch Anschauen und Vorlesen eines Bilderbuches
- Bilder, Dias, Videos, Fernsehsendungen bieten Anlässe zum Spiel
- durch Requisiten
- die Kinder besuchen verschiedene Institutionen in ihrer näheren Umgebung, z. B. Feuerwehr, Post, Krankenhaus usw.
- durch den gemeinsamen Besuch einer Theateraufführung

AUFGABEN

Lesen Sie das Eingangsbeispiel (s. S. 102). Welche kindlichen Bedürfnisse kommen hier zum Ausdruck? Auf welche Weise könnte die Kinderpflegerin reagieren?

Ergänzen Sie die verschiedenen Stufen des Rollenspiels in folgender Tabelle durch ein praktisches Beispiel. Welche Fähigkeiten muss das Kind besitzen, um Rollenspiele durchzuführen?

Spielform	Nachahmungsspiel	Einfaches Rollenspiel	Kollektives Rollenspiel	Soziales Rollenspiel
Beispiel	Kind rührt mit Löffel im Kochtopf	?	?	?
Fähigkeiten	beobachten und nachahmen der Bewegung	?	?	?

Stellen Sie Kindern Requisiten für ein Rollenspiel zur Verfügung.

Schreiben Sie eine Beobachtung über eine Rollenspielsituation.

Wählen Sie ein Bilderbuch aus, das sich zum Nachspielen eignet. Stellen Sie es im Unterricht vor.

Erfinden und schreiben Sie eine Fantasiereise.

Überlegen Sie Fragestellungen zum Thema „Rollenspiel" in anderen Unterrichtsfächern.

4.1.5 Gespräche führen

David (3;4 Jahre) steht an seinem ersten Kindergartentag in der Gruppentür. In der einen Hand hält er ein Polizeiauto und mit der anderen umklammert er die Hand der Mutter. Die Kinderpflegerin reicht zur Begrüßung der Mutter die Hand und wechselt mit ihr ein paar Sätze über das Wetter. Währenddessen versucht David, die Mutter in den Gruppenraum zu ziehen und sagt: „Komm spielen." Die Kinderpflegerin wendet sich nun David zu: „Guten Morgen. Ich heiße Angie und du bist der David?" David nickt. Er bedient an seinem Polizeiauto Blaulicht und Sirene, streckt es Angie entgegen. Sie hält sich die Ohren zu und sagt: „Das ist aber sehr laut. Vielleicht sollte die Mama das Auto wieder mit nach Hause nehmen."

In ihrer Sprachentwicklung orientieren sich Kinder an Vorbildern

Je älter das Kind wird, umso mehr ist es in der Lage, seine Gedanken, Gefühle oder Wünsche sprachlich zu äußern. Sein erweiterter aktiver Wortschatz und der grammatikalisch richtige Gebrauch der Sprache ermöglichen ihm, Gedanken sprachlich zu formulieren. In ihrer Sprachentwicklung orientieren sich Kinder an Bezugspersonen. Neben den Eltern sind Kinderpflegerinnen und Erzieherinnen wichtige Sprachvorbilder. Ihr Sprachverhalten, ihre Art und Weise, wie sie mit Sprache umgehen, ist von großer Bedeutung für die Kinder, z. B. ob sie gerne zuhören, Freude am Sprechen haben, sich sprachlich nicht in den Vordergrund drängen usw.

Kinderpflegerinnen und natürlich auch andere Bezugspersonen sollten als Sprachvorbild, insbesondere auch für zweisprachig aufwachsende Kinder, folgende Aspekte beachten, wenn sie mit Kindern sprechen:

→ In vollständigen, grammatikalisch richtigen und kurzen Sätzen sprechen, je nach Sprachniveau des Kindes
→ Einfache Wörter wählen
→ Wörter langsam und deutlich aussprechen und nicht „nuscheln"
→ Das eigene Handeln mit Sprechen begleiten
→ Beim Sprechen immer wieder kleine Pausen lassen, damit die Kinder nachfragen können
→ Kinder nicht auf sprachliche Fehler aufmerksam machen. Besser: Das vom Kind gesagte in korrekter Form aufgreifen
→ Mehr auf den Inhalt (ist wichtiger) als auf die Form achten
→ Kinder nicht übertönen, wenn der Geräuschpegel steigt
→ Den Kindern aktiv, intensiv und mit echtem Interesse zuhören
→ Offene Fragen stellen (nicht solche, die nur mit „Ja" oder „Nein", Kopfnicken oder Kopfschütteln beantwortet werden können). Die Antworten der Kinder lassen erkennen, ob der Sinn der Wörter verstanden wurde
→ Dialoge sollten möglichst gleichberechtigt, d. h. in Augenhöhe stattfinden
→ Das eigene Sprachverhalten reflektieren (z. B. mit Hilfe eines Tonbandes)

Vgl. Ministerium für Frauen, Jugend, Familie und Gesundheit des Landes NRW, 2001, S. 118 ff.

Gespräche und Spielaktivitäten wecken die Sprechfreude der Kinder

Gespräche mit Kindern können spontane Unterhaltungen sein, bei denen Kinder der Kinderpflegerin ein bedeutsames Ereignis erzählen oder wichtige Fragen stellen möchten. Anlässe für Gespräche mit einzelnen Kindern, einer kleinen Gruppe oder der Gesamtgruppe sind vielfältig und können sich im Tagesablauf zu verschiedenen Situationen ergeben, z. B. bei der Begrüßung, während der Mahlzeiten, bei angeleiteten Angeboten.

Oftmals sind Gespräche mit Handlungen verbunden und Kinder wissen ungefähr, um was es geht. Beim Vorlesen oder Erzählen stehen dagegen sprachliche Botschaften im Mittelpunkt. Die Kinder müssen sich auf den Inhalt konzentrieren, um ihn zu verstehen und zu entschlüsseln. Um Kinder nicht zu über- oder zu unterfordern, sollte sich die sprachliche Darstellung an den kindlichen Sprachkenntnissen ausrichten. Darüber hinaus wecken Reime, Abzählverse, Fingerspiele, Lieder, Kreis-, Sing-, Wahrnehmungs- und Rollenspiele die Sprechfreude der Kinder, weil sie kindgerechte Sprachanregungen bieten.

Methodische Hinweise: Gespräche mit Kindern

→ Sich dem Kind zuwenden und eine offene Körperhaltung einnehmen
→ Blickkontakt herstellen
→ Ironie vermeiden
→ Konkret-anschauliche Fragen stellen
→ Eindeutige Antwortungen geben
→ Sprachliche Anweisungen und Hinweise genau formulieren
→ Bei Gruppengesprächen gemeinsame Sprechregeln aufstellen (z. B. nur wer den Sprechstein in der Hand hält, darf sprechen)
→ Ein Kind direkt und mit Namen ansprechen
→ Langsam, deutlich und mit Betonung sprechen
→ Leitende und folgerichtige Fragen stellen
→ Antworten beachten und ernst nehmen
→ Auf Impulse eingehen
→ Sachwissen anschaulich erklären unter Anwendung von Anschauungsmaterial
→ Zeit zum Nachdenken und Aussprechen lassen
→ Zuhören und Nachfragen stellen
→ Keine Monologe halten
→ Eigene Unkenntnis zugeben
→ Eigeninteresse ausdrücken (Körpersprache)

AUFGABEN

 Lesen Sie das Eingangsbeispiel (s. S. 109). Welche Botschaft geht von David/Angio aus? Welche anderen Reaktionen könnte die Kinderpflegerin zeigen?

 Wählen Sie in der Lerngruppe ein Bilderbuch aus. Entwickeln Sie altersgemäße Fragen, die dem Kind helfen können, den Bildinhalt zu erschließen.

 Planen Sie in der Lerngruppe ein Sachgespräch z. B. mit folgendem Thema:
Mein Weg zum Kindergarten oder Mein Lieblingsessen.
Entwickeln Sie gesprächsleitende Fragestellungen und überlegen Sie, wie Anschaulichkeit hergestellt werden kann.

 Protokollieren Sie einen Dialog zwischen Ihnen und einem Kind oder erstellen Sie eine Tonbandaufzeichnung. Werten Sie anschließend die Aufzeichnungen für künftige Gespräche mit Kindern aus.

 Überlegen und entwickeln Sie in der Lerngruppe zur Methode Gesprächsführung weitere Aspekte, die in anderen Unterrichtsfächern vertieft werden können.

4.2 Zufällige und gezielte Beobachtungen

Laura (5;9 Jahre), Olli (5;8 Jahre) und Sebastian (6;1 Jahre) befinden sich auf dem Außengelände des Kindergartens. Sie beobachten einen Bauarbeiter, der hinter dem Kindergartengrundstück mit einem kleinen Bagger einen Graben aushebt. Sebastian ruft: „Das können wir auch." Sie besorgen aus dem Geräteschuppen einen Spaten und die Schubkarre. Sebastian beginnt, zwischen den Büschen ein Loch zu graben. Olli hält die Schubkarre fest und Laura transportiert die Erde in einem Eimer zur

Schubkarre. Bald wird ihnen warm und sie ziehen ihre T-Shirts aus. Jetzt will Olli mal graben und Laura soll die Schubkarre festhalten. Während Sebastian nun die Erde im Eimer zur Schubkarre trägt, fragt Olli nach einer Weile: „Und jetzt? Was kommt jetzt in das Loch?" „Wasser!", ruft Laura und alle drei rennen mit dem Eimer in den Waschraum.

Die Kinderpflegerin ist wie alle sozialpädagogischen Fachkräfte eine ständige Beobachterin. Ob sie einzelne Kinder begrüßt, mit einer kleinen Gruppe ein Rollenspiel oder mit allen Kindern den Sitzkreis durchführt – immer wird sie neben der eigentlichen Handlung die kindliche Mimik und Gestik, sprachliche Äußerungen und Verhaltensweisen bewusst oder unbewusst, zufällig oder gezielt wahrnehmen.

Bei ihren Beobachtungen zeigen sozialpädagogische Fachkräfte Einfühlungsvermögen und Nähe zum Geschehen, sie müssen sogar teilweise in der Situation beteiligt sein, um das Wahrgenommene interpretieren zu können. Eine Beobachtung kann infolgedessen nie vorurteilslos und distanziert sein, sie enthält große Anteile an subjektiven Einschätzungen und Bewertungen. Diese Gegebenheit muss bei allen zufälligen wie gezielten Beobachtungen bezüglich der Ergebnisse und möglicher Schlussfolgerungen und Konsequenzen berücksichtigt werden.

Beobachtungen im Gruppenalltag

→ Welche Spielbereiche bevorzugen Kinder während des Freispiels?
→ Was beschäftigt die Kinder im Moment?
→ Wer spielt mit wem in der Gruppe?
→ Warum wiederholen die Kinder ständig die gleichen Spiele im Spielkreis?
→ Welche Angebote kommen bei den Kindern gut an?
→ Warum streiten sich ständig einige Kinder in der Gruppe?
→ Warum ist es in der Frühstücksecke häufig unruhig?
Diese und ähnliche Fragen ergeben sich im Gruppenalltag. Sie bilden mögliche Anlässe für zufällige oder gezielte Situations- und Einzelbeobachtungen mit der Zielsetzung die eigene Wahrnehmung zu schulen.

Beobachtungen sind nie vorurteilslos und neutral.

Beobachtungen enthalten große Anteile an subjektiven Einschätzungen und Bewertungen. Bei allen Beobachtungen müssen bezüglich der Ergebnisse und möglicher Konsequenzen einige wichtige Faktoren berücksichtigt werden, wie z. B.:
→ Die Wahrnehmung eines Beobachters ist nie objektiv
→ Eigenwahrnehmung und Fremdwahrnehmung können sich stark unterscheiden
→ Beobachter stehen immer in einer Beziehung zu den Beobachteten
→ Kinder fühlen sich beobachtet und können ein anderes Verhalten zeigen
→ Kinder entwickeln sich während des Beobachtungszeitraumes weiter
→ Aussagen müssen immer mit einem Beispiel belegt werden
→ Interpretationen der Beobachtungen sind sorgfältig vorzunehmen

Zufallsbeobachtungen erfolgen meist spontan und unbeabsichtigt, zu beliebigen Zeitpunkten. Wenn sich die Fachkraft ihrer zufälligen Beobachterrolle bewusst wird, bespricht sie eventuell später mit dem Kind das Beobachtete oder berichtet im Team oder Elterngespräch über das Ereignis. Gelegentlich hält sie den Verlauf und das Ergebnis der beobachteten Situation in Form eines Gedächtnisprotokolls schriftlich fest.

Zielgerichtete Situationsbeobachtungen dokumentieren den Verlauf von Spiel- und Alltagssituationen. Die Ergebnisse werden meist in Form von Checklisten, freien Formulierungen oder Verlaufsprotokollen (Zeitraum, Ort, Beteiligte, Tätigkeit, Problem, Dialoge usw.) schriftlich festgehalten. Im Team erfolgen fachliche Gespräche und persönliche Reflexionen über mögliche Konsequenzen oder Folgerungen.

Durch **kontinuierliche Beobachtungen** lernen sozialpädagogische Fachkräfte die Kinder genau kennen, erfassen ihre Stärken, Schwächen, Eigenarten, Lebenssituationen usw. Sie erfahren, wo das Kind gerade steht, und erkennen seine Befindlichkeit. Methoden und Angebote sollten die unterschiedlichen kindlichen Bedürfnisse berücksichtigen.

Protokollbeispiele für Situationsbeobachtungen

Protokoll: Kontaktaufnahme

Datum:
Uhrzeit: (von/bis)
→ Raum, Ort:
→ Beteiligte:
→ Schildern Sie kurz die (Kontakt-) Situation (z. B. Spielhandlung, Mahlzeit, Anziehen)
→ Beschreiben Sie die Art der Kontaktaufnahme (Worte, Körperkontakt, Blickkontakt, Gefühlsäußerungen usw.)
→ Ist die Kontaktaufnahme gelungen?
→ Welche Folgerung ziehen Sie für den nächsten Praktikumstag?

Protokoll: Frühstück

Datum:
Uhrzeit: (von/bis)
→ Frühstücksform:
→ Beginn/Ende:
→ Anzahl der Kinder:
→ Ort/Raum:
→ Welche allgemeinen Frühstücksvorbereitungen werden durchgeführt?
→ Welche Vorbereitungsarbeiten werden mit / ohne Kinder durchgeführt?
→ Beschreibung des Verlaufs:
   ■ Welche Regeln sind von Frühstücksteilnehmern sind zu beachten?
   ■ Wie verhalten sich die Mitarbeiter während der Frühstücksphase?

- ▪ Wann/Wie endet die Frühstücksphase?
- ▪ Wie sind die Aufräumarbeiten organisiert?
→ Besonderheiten/Sonstiges:
  - ▪ Welche Folgerungen ziehen Sie aus Ihren Beobachtungen?

Protokoll: Freispiel

Datum:

Uhrzeit: (von/bis)

→ In welchem Spielbereich findet die Beobachtung statt? (z. B. Bauteppich, Puppen- ecke, Rollenspielecke, Kuschelecke, Bewegungsraum, Spiel im Freien)
→ Warum wählen Sie diese Situation aus? (kurze Begründung)
→ Welche Kinder sind ist an der Spielsituation beteiligt? (kurze Beschreibung)
→ Was/Womit spielen die Kinder? (Spielform/Spielinhalt)
→ Welche Bedürfnisse werden von den Kindern geäußert? (verbal/nonverbal)
→ Worüber reden die Kinder?
→ Welche Stimmung/Gefühle sind erkennbar?
→ Wann/Wie endet diese Spielsituation? Gibt es ein Ergebnis?
→ Welche Konsequenzen ziehen Sie aus der Beobachtung?
→ Mit welchem Impuls kann diese Spielsituation erweitert/vertieft werden?

Protokoll: Angeleiteter Spielkreis

Datum:

Uhrzeit: (von/bis)

→ Wo findet der Sitz-/Spielkreis statt?
→ Wer ist an der Durchführung beteiligt?
→ Welche Stimmung herrscht zu Beginn?
→ Gibt es einen thematischen Schwerpunkt?
→ Wie reagieren die Kinder auf die Lied-/Spielvorschläge?
→ Welche Spiele wecken besonders ihre Spielfreude?
→ Welche Kinder zeigen Unsicherheiten/Unlust? Bekommen sie Hilfe? Von wem?
→ Sind alle Kinder gleichmäßig am Geschehen beteiligt oder stehen einige im Mittel- punkt?
→ Welche Verhaltensweisen zeigt die Spielleitung überwiegend?
→ Mit welchen spielpädagogischen Mitteln leitet sie den Verlauf?
→ Wie beeinflusst das Spielleiterinnenverhalten das Verhalten der Kinder?
→ Welche Stimmung herrscht am Ende?
→ Wie fühlen Sie sich als Beobachterin? Was beschäftigt Sie?
→ Welche Schlussfolgerungen ziehen Sie aus Ihrer Beobachtung?

Pädagogisches Tagebuch

Datum:

Uhrzeit: (von/bis)

→ Beschreiben Sie Ihre heutige Kontaktaufnahme zu einigen Kindern:
  - ▪ Wie fand der Kontakt statt? (Worte, Körper-, Blickkontakt, Gefühlsäußerungen)
  - ▪ In welcher Situation? (Begrüßung, Spielhandlung, Mahlzeit, Anziehen, o. Ä.)
  - ▪ Wo fand der Kontakt statt?
  - ▪ Begründen Sie Ihre Auswahl.

→ Nennen Sie Tätigkeiten/Handlungsweisen, die Sie heute mit einigen Kindern durchgeführt haben im Bereich:
- Sozialpädagogik
- Gesundheitsförderung
- Versorgung

→ Wählen Sie eine Tätigkeit/Handlungsweise aus und beschreiben Sie den genauen Ablauf:
- Wann fand die Tätigkeit statt, wie lange?
- Wo fand die Tätigkeit statt, an welchem Platz, in welchem Raum?
- Wer war beteiligt?
- In welcher Reihenfolge verlief die Tätigkeit?
- Welche Gespräche fanden statt?
- Gab es dabei für Sie/das Kind Störungen oder Konflikte?
- Welche Reaktionen, Körperhaltung, Mimik, Gestik konnten Sie beobachten?

→ Reflektieren Sie den Ablauf des Vormittags:
- Welche Situationen waren für Sie eher angenehm/unangenehm, gelungen/nicht gelungen, beeindruckend/erfolgreich? Erläutern Sie Ihre Angaben.
- Welche Tätigkeiten/Handlungsweisen fallen Ihnen eher schwer oder leicht?
- Was hat Ihnen heute besonders gut gefallen?
- Welche Folgerungen ziehen Sie für den nächsten Praktikumstag?

Protokollbeispiele für Einzelbeobachtungen

Aktivitäten eines Kindes im Freispiel

Name:

Datum/Zeit:					Bemerkungen
Tätigkeit ankreuzen und mit passendem Buchstaben markieren (I = Impuls, F = freie Entscheidung, A = allein, S = Spielpartner/-gruppe)					
ausruhen					
bauen					

Bewegungsspiel					
Bilderbuch anschauen					
experimentieren					
frühstücken					
Gespräch führen					
Kassetten hören					
kneten					
konstruieren					
malen, drucken					
musizieren, singen					
Puppenspiel					
Regel-/Tischspiel					
schneiden, kleben					
Spiel im Freien					
verkleiden					
werkeln					
zuschauen					
sonstiges					

Zum sprachlichen Entwicklungsstand eines Kindes

Datum:
Uhrzeit: (von/bis):

Sprach- und Kommunikationsverhalten, z. B.:
→ Ist das Kind sprachfreudig?
→ Ist es eher zurückhaltend?
→ Spricht es nur bei Einzelgesprächen?
→ Versteht es viel, spricht aber wenig?
→ Versteht es, worüber gesprochen wird?
→ Spricht nicht oder wenig, beobachtet aber das Gruppengeschehen mit Interesse?
→ Spricht nicht oder wenig, zeigt wenig Interesse am Gruppengeschehen?

Verhältnis zwischen Erstsprache und Zweitsprache, z. B.:
→ Spricht und antwortet es in der Erstsprache?
→ Spricht und antwortet es je nach Situation in der Erstsprache bzw. in der deutschen Sprache?
→ Ersetzt es fehlende Begriffe in der deutschen Sprache durch solche aus der Erstsprache?
→ Vermischt es beide Sprachen?

Mitteilungsfähigkeit, z. B.:
→ Verständigt es sich vorwiegend über Mimik und Gestik?
→ Verständigt es sich mit Hilfe einzelner Wörter?
→ Versucht es, in einzelnen Sätzen zu sprechen?
→ Kann es Wünsche und Bedürfnisse ausdrücken?
→ Kann es von Erlebnissen berichten?

Spielverhalten, z. B.:
→ Spielt es vorwiegend allein?
→ Spielt es meist mit Kindern gleicher Erstsprache?
→ Spielt es vorwiegend mit den gleichen Kindern unterschiedlicher Erstsprachen?

Beziehung zwischen der Gruppenleitung/Kinderpflegerin und dem Kind, z. B.:
→ In welchen Situationen nimmt das Kind Kontakt zur Gruppenleitung/Kinderpflegerin auf?
→ Mit welchen Anliegen und Bedürfnissen wendet es sich an diese?
→ Was will es mit seinen nonverbalen Äußerungen ausdrücken? Welche Wünsche, Gefühle, Mitteilungen?
→ Durch welche Verhaltensweisen fördert/hemmt die Gruppenleitung/Kinderpflegerin seine Sprechbereitschaft?

nach: Ministerium für Frauen, Jugend, Familie und Gesundheit des Landes NRW 2001

Situationsanalyse

Datum:

1. Umfeldanalyse (= Vergegenwärtigung der Lebensbereiche der Kinder)

Wohnsituation
→ Welche verschiedenen Wohnumgebungen haben die Kinder? (Einfamilien-, Mehrfamilien-, Hochhäuser, Alt-/Neubaugebiet, Siedlungscharakter/Industriegebiet, städtisch/ländlich strukturiert)
→ Welche Freiflächen gibt es? (Gärten, Höfe, Spielplätze, Spielstraßen, Plätze)
→ Können die Kinder unbeaufsichtigt draußen spielen?
→ Welche Naturerfahrungen sind möglich? (Wald, Wiese, See, Fluss, Tiere)
→ Wie kommen die Kinder in die Einrichtung? (zu Fuß, per Auto, mit öffentlichen Verkehrsmitteln)

Familiensituation
→ In welcher Familienstruktur leben die Kinder? (Familie mit einem oder mehreren Kindern, Alleinerziehende, Verwandte)
→ Sind die Eltern berufstätig?
→ Unter welchen Bedingungen arbeiten sie? (Schichtarbeit, Kurzarbeit, Pendler)
→ Sind in den Familien besondere Belastungen bekannt? (Scheidung, Krankheit, Arbeitslosigkeit, finanzielle Nöte, anderer Kulturkreis)

Soziales Umfeld
→ Wie ist die Infrastruktur im Einzugsbereich/im Stadtteil? (Verkehrsanbindung, Einkaufsmöglichkeiten)
→ Welche weiteren Einrichtungen gibt es für die Kinder? (Kindergarten, Kindertagesstätte, altersgemischte Gruppe, Hort, OT, Spielgruppen, Vereine)
→ Gibt es Kontakte zwischen den Kindern und ihren Familien außerhalb der Einrichtung?

2. Sammlung von Situationen

Um die für die Kinder bedeutsamen Situationen zu erfassen und sie für weiterführende Spiel- und Lernprozesse richtig einschätzen zu können, ist es die Aufgabe der Erzieherin, gezielte und kontinuierliche Beobachtungen einzelner Kinder und der Gruppe durchzuführen und schriftlich festzuhalten, um sie belegen zu können. Insbesondere fallen darunter:

→ Äußerungen von Kindern
→ Erzählungen der Kinder
→ Immer wiederkehrende Spielhandlungen
→ Plötzliche Spielhandlungen, die vorher nicht aufgefallen sind
→ Berichte von Eltern über besondere Ereignisse innerhalb oder außerhalb der Familie
→ Verhaltensweisen und erlebte Gefühle von Kindern
→ Zeichnungen und Bilder, die Anlass für das Erkennen bzw. Vermuten von besonderen Erlebnissen sein können

3. Analyse und Auswahl der Situationen (die aufgegriffen und bearbeitet werden)

Aus der Fülle der gesammelten Situationen werden diejenigen ausgewählt, die für die Planung einer thematischen Angebotsreihe in Frage kommen. Dabei können folgende Fragestellungen hilfreich sein:

→ Welche Situationen sind für die Kinder zur Zeit besonders aktuell oder von besonderem Interesse?
→ Welche Situationen haben einen wirklichen, lebensbezogenen Zusammenhang für die Kinder?
→ Können die Kinder durch das Aufgreifen der Situationen ihre Selbstständigkeit, ihr Selbstbewusstsein und ihre Kompetenzen weiter aufbauen und entwickeln?
→ Können die Kinder durch das Aufgreifen der Situationen unverarbeitete oder belastende Erlebnisse mit der Zeit aufarbeiten?
→ Welche Situationen erweitern den Erfahrungshorizont der Kinder?
→ Welche Situationen können real nacherlebt werden und gleichzeitig dazu beitragen, dass Kinder erleben, dass sie in gemeinsamem Handeln mit anderen Situationen verändern können?
→ Welche Situationen könnten ein möglichst großes Inhaltsspektrum umfassen, so dass möglichst viele Kinder angesprochen werden?

AUFGABEN

Lesen Sie das Eingangsbeispiel (s. S. 111). Beschreiben Sie die Situation aus dem Blickwinkel der Gruppenleitung, der Kinderpflegerin, der Eltern, des Trägers. Geben Sie anschließend eine persönliche Stellungnahme.

Erstellen Sie ein „Portrait" über ein bis drei Kinder in Ihrer Praktikum-Familie oder der Kindertageseinrichtung mit Hilfe folgender Tabelle. Beschreiben Sie das beobachtbare (sichtbare) Verhalten der Kinder. Nehmen Sie Rücksprache mit der Praktikum-Familie/der Gruppenleiterin.

Familie/Kindertageseinrichtung	Kind 1:	Kind 2:	Kind 3:
Mädchen/Junge:			
Motorische Fähigkeiten			
Kognitive Fähigkeiten			
Sozial-/Spielverhalten:			
Emotionales Verhalten:			

 Einigen Sie sich in der Lerngruppe auf ein bis zwei verschiedene Situationsprotokolle. Erstellen Sie diese am nächsten Praktikumstag. Werten Sie diese im Gruppengespräch aus.

 Hospitieren Sie gemeinsam (Kleingruppe) in einer Kindergruppe. Beschreiben Sie einzeln, in freier Formulierung, den Sprachentwicklungsstand der Kinder aus anderen Herkunftsländern in der Gruppe.

 Erstellen Sie eine anschauliche Übersicht zu den Freispieltätigkeiten in Ihrer Praktikumsgruppe.

 Erstellen Sie zu Ihrer Kindergruppe im Praktikum eine **Umfeldanalyse**.

 Sammeln Sie anschließend Situationen aus Ihrer Gruppe und erfassen Sie diese systematisch, z. B.:

→ Situationsbeschreibung ...?
→ Was weiß ich über die Situation/die Beteiligten ...?
→ Wie bekomme ich weitere Info über ...?
→ Welche Bedeutung hat die Situation für die Gruppe ...?
→ Wie stellt sich die Situation für die pädagogischen Mitarbeiter dar ...?

4.3 Das kranke Kind im Familienhaushalt

Anne (5;1 Jahre) ist krank. Sie liegt in ihrem Bett und fühlt sich sehr unglücklich. Keiner ihrer Freunde kommt sie besuchen. Sie möchte aber nicht allein sein. Ihr ist schrecklich langweilig. Schon zum dritten Mal ruft sie Sara, die Kinderpflegerin, denn Mama ist gerade einkaufen. Sara hört sie nicht, da sie gerade Staub saugt. Sie steht auf und geht zu ihr ins Wohnzimmer. Sara schimpft mit ihr, da sie barfuß herumläuft. Sie bringt Anne sofort wieder zurück unter die warme Bettdecke und sagt vorwurfsvoll: „Ich kann doch nicht immer hier bei dir sitzen, Anne! Ich muss doch noch die Hausarbeit erledigen und das Essen kochen!" „Aber mir ist so langweilig!", quengelt Anne. Kurzentschlossen holt Sara das tragbare Fernsehgerät ins Kinderzimmer, schaltet es ein und kehrt wieder zurück an ihre Arbeit.

Die Beschäftigung mit dem kranken Kind

Je jünger das Kind ist, desto schwieriger ist sicherlich die Betreuung am Krankenbett. Das Kind begreift noch nicht, was da eigentlich in ihm vorgeht: Es ist zu krank um aufzustehen, braucht aber die Nähe einer Bezugsperson.

Damit das Kind sich nicht allein gelassen fühlt und die Nähe anderer Familienmitglieder spürt, ist es sinnvoll, ein Krankenlager auch in anderen Räumen der Wohnung einzurichten, z. B. im Wohnzimmer auf der Couch oder im Bett des elterlichen Schlafzimmers. Im Krankenbett sollte es dem Kind ermöglicht werden, sich bemerkbar zu machen, z. B. mit Hilfe einer Glocke, einer Gegensprechanlage oder des Telefons.

Spielen ist für das kranke Kind die beste Therapie. Es hilft gegen Langeweile und lenkt vom Schmerz ab. Kinder, die Lust haben etwas zu tun, sind auf dem Wege der Besserung. Alle Spiele und Beschäftigungen richten sich dabei selbstverständlich nach dem Gesundheitszustand des Kindes.

Steht für ein Kind ein Krankenhausaufenthalt bevor, sollte es von der Bezugsperson darauf vorbereitet werden. Die Ängste bestehen nicht nur vor der Krankheit und dem fremden Aufenthaltsort, sondern auch vor der ungewohnten Trennung von den Bezugspersonen. Durch gemeinsames Anschauen von Bilderbüchern zum Thema „Krankenhaus" können angstbesetzte Vorstellungen des Kindes vorher geklärt werden, z. B. *Ben und Lena gehen zum Arzt* von Dagmar Geisler/Mirjam Pressler (Loewe Verlag).

Ebenso helfen gemeinsame Rollenspiele bei der Vorbereitung auf den Krankenhausaufenthalt. Mit der Puppe oder dem Teddy und entsprechenden Requisiten übernimmt das Kind die Rolle des Arztes oder der Krankenschwester und kann dadurch mögliche Ängste durchspielen und besser verarbeiten.

Bei der Einlieferung ins Krankenhaus sollte die Bezugsperson das Kind begleiten. Ein geliebter Gegenstand von zu Hause tröstet über die ersten Stunden in der fremden Umgebung hinweg. Ist das Kind noch sehr jung, wäre ein ständiger Aufenthalt einer Bezugsperson im Krankenhaus sinnvoll. Sie sollte sich ruhig und gelöst verhalten, um dem Kind Trost und Geborgenheit zu vermitteln. Für den Heilungsprozess ist es wichtig, dass sie sich dem Kind zuwendet und mit ihm kleine Spiele und Beschäftigungen durchführt. Auch andere Familienangehörige sollten das Kind regelmäßig besuchen. Dadurch bleibt der Kontakt zum Elternhaus und der Außenwelt erhalten.

Spielanregungen für das kranke Kind

Fingerspiele und Fingertheater *(ohne und mit Fingerpuppen als Bettkantentheater)*

Im Krankenhaus

Das ist der Doktor, lieb und nett,
das ist der/die........, er/sie liegt still im Bett.
Das ist die Dorothé,
sie trinkt immer Fencheltee.
Das ist der Peter,
er hält das Thermometer.
Und das ist der Kleine mit seinem Kuschelhund,
der ist in drei Tagen schon wieder gesund.

Die fünf Finger erzählen
die Geschichte.
Namen des kranken
Kindes einsetzen.

Tütenkaspar

Herstellung: Aus einem Quadrat wird eine Tüte gefaltet und am Rand zusammengeklebt. An der Tütenöffnung werden in geeignetem Abstand zwei Löcher für die Finger hineingeschnitten und die Tüte mit einem lustigen Gesicht bemalt. Der Tütenkaspar wird durch die Finger lebendig und Akteur im Bettkantentheater.

Häschen in der Grube

Häschen in der Grube
saß und schlief,
saß und schlief.
Armes Häschen bist du krank,
dass du nicht mehr hüpfen kannst?
Häschen hüpf, Häschen hüpf,
Häschen hüpf!

Aus Tonpapier eine Hasen-Fingerpuppe ausschneiden und den Vers nach der bekannten Melodie singen oder sprechen.

Tanz, tanz Pinguin

Tanz, tanz Pinguin
Du hast den schönsten Frack.
Heb die Füße ganz geschwind,
dass dein Fräcklein tanzt im Wind.
Tanz, tanz Pinguin,
du hast den schönsten Frack

Aus Tonpapier eine Pinguin-Fingerpuppe ausschneiden und anmalen. Den Reim sprechen und die Figur dazu bewegen.

Elefant

Elefant, fant, fant
Kommt gerannt, rannt, rannt
mit dem langen, langen,
langen, langen Rüssel.
Er will raus, raus, raus
aus dem Haus, Haus, Haus,
doch der Wärter hat ja den Schlüssel.
Armer Elefant
bist so weit gerannt.
Kriegst zum Trost dafür
ein Zuckerstück von mir.

Eine Elefanten-Fingerpuppe ausschneiden und die Figur passend zu dem gesprochenen Reim bewegen.

Das Monster hat Masern (Klaus Neuhaus)

Das Mon-ster hat Ma-sern. Es kann heut gar nicht gru-seln gehn. Das Mon-ster hat

Ma-sern, es kann nicht gru-seln gehn. Gru-seln gehn, gru-seln gehn. Hä, hä, hä, hä, hää!

2. Das Monster hat Masern
   und zieht das lange Nachthemd aus.
   Es steht vor dem Spiegel:
   „Mein Gott, wie seh ich aus!"
   Refr.: Gruseln gehn ...

3. Das Monster hat Masern
   Es war so 2, 3 Wochen krank.
   Jetzt gruselt es wieder,
   bei mir im Kleiderschrank.
   Refr.: Gruseln gehn ...

Rätselreime

In welchem Märchen, sehr bekannt,
hat alle Spindeln man verbrannt? –
Nur eine nicht, die keiner fand –
Die stach dem Mädchen in die Hand;
Es schlief dann lange hinter Hecken,
bis es ein Königssohn kam wecken.
(Dornröschen)

Es ließ einmal ein Mütterlein
zu Haus all ihre Kinderlein.
Als sie zurückkam, fand sie nur
ein Kind versteckt noch in der Uhr.
Der Wolf ertrank im Wasserloch!
Du kennst das Märchen,
weißt es doch!
(Der Wolf und die 7 Geißlein)

Karten-, Brett-, Legespiele und Puzzle (gekaufte und selbstgemachte)

Das lustige Labyrinth
Material: Eine Schokokuss-Schachtel mit den Pappfächern, eine Murmel, Schere, Filzstift
Herstellung: In die Pappfächer der Schachtel werden nach allen Seiten Tore geschnitten, durch die eine Murmel gut durchrollen kann. Auf dem Boden der Schachtel wird der Weg der Kugel eingezeichnet und in zwei gegenüberliegenden Ecken der Schachtel Start und Ziel markiert.

Auf dem Bauernhof
Auf ein Tablett werden 10 Gummiringe gelegt und jeweils eine Tierfigur hineingestellt. Ein Mitspieler verdeckt die Augen, während der andere die Tierfiguren austauscht. Danach muss geraten werden, welche Tiere ihre Plätze gewechselt haben.

Das kranke Krokodil
Material: Tonkarton DIN A3, Filzstifte, 1 Würfel, Spielfiguren, je nach Anzahl der Mitspieler
Herstellung: Spielfeld (s. Skizze) auf Tonkarton übertragen und an den markierten Punkten Aufgaben erstellen, z. B. „Kroko Kroll hat seine Medizin nicht genommen – 3 Felder zurück!" Durch Würfeln und Setzen der Spielfiguren helfen die Mitspieler Doktor Löwe das Krokodil Kroll wieder gesund zu machen.

Gestaltungsspiele (Malen, Kneten, Kleben, Falten etc.)

Fotoapparat falten

Aus zwei rechteckigen Papierstreifen (Größe DIN A4) wird der Fotoapparat gefaltet (s. Anleitung). Durch das Verschieben beider Papierstücke wird in der Mitte eine Öffnung sichtbar, in die auf kleine Notizblätter gemalte „Fotos" gesteckt werden können.

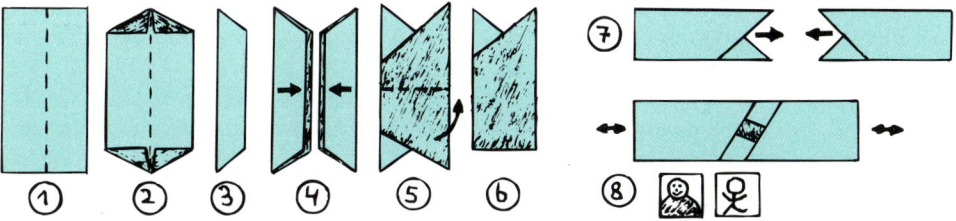

Ausnähkarten

Auf festen Tonkarton werden einfache Formen bzw. Motive gezeichnet und mit einer dicken Nadel in einem Abstand von jeweils 1 cm Löcher vorgestochen. Mit einer Sticknadel und Garnresten wird nun auf den Linien entlanggenäht. Zum Schluss können die Bilder noch bemalt werden.

→ **Bilderbücher, Märchen und Geschichten zum Anschauen und Vorlesen** (Vorschläge s. S. 152 f.)
→ **Musik- und Hörspielkassetten** (Vorschläge s. S. 160)
→ **Geduldsspiele, Konstruktionsmaterial** (z. B. Legosteine)

Methodische Hinweise: Spiel mit dem kranken Kind

→ Für den Genesungsprozess ist es wichtig, dass sich die Kinderpflegerin bewusst dem Kind zuwendet und mit ihm spielt.
→ Bei der Auswahl der angebotenen Spiele ist der Gesundheitszustand des Kindes zu berücksichtigen, aber auch das Alter und der Entwicklungsstand. Niemals sollte das kranke Kind zum Spielen gezwungen werden.
→ Tobespiele sind für das kranke Kind nicht geeignet.
→ Bei ansteckenden Krankheiten sollte abwaschbares Spielzeug oder Spielzeug aus kostenlosem Material, das nach Gebrauch weggeworfen werden kann, verwendet werden.
→ Gestaltungsspiele sollten einfach in der Ausführung sein und mit wenig Aufwand und kurzer Dauer zum Ergebnis führen, da junge Patienten sehr rasch ermüden.
→ Mit Hilfe fester Unterlagen hat das kranke Kind die Möglichkeit im Bett zu spielen. Als Unterlagen dienen Krankentische, die in Sanitätsgeschäften gegen Entgelt zu entleihen sind, aber auch Tabletts, Fußbänke, Bügelbretter oder bunt beklebte Orangenkisten.
→ Beim Malen, Kleben oder Kneten sollte die Bettwäsche mit einem aufgeschnittenen Müllsack abgedeckt werden.
→ Kranke Kinder leiden häufig unter Appetitlosigkeit. Da für sie aber z. B. Vitamine sehr wichtig sind, können sie durch lustig gestaltete Mahlzeiten zum Essen angeregt werden, z. B. wird ein Apfel so geschnitten, dass aus ihm ein „Zauberapfel" wird oder eine Möhre erhält Löcher und wird somit zur „Flötenkarotte".

AUFGABEN

Wie würden Sie als Kinderpflegerin die kranke Anne beschäftigen? Nehmen Sie die kurze Geschichte aus dem Kapitel als Diskussionsgrundlage.

Machen Sie je einen Spielvorschlag für ein krankes Kind in den folgenden Altersstufen: 1–2 Jahre; 2–3 Jahre; 3–4 Jahre; 4–5 Jahre; 5–6 Jahre.

Überlegen Sie Fragestellungen zum Umgang mit kranken Kindern in weiteren Unterrichtsfächern.

5 Erziehungs- und Bildungsprozesse: Planen, durchführen, reflektieren

Eine Reise mit Kindern

Vielfältige Erfahrungen im Umgang mit Kindern können in der Fachpraxis Sozialpädagogik, Gesundheitsförderung, Versorgung, gesammelt werden. Die im theoretischen Unterricht erworbenen Kenntnisse, Fähigkeiten und Fertigkeiten finden im Praktikum in der Familie und in der Kindertageseinrichtung ihre Anwendung. Die gewonnenen Erfahrungen und Erkenntnisse mit ausgewählten Bildungsbereichen sozialpädagogischer Fachpraxis, erprobten Methoden und Arbeitsweisen wiederum fließen in den Unterricht ein, um weitere Handlungsmöglichkeiten für die Fachpraxis zu entwerfen.

Klärung gegenseitiger Erwartungshaltungen, interessierte Fragen und offene Antworten erleichtern die ersten Kontakte. Verbindliche Absprachen, regelmäßige Gespräche, Zuverlässigkeit und Verantwortungsbewusstsein schaffen Vertrauen und fördern die Zusammenarbeit.

5.1 Ausgewählte Bildungsbereiche der sozialpädagogischen Fachpraxis

Kinder sind wahre Lernexperten, experimentierfreudig, ausdauernd, mutig im Umgang mit Neuem und auch Fremden. Sie wollen wissen, wovon und womit sie umgeben sind. Sie wollen ihre eigenen Lernerfahrungen machen und sich bilden. Dies gelingt in einer bildungsanregenden Umgebung am besten. Die Bereiche Natur, Nahrungszubereitung, technische Medien und Kinderliteratur eignen sich in besonderem Maße zur Wahrnehmungserfahrung, für Sozialbeziehungen und Beziehungen zur sachlichen Umwelt, zum forschenden Lernen und Lernen in Sinnzusammenhängen.

5.1.1 Spielen in und mit der Natur

Natur in der Umgebung spielend entdecken

In unserer heutigen Zeit ist es vielen Kindern nicht mehr möglich, die Natur in ihrer Umgebung spielend zu entdecken und zu erleben. In der Stadt haben Straßen, Autos, Parkplätze und Gebäude Vorrang und sind vorwiegend an den Bedürfnissen der motorisierten Berufstätigen orientiert. Kinder verlieren immer mehr Orte, an denen sie sich aufhalten können. Aufgrund der hohen Verkehrsgefährdung werden ihnen „Naturinseln" angeboten in Form von Parks, Grünanlagen oder Kinderspielplätzen. Aber auch die werden von Kindern meist nicht genutzt, da ihr Spiel dort durch Verbotsschilder eingeschränkt wird oder die Plätze nur wenige Spielanreize bieten. Das Spiel des Stadtkindes verlagert sich dadurch in die eigene Wohnung, wo es mangels Erlebnis- und Bewegungsmöglichkeiten zu Medien greift. Fernsehen und Video vermitteln spannende Erlebnisse, z.B. wie Kinder mit einem Kanu eine Stromschnelle überwinden oder einem verletzten Vogel das Leben retten. Diese gewonnenen Handlungszusammenhänge haben sie aber nicht selbst erfahren, sondern es sind Erfahrungen aus „zweiter Hand".

Natur- und Umweltschutz bringt auch Kindern Nutzen

Die Entwicklung positiver Einstellungen zur Natur und Umwelt hängt ganz entscheidend davon ab, wie Eltern, Erzieherinnen und Kinderpflegerinnen **vorbildhaft handeln.** Bei den Arbeiten im Haushalt, auch im Kindergartenhaushalt, beim Einkauf, bei der Verarbeitung von Nahrungsmitteln und beim gemeinsamen Spielen und Gestalten lernen Kinder den Umgang mit Materialien und Nahrungsmitteln kennen und werden dazu angehalten, umweltbewusst damit umzugehen. Durch die Pflege von Pflanzen im Haus oder Garten und durch die Versorgung von Haustieren üben Kinder schon früh, Verantwortung zu übernehmen. Die positive Einstellung zu Tieren vermittelt die Kinderpflegerin in der Familie und im Kindergarten am eindrucksvollsten durch einen natürlichen Umgang. Sie bleibt z. B. gelassen, wenn eine Spinne an der Wand krabbelt, oder sie setzt sich zu den Kindern ins Gras, um dort mit ihnen eine Raupe näher zu betrachten.

Kinder sind neugierig und zeigen Interesse an ihrer natürlichen Umgebung. Der Erwachsene sollte Kinder nicht auf drohende Umweltgefahren mit weit reichenden Folgen hinweisen oder Katastrophenstimmung verbreiten. Das würde Kinder nur verunsichern. Besser ist es, durch beispielhaftes Handeln dem Kind Umgangsweisen des Umweltschutzes aufzuzeigen.

Naturspielräume schaffen

Um weitere positive Einstellungen zur Natur und Umwelt zu entwickeln, müssen dem Kind Möglichkeiten geschaffen werden, seine natürliche Umwelt zu entdecken. Dafür sollten vorhandene **Natur-Spielräume** aufgesucht oder neu geschaffen werden:

→ Natur-Spielräume ermöglichen **Entdeckungen**, die Sinne und die Fantasie werden angeregt, z. B. durch verschlungene Schleichwege oder Hecken, in denen Schätze gefunden werden können.

→ Natur-Spielräume bieten unterschiedliche **Bewegungsmöglichkeiten** (z. B. durch einen Tunnel kriechen, über einen Baumstamm balancieren oder die körperlichen Kräfte beim Transport eines Steines erproben). Diese Erfahrungen mit dem eigenen Körper vermitteln Erfolgserlebnisse und stärken das Selbstwertgefühl.

→ Natur-Spielräume können verändert werden und die **Kreativität** fördern, z. B. eine Kuhle graben und einen Teich entstehen lassen, mit Hilfe von Ästen eine Brücke bauen oder aus Halmen ein Gefäß herstellen.

→ Natur-Spielräume bieten **Lernanregungen.** Durch Wahrnehmungen und Beobachtungen lernt das Kind Lebens- und Wachstumsprozesse kennen, z. B. entdeckt es, wie viel Leben in einer Handvoll Erde steckt.

→ Natur-Spielräume sprechen **Gefühle** an, um so Beziehungen zu Pflanzen und Tieren zu entwickeln, z. B. Rücksichtnahme bei einer Ameisenstraße, Freude und Erfolg bei der Anlage eines eigenen Teiches, aber auch Trauer, etwa um einen toten Vogel.

→ Natur-Spielräume schaffen **Atmosphäre,** z. B. Geborgenheit in einer selbst errichteten Hütte aus Zweigen oder die wohlige Wärme in einer Heumulde.

→ Natur-Spielräume ermöglichen **soziales Lernen.** Das gemeinsame Spiel mit anderen Kindern bietet Gelegenheit, eigene soziale Verhaltensweisen zu erproben. Beim Bau einer Baumbude z. B. müssen partnerschaftliches Verhalten (Kooperation) geübt und Konflikte bewältigt werden, um zusammen das Ziel zu erreichen.

In der Auseinandersetzung mit den Naturelementen wie Sonne, Mond, Luft, Wasser, Erde, Pflanzen und Tieren erfährt das Kind sich selbst als einen Teil dieser lebendigen Welt. Diese Eindrücke werden aufgenommen und verarbeitet. Sie prägen im weiteren Leben seine Einstellung zur und sein Verhalten in der Natur.

Gestaltung von Natur-Spielräumen

→ Einheimische Sträucher und Hecken anpflanzen, deren Früchte essbar sind (als Verstecke, Geheimgänge, zum Hüttenbau)
→ Hänge, die bespielt werden können
→ Spielgruben mit unterschiedlichen Naturmaterialien für kleine Spielgruppen, z. B.
  ■ Werkgrube mit Hämmern, Nägeln, Ästen, Brettern
  ■ Lehmgrube mit Ton, Wasser, Sand
  ■ Wohngrube mit Rindenmulch und Baumstümpfen
  ■ Kuschelgrube mit Moos, Heu, Hobelspänen
→ Spielhäuschen aus Naturmaterialien
→ Bäume (zum Klettern, Schaukeln, Balancieren)
→ Waldblumenwiese

→ Teich
→ Blumen-, Kräuter- und Gemüse-
  beete als „Kindergarten"
→ Kompostkiste
→ Holzhaufen
→ Geflochtene Weidenzäune als Be-
  grenzung
→ Tunnel aus gebogenen Weiden-
  zweigen
→ „Sinnes-Weg" mit unterschiedli-
  chen Naturmaterialien als Geh-
  weg

Naturbegegnung in der Kindertageseinrichtung

→ Pflanzen im Gruppenraum: Die Kinder übernehmen die Pflege und erwerben durch
  selbstständiges Handeln Kenntnisse
→ Tiere im Gruppenraum: Vorschriften zum Schutz der Tiere und Kinder beachten!
→ Naturmaterialien zum Spielen und Gestalten
→ Steine, Tannenzapfen, Kastanien, Schafswolle, Obstkerne können Spiellandschaften
  beleben oder als Waren transportiert und verkauft werden. Kinder lernen dabei die Ei-
  genschaften der unterschiedlichen Materialien kennen
→ Mobiliar und Holzspielzeug
→ Bilderbücher, Geschichten, Lieder, Reime zur Vertiefung der bereits gemachten Erfah-
  rungen
→ Gesellschaftsspiele, z.B. *Garten Kunterbunt* (Haba) ab vier Jahre
→ Spaziergänge und Ausflüge in die Umgebung: In der Stadt bieten besonders Parks und
  Friedhöfe vielfältige Möglichkeiten, um Tiere, Pflanzen und Vorgänge in der Natur zu be-
  obachten, Früchte oder andere Naturmaterialien zu sammeln, richtiges Verhalten im
  Straßenverkehr zu üben, sich umweltbewusst zu verhalten (nichts abreißen oder weg-
  werfen)

Wahrnehmungsspiele

Wahrnehmungsspiele ermöglichen Kindern, mit allen Sinnen in Kontakt mit der Natur zu kommen.

Blinder Spaziergang

Vor Beginn des Spiels wird in einem Gelände ein Seil gespannt und mit einigen Knoten versehen. Die Kinder gehen mit verbundenen Augen an dem Seil entlang und bleiben an den Knoten stehen, um dort etwas zu hören oder zu riechen. Abwandlung: Ein „sehendes" Kind führt ein „blindes" Kind durch dieses Gelände.

Baum ertasten

Ein Kind bekommt die Augen verbunden und wird von einem „Sehenden" zu einem Baum geführt. Hier bekommt es folgende Hinweise: den Baum zu umfassen, die Rinde zu ertasten, Spuren von Tieren oder Pflanzen daran zu suchen, ihn zu riechen. Nachdem das „blinde" Kind wieder weggeführt wurde, nimmt es seine Augenbinde ab und muss nun feststellen, welcher sein Baum war.

Naturmaterialien ertasten

Gesammelte Naturmaterialien werden von den Kindern in Beuteln ertastet. Spielerweiterung: Zuordnung von Blatt zu Blatt, Blatt zu Frucht, Blatt zu Rinde, Frucht zu Rinde usw.

Schnupperspiele

In verschließbaren Schraubgläsern werden unterschiedliche Geruchsträger aufbewahrt, z.B. Zitrone, Pfefferminz, Fichtennadel, Heu, Walderde. Die Kinder riechen und erinnern sich, wo sie diesen Geruch schon einmal wahrgenommen haben.

Hörspiel

Die Kinder legen sich drinnen oder draußen mit dem Rücken auf den Boden und schließen die Augen. Zwei Minuten hören sie konzentriert auf die sie umgebenden Geräusche. Danach berichten sie von ihren Hörerlebnissen. Welche Geräusche waren angenehm, störend oder lustig?

Bewegungsspiele

Bewegungsspiele ermöglichen Kindern, ihrem Bedürfnis nach Bewegung nachzukommen und die Natur mit dem ganzen Körper zu begreifen.

Tiere darstellen

Jedes Kind stellt pantomimisch ein Tier dar. Die anderen raten. Abwandlung: Eine Gruppe von drei bis vier Kindern stellt zusammen ein Tier dar.

Arche Noah

Vor dem Spiel werden von jeder Tierart zwei Bildkarten angefertigt, gemischt und an die Kinder verteilt. Danach beginnen alle, ihr Tier durch Stimmen und typische Bewegungen nachzumachen, um so zu ihrem Partner zu finden.

Riesen-Mikado

20 Weidenstöcke, etwa 1 m lang, werden zu einem Bündel zusammengestellt und fallen gelassen. Reihum versucht jedes Kind, aus dem Haufen einen Stock herauszufischen, ohne dass sich die anderen bewegen.

Seiltänzer

Über liegende Baumstämme können die Kinder wie Seiltänzer balancieren oder auch drüberspringen. Zwischen zwei Bäumen werden zwei Seile so gespannt, dass man auf dem unteren balancieren und sich am oberen festhalten kann.

Gestaltungsspiele

Gestaltungsspiele ermöglichen Kindern, im Umgang mit Naturmaterialien fantasievoll und kreativ tätig zu werden.

Mit Blättern

→ gepresste Baumblätter als Farbflächen für Klebearbeiten
→ zum Drucken und als Siebdruck, z. B. zur Herstellung eines Memory-Spiels
→ mit Hilfe kleiner Ästchen zu einer Krone oder einem Kranz zusammenstecken
→ als Mobile
→ als Segel für Schiffe aus Kiefernrinde

Mit Früchten

→ Kastanien, Eicheln, Hagebutten, Zapfen zum Gestalten von Figuren und Masken
→ aus einer Kastanie mit Zahnstochern und Wolle ein Spinnennetz gestalten
→ in eine Kastanie ein Loch bohren und Krepppapierstreifen hineinkleben. Wird sie hochgeworfen, flattert sie lustig zu Boden
→ Früchte zu einer Kette, Schlange oder Marionette auffädeln
→ Walnussschalen zum Gestalten von Tieren oder, mit Wachs gefüllt, als schwimmendes Kerzenschiff

Mit Kork und Rinde

→ als Stempel zum Drucken
→ in die Rinde eines Baumes Gesichter aus Ton und Waldfrüchten drücken
→ die Struktur der Rinde durch Frottagen sichtbar machen
→ zum Gestalten von Figuren und Fahrzeugen
→ an einen gefalteten Papierbecher wird ein Korken mit einem Band geknotet und als „Fangbecher-Spiel" benutzt

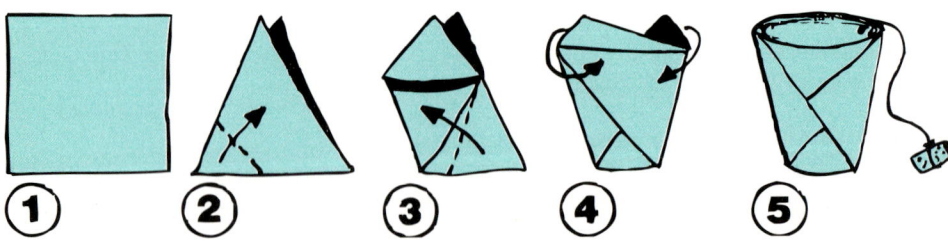

Mit Steinen

→ für Figuren
→ zum Bemalen
→ als Mosaik in einer Gipsplatte

Mit Federn

→ als Mobile
→ mit einem Papierstreifen als Indianerschmuck
→ als Flügel oder Schwanz für ausgeschnittene Papiervögel
→ an einem Papierhut

Mit Muscheln

→ zum Schmücken von kleinen Schachteln
→ für Mosaike
→ als Kette zum Auffädeln

Mit Natur- und Abfallholz

→ aus kurzen, abgeschnittenen Ästen entstehen kleine Blockhütten, Figuren, Tiere, Fahrzeuge, Marionetten
→ in Verbindung mit anderen Naturmaterialien, wie z.B. Wolle und Stoff, entstehen fantasievolle Figuren
→ mit Nägeln, Bändern und Schnüren lassen sich Schiffe, Musikinstrumente, Geduldspiele oder „Kunstobjekte" herstellen

Forscherspiele

Forscherspiele ermöglichen Kindern, selbst auszuprobieren, um Funktionsweisen der Natur zu erkennen.

Als Ameise unterwegs *(Erforschen der Erdoberfläche)*

Jedes Kind bekommt eine Lupe und eine 2 m lange Schnur, an deren Enden zwei Holzstöckchen angebracht sind. Diese Schnur wird auf der Erde gespannt und dient als Route für die „Ameisen-Expedition". Die Kinder krabbeln wie Ameisen und untersuchen mit ihrer Lupe ihre neue Welt. Durch Fragen kann die Fantasie angeregt werden, z.B.: Wer begegnet dir? Wie fühlst du dich als Ameise? Wie verbringst du deinen Tag?

Das Herz des Baumes *(Leben des Baumes hörbar machen)*

Drei bis vier Kinder wählen einen nicht zu dicken Laubbaum mit dünner Rinde aus. Ein Stethoskop wird fest gegen den Stamm gedrückt und das Leben des Baumes wird hörbar. Zum Vergleich können die Kinder auch ihren eigenen Herzschlag hören oder vielleicht auch den eines Säugetiers.

Mini-Wald im Blumentopf *(Samen in der Erde beobachten)*

In Blumentöpfe aus Ton werden Walderde, Gartenerde, Komposterde und Sand gefüllt, angefeuchtet und auf die Fensterbank gestellt. Die Kinder beobachten und vergleichen, wie nach wenigen Tagen unterschiedliche Pflanzen wachsen.

Sonnenuhr *(Licht und Schatten)*

In das Loch eines Blumentopfes wird etwas Knete gedrückt und ein Plastik-Trinkhalm hineingesteckt. Der Topf wird an einen Platz gestellt, auf den die Sonne den ganzen Tag scheint. Der Schatten, der durch den Stab entsteht, wird entsprechend der Uhrzeit markiert. So können die Kinder bei sonnigem Wetter die Uhrzeit am Topf ablesen.

Methodische Hinweise: Umgang mit der Natur

→ Der Familien- und Kindergartenhaushalt sollte umweltfreundlich geführt werden.

→ Die Einstellung zur Natur und das eigene umweltbewusste Verhalten der Kinderpflegerin sollten für die Kinder vorbildhaft sein.

→ Die Kinderpflegerin sollte Kinder nicht mit drohenden Umweltgefahren oder Katastrophen konfrontieren, sondern zu verantwortungsbewusstem Umgang mit der Natur anhalten.

→ Die Kinderpflegerin sollte Kindern unterschiedliche „Natur-Spiel-Räume" zum Beobachten, Entdecken und selbstständigen Handeln anbieten.

→ Die Anlage eines Gemüsegartens, einer Wiese oder eines Teiches auf dem Kindergartengelände darf kein Anschauungsobjekt sein, sondern sollte Kindern die Möglichkeit geben, Vorgänge in der Natur im Spiel zu erleben.

→ Durch die Bereitstellung unterschiedlicher Naturmaterialien lernen Kinder Eigenschaften des Materials spielerisch kennen.

→ Einige Funktionsweisen in der Natur können Kindern durch kleine Experimente anschaulich vermittelt werden.

→ Durch die eigenverantwortliche Pflege von Pflanzen und Tieren wird Kindern die Bedeutung des Naturschutzes begreifbar vermittelt.

→ Das zusätzliche Angebot von Bilderbüchern, Liedern, Reimen und Geschichten vertieft die Beobachtungen und Erlebnisse der Kinder mit der Natur.

→ Bei Spaziergängen und Ausflügen sollte die Kinderpflegerin die Kinder auf Besonderheiten in der Natur aufmerksam machen.

AUFGABEN

 Beschreiben Sie, z. B. als Collage, wie und wo Sie als Kinderpflegerin im Familien- oder Kindergartenhaushalt umweltbewusst handeln können.

 Sie haben die Möglichkeit, das Außengelände Ihres Kindergartens kindgemäß mitzugestalten. Gehen Sie von dem vorhandenen Gelände mit seinen Spielgeräten aus und entwerfen Sie einen Natur-Spielraum.

 Wie können Sie mit einer Kindergruppe im Alter von vier bis sechs Jahren durch unterschiedliche Spielangebote ein Thema aus der Natur, z. B. „Wasser" erarbeiten?

 Kinder aus Ihrer Gruppe haben Naturmaterialien im Wald gesammelt. Planen Sie ein Gestaltungsangebot. Welche Ziele wollen Sie erreichen?

 Kochen oder backen Sie mit einer kleinen Gruppe von Kindern. Beziehen Sie bei Ihrer Planung die Kinder mit ein. Beachten Sie bei der Planung und Zubereitung die gesunde Ernährung.

 Entleihen Sie aus Ihrem Kindergarten ein Natur- und Umweltspiel und stellen Sie es im Unterricht vor.

 Entleihen Sie aus der Bücherei ein Bilderbuch zum Themenbereich „Natur und Umwelt". Überlegen Sie, wie Sie es Kindern vermitteln.

 Diskutieren Sie die Spielmöglichkeiten von Kindern in der Stadt in weiteren Unterrichtsfächern.

5.1.2 Entdeckungsspiele in der Küche

Die Küche als Erlebnisraum

Die Ernährung hat in der körperlichen, sozialen und emotionalen Entwicklung der Kinder eine wichtige Funktion und die Küche ist in der Familie und der Kindertagesstätte meist ein zentraler sozialer Ort, wo geredet, gelacht, geweint und getröstet wird. Gerüche und Topfgeräusche aus der Küche kündigen überdies an, dass es bald etwas Gutes zum Essen gibt. Manchmal sind Kinder in der familiären Küche wie in den Kindertageseinrichtungen aus unterschiedlichen, manchmal sicherlich aus verständlichen Gründen nicht erwünscht. Zeitweise sind sie geduldete Gäste und auch gern gesehene Akteure. Gerade die Küche in der Kindertageseinrichtung kann für Tageskinder ein aufschlussreicher Erlebnisraum sein.

Für fast alle Kinder ist die Küche ein spannender „Spielplatz". Das jüngere Kind ist besonders an Gegenständen und Tätigkeiten interessiert, die es beim Erwachsenen beobachten kann. Der Familienhaushalt bietet dafür eine Menge Möglichkeiten, das Tun der Bezugspersonen nachzuahmen und neue Erfahrungen zu sammeln. Natürlich muss dabei auf mögliche Gefahrenquellen geachtet werden, denn die Gefährlichkeit von elektrischen Steckdosen, Handrührgeräten, Backofen beispielsweise sollte das Kind nicht ausprobieren. Trotzdem möchte es allein und selbstständig den Haushalt entdecken, auch wenn es sich dabei noch ungeschickt anstellt. Würde der Erwachsene ihm die Dinge abnehmen, würde vieles leichter und schneller gehen und sicher nicht so viel Unordnung bringen. Aber die Bezugspersonen sollten geduldig und tolerant die Bemühungen des Kindes nach Selbstständigkeit unterstützen und ihm genügend Freiraum und Zeit lassen. Darüber hinaus sollte die Bezugsperson durch gezielte Spielaktionen den Entdeckungsdrang des Kindes fördern, denn aus den rollenspielerischen Tätigkeiten entwickeln sich bald unter Anleitung sachgerechte Handlungsweisen. Mahlzeiten können zu sozialen und kulturellen Ereignissen im Erleben der Kinder werden, wenn sie bei der Vorbereitung und Zubereitung aktiv einbezogen sind.

Essplatzgestaltung

Im Familienhaushalt treffen sich Bezugspersonen und Kinder zu den meist regelmäßigen Mahlzeiten in der Küche, im Wohn- oder Esszimmer, wobei alle beim Eindecken und Auftischen beteiligt sind.

Der Ort, an dem in der Kindertageseinrichtung regelmäßig Mahlzeiten eingenommen werden, befindet sich meist in einer beruhigten Raumzone. Denn unruhige und hektische Esssituationen in Kindertageseinrichtungen verhindern genussvolle Mahlzeiten. Am Essplatz entsteht Gemütlichkeit durch geschmackvolle Tischsets, Geschirr aus Porzellan, Besteck sowie Tischdekorationen, die der Jahreszeit oder dem Gruppenthema angepasst sind. In Kindertageseinrichtungen können unerfahrene Kinder oder Kinder mit einer Behinderung das Essen motorisch erlernen. Neben der Zuwendung der Bezugspersonen brauchen sie auch praktische Unterstützung wie beispielsweise einen sicheren Sitzplatz, bei dem die Füße Bodenkontakt haben, rutschsicheres Essgeschirr, besonderes Besteck usw.

Spiele mit Verpackungsmaterial und Küchengeräten

Grundsätzlich sollten Verpackungsmaterialien möglichst vermieden werden! Trotzdem fallen immer noch einige an, die dann in einem Korb oder in einer Schublade gesammelt werden und dem Kind in Verbindung mit Küchengeräten vielfältige Spielmöglichkeiten bieten:

→ Aufbauen von Dosen, Schachteln, Plastikflaschen usw. zu einem Kaufladen
→ Ein- und auspacken, ein- und umfüllen, sortieren in Joghurtbechern oder Eierkartons
→ Füllen der Dosen oder Schachteln mit Obstkernen, Nussschalen, Knöpfen usw. als Rasseln oder als Hör-Rate-Spiel
→ Kartons oder Dosen zu Türmen stapeln
→ Größere Kartons als Transportmittel für den Teddy oder für das Kind selbst, als Bett für die Puppe, als Haus oder Wohnung
→ Leere Klopapier- und Haushaltsrollen für eine Kullerbahn
→ In einen leeren Karton oder eine Tüte wird ein Gegenstand, z. B. ein Apfel oder ein Löffel, gelegt. Das Kind tastet und rät, um welchen Gegenstand es sich handelt
→ Leere Milchtüten können als Schiffe im Waschbecken schwimmen
→ Küchengeräte als Musikinstrumente: Trichter zum Blasen, Kochtöpfe mit Kochlöffel und Schneebesen als Schlagzeug
→ Sieb und Durchschlag zum Hin- und Herschütten von Linsen, Reis, Nüssen, Sonnenblumenkernen o. Ä.
→ Handquirl, Trichter und Gefäße zum Planschen in der Spüle
→ Puppenwäsche waschen und auf einem Wäscheständer mit Wäscheklammern aufhängen
→ Der leere Wäscheständer wird mit einer übergehängten Decke zur Wohnung
→ Der Wäschekorb wird zum Auto, Schiff, Flugzeug und mit mehreren Körben zur Eisenbahn
→ Eine bunt bemalte Sprühflasche und ein Ledertuch sind Anreize, beim Fensterputzen mitzuhelfen (Keine chemischen Mittel verwenden! Das Kind nimmt das Tuch eventuell noch in den Mund. Besser sind Essig oder Zitrone im Putzwasser)
→ Kehrschaufel und Handfeger bekommen ein Gesicht aufgemalt oder aufgeklebt und fegen als „Herr Schaufel" und „Frau Feger" alle Schnipsel aus dem Kinderzimmer

Spielaktionen zum Kochen und Backen

Bei der Herstellung von Mahlzeiten kann das Kind im Alter von zwei bis drei Jahren schon sehr häufig mitwirken. Da Kochen und Backen auch bei älteren Kindern sehr beliebt ist, können sie ebenfalls bei den Aktionen mit einbezogen werden. Durch gemeinsames Tun üben sie den Umgang mit unterschiedlichen Küchengeräten und Nahrungsmitteln. Ihre Handgeschicklichkeit (Feinmotorik) wird gefördert und ihre Sinne angeregt.

> **Für Kinder ist die spielerische Herstellung von Speisen wichtiger als das perfekte Ergebnis.**

Beispielhafte Küchentätigkeiten, die das Kind selbstständig oder mit Hilfe ausüben kann

→ Gemüse und Obst waschen und schälen (Hand, Sparschäler)
→ vorbereitetes Gemüse und Obst klein schneiden (Küchenmesser mit abgerundeter Spitze und Wellenschliff verwenden)
→ Obst mit Zahnstochern oder Schaschlikstäben zu Figuren zusammenstecken
→ Zitronen und Apfelsinen auspressen

→ Speisen in Schüsseln einfüllen
→ Quark rühren
→ Teig kneten und ausrollen
→ Brot, Wurst, Käse, Teig mit Ausstechformen zu Figuren ausstechen
→ Butterbrote, Kuchen und Plätzchen verzieren
→ Brote oder Pizza belegen
→ gekochte Kartoffeln zu Brei stampfen

Sicherheitstipps für hauswirtschaftliche Tätigkeiten mit Kindern

→ Kinder nie unbeaufsichtigt am Herd arbeiten lassen
→ Zum Schneiden keine stumpfen Messer verwenden
→ Zum Entfernen von Schalen Sparschäler benutzen
→ Ein feuchtes Tuch unter das Schneidebrett legen (Rutschsicherheit)
→ Elektrische Küchengeräte erst zusammensetzen, dann an das Netz anschließen
→ Nach Gebrauch erst den Stecker aus der Steckdose ziehen, dann das Gerät reinigen
→ Keine elektrischen Geräte ohne Aufsicht benutzen lassen
→ Elektrokabel zur Steckdose sicher verlegen
→ Auf ausreichend große Arbeitsfläche achten. Die Arbeitsfläche sollte sich in Bauchhöhe der Kinder befinden (niedriger Tisch mit Kinderstuhl zum Sitzen oder kippsichere Fußbank zum Stehen an normal hoher Arbeitsfläche)
→ Reinigungs- und Putzmittel für Kinder unzugänglich aufbewahren
→ Abfallvermeidung und Umweltschutzgedanken immer beachten

Hygienehinweise für alle Beteiligten bei der Nahrungszubereitung

→ Stark erkältete Kinder zu einem späteren Termin beteiligen
→ Vor Beginn der Nahrungszubereitung und nach dem Toilettengang die Hände gründlich waschen
→ Saubere Schürze oder Kittel anziehen (im Rahmen der Zusammenarbeit mit Eltern können einfache Kochschürzen aus Geschirrtüchern hergestellt werden)
→ Haare zusammenbinden, Fingerschmuck ablegen, lange Ärmel hochschieben
→ Werden die Speisen probiert, nicht den Finger eintauchen, sondern mit einem extra Löffel kosten
→ Saubere Küchentücher benutzen

Der Mach-was-du-willst-mit-mir-Teig

Zutaten:
350 g Butter
250 g Zucker
1   Zitrone
2   Eier
1   Messerspitze Salz
500 g Mehl

Zubereitung:
Butter schaumig rühren, Zitronenschale hineinreiben, Zucker, Eier, Salz dazugeben, gut verrühren, Mehl hin-

einsieben, Teig zusammenkneten. Zur Kugel formen. 1 Stunde kühl ruhen lassen, 0,5 cm dick auswalzen. Figuren aus Karton ausschneiden, auf den Teig legen und mit einem Messer nachschneiden. Die Figuren auf ein gefettetes Blech legen und bei mittlerer Hitze (180 °C) 15–20 Min. backen. Dann verzieren: mit Mandeln, Rosinen, Streusel, Erdnüssen oder Schoko- oder Zuckerglasur

Methodische Hinweise: Koch- und Back-Aktionen

→ Einfaches, gesundes Rezept auswählen
→ Überlegen, welche Tätigkeiten das Kind bei der Herstellung der Mahlzeit selbstständig oder mit Hilfe ausführen kann.
→ Überlegen, auf welche Zutaten oder Materialien das Kind besonders hingewiesen werden muss, da sie bei unsachgemäßer Handhabung gefährlich werden können, z.B.: die heiße Herdplatte oder der heiße Backofen, die scharfen Seiten oder Kanten an Messern oder Ausstechformen
→ Den Nahrungsmitteleinkauf rechtzeitig planen
→ Am Tag der Aktion den Raum, die Arbeitsfläche so herrichten, dass das Kind ausreichend Platz hat (Sitz- bzw. Stehhöhe bedenken)
→ Zutaten und Geräte bereitstellen oder wissen, wo sie zu finden sind
→ Kurze, passende Hinführung (Motivation) wählen

Beispiel: Aus Knetteig werden Ostereier geformt und mit Hilfe von Nüssen 'und Zuckerguss verziert. Zur Hinführung wird vorher folgender Vers gesprochen gesungen:

„Has, Has, Osterhas,
wir backen jetzt das Beste!
Ein großes Ei, ein kleines Ei,
dazu ein lustig Dideldumdei
und alles kommt ins Neste!"

→ Mit dem Kind/den Kindern die bereitgestellten Zutaten/Geräte herbeischaffen und besprechen
→ Älteren Kindern (ab fünf Jahren) kann auf einem „Bildrezept" die Herstellung der Speise verdeutlicht werden.
→ Nehmen mehrere Kinder an dem Angebot teil, darauf achten, dass die Arbeit gut verteilt wird. Alle Kinder sollen tätig sein!
→ Durch Vormachen und Erklären dem Kind die gemeinsame Aktion verdeutlichen. Unbekannte Arbeitsschritte vormachen, nachmachen lassen, gegebenenfalls Hilfestellung geben, bekannte Arbeitsschritte selbstständig ausprobieren lassen
→ Zutaten/Geräte, die nicht mehr gebraucht werden, wegräumen
→ Zwischendurch auf Sauberkeit und Ordnung achten, z.B. Tisch abwischen, Hände waschen
→ Dem Kind Gelegenheit zum Probieren geben. Vorsicht bei rohen Eiern, Salmonellengefahr!
→ Ist das Essen fertig zubereitet oder noch im Backofen, gemeinsam mit dem Kind aufräumen und spülen.

→ Hat die Speise eine längere Garzeit, überlegen, wie die Wartezeit überbrückt werden kann, z.B. gemeinsam mit den Kindern den Tisch decken (vielleicht wird die Speise an dem festlich gedeckten Puppentisch mit allen Puppen und Teddys gemütlich verspeist)

→ Zum gemeinsamen Essen die übrigen Familienmitglieder oder anderen Gruppenkinder oder Freunde einladen.

AUFGABEN

 Spielen Sie mit dem Kind Ihrer Praktikums-Familie mit Verpackungsmaterialien. Finden Sie weitere Spiel- bzw. Gestaltungsmöglichkeiten heraus.

 Reinigen Sie gemeinsam mit dem Kind in spielerischer Weise das Kinderzimmer. Überlegen Sie weitere spielerische Mitmach-Aktionen im Haushalt.

 Übertragen Sie das Wortrezept der „mach-was-du-willst-mit-mir-Teig" (s. S. 135) in ein „Bildrezept".

Methodische Hinweise: Gestaltung eines Bildrezeptes

→ Das Bildrezept sollte eine Größe zwischen DIN A 4 und DIN A 2 haben und gut sichtbar in Augenhöhe der Kinder an einer freien Fläche des Arbeitsraumes angebracht sein. Bei einem umfangreichen Rezept können die einzelnen Arbeitsschritte auch auf mehreren Bildtafeln in einer sinnvollen Reihenfolge angebracht werden.

→ Die Zutaten müssen bildhaft, klar und deutlich erkennbar sein, z.B. in Form von selbst angefertigten Zeichnungen, Bildausschnitten aus Zeitschriften, Computerclips oder Teilausschnitten der Nahrungsmittelverpackungen.

→ Mengen sollten im Zahlenraum von eins bis zehn angegeben werden, so dass Kindergartenkinder sie durch Abzählen erfassen können.

→ Maß- und Gewichtsangaben werden in Form von Löffeln oder Tassen bildlich dargestellt, vorher das Fassungsvermögen der entsprechenden Tassen- und Löffelform genau ermitteln.

→ Älteren Kindern kann bereits der sachgerechte Umgang mit einem Messbecher oder einer Haushaltswaage vermittelt werden, wobei zunächst eine farbige Markierung an der Skala für die benötigte Menge angebracht wird.

→ Die einzelnen Arbeitsschritte der Zubereitung bildhaft verdeutlichen und die Reihenfolge z.B. durch Richtungspfeile darstellen

→ Die abgebildeten Küchengeräte müssen den einzelnen Zubereitungsarten bzw. Arbeitsgängen klar und deutlich zuzuordnen sein, z.B.: eine halbe Orange neben einer Zitruspresse darstellen

→ Zur Vertiefung erhalten die Kinder nach einer Koch- oder Backaktion das entsprechende Bildrezept als Fotokopie zur eigenen bildnerischen Gestaltung und selbstständigen Erprobung für zu Hause oder sie sammeln die Bildrezepte in ihrem „Kindergarten-Kochbuch".

 Überlegen Sie in Partnerarbeit, welche Speise Sie für Ihre Praktikumsfamilie herstellen könnten, bei der das Kind einige Tätigkeiten selbstständig durchführen kann.
Bereiten Sie diese Speise mit dem Kind/den Kindern zu. Berichten Sie in der Lerngruppe von Ihren Erfahrungen.

Finden Sie Beispiele für angeleitete hauswirtschaftliche Angebote, die Sie mit Kindern in der Kindertageseinrichtung durchführen können, aus den Bereichen: Nahrungszubereitung, Reinigung, Pflege.

Welche allgemeinen Vorbereitungen und welche Absprachen werden in der Kindertageseinrichtung (Gruppenleitung, Kinder, Eltern) getroffen? Wie erfolgt der Arbeitsablauf? In welcher Reihenfolge finden die Arbeitsschritte statt? Welche Sicherheitsmaßnahmen sind zu beachten?

Erstellen Sie eine anschauliche Übersicht nach folgendem Muster.

Angebot	Absprache/ Vorbereitung	Arbeitsablauf/ Arbeitsschritte	Sicherheits- maßnahme
Plätzchen backen			
Puppenwäsche			
Kresse säen			

Stellen Sie mit der Kindergruppe ein Frühstücksbüfett her. Überlegen Sie die Zusammensetzung, Vorbereitung, Zubereitung. Planen Sie schriftlich den Arbeitsablauf und die einzelnen Arbeitsschritte. Berücksichtigen Sie die Einbeziehung der Kinder.

Mit der Entscheidungstorte planen und bewerten

Zu einem Inhaltsbereich werden verschiedene Ideen gesammelt oder Aspekte vorgegeben und durchnummeriert. Jede Schülerin gewichtet diese durch Einteilung eines Kreises in unterschiedlich große Kreisausschnitte, die sie mit den Nummern (Aspekten) beschriftet. Die einzelnen Stücke werden ausgeschnitten, nach Nummern sortiert und zu neuen Kreisen zusammengefügt. Die Gewichtungen aller Klassenmitglieder werden so anschaulich dargestellt, eine Entscheidung z.B. über die Reihenfolge der weiteren Bearbeitung oder die Bewertung der Ergebnisse kann erfolgen.

Variante „Streifenabstimmung": Ca. 10 cm lange Streifen werden in entsprechende Teile geteilt und unter die Aspekte geklebt. Die Gesamtlänge der Streifenstücke gibt danach die gewünschte Auskunft.

5.1.3 Technische Medien im Spiel erfahren

„Hände hoch! Wir sind die Power-Rangers!" Mit diesen wilden Sprüchen und selbst gebauten Nopper-Pistolen stürzen sich drei Vierjährige in die Puppenecke und erschrecken dort die spielenden Kinder. Die Kinderpflegerin schreitet ein und verbietet das Schießen mit den Pistolen. Die Kinder entgegnen: „Das ist ja nicht in echt!" Außerdem bestreiten sie ihre Schusswaffen und behaupten, es seien Sprechfunkgeräte. Aber schon im nächsten Moment rennen sie in den Flur, um ihr Spiel dort fortzusetzen.

Medienerfahrungen von Kindern

Jeden Montag, nach dem **Fernseh-wochenende,** finden ähnliche Szenen im Kindergarten statt. Aufgestauter Bewegungsdrang und Aggressionen werden durch Stör- und Gewaltaktionen untereinander freigesetzt. Bei Erzieherinnen und Kinderpflegerinnen herrscht häufig Rat- und Hilflosigkeit. Sie stellen immer mehr Verhaltensauffälligkeiten bei Kindern fest und suchen die Ursachen dafür meist im uneinge-

schränkten Medienkonsum. Tatsache ist, dass Kinder einen immer größer werdenden Teil ihrer Zeit mit elektronischen Medien verbringen, z.B. Kabel-, Satelliten-Fernsehen, Video, CD-Player, Kassettenrecorder, Tele- und Computerspiele.

Eine Kindheit ohne Medien ist heute kaum mehr vorstellbar. In Deutschland gibt es 98 % Fernsehhaushalte, in denen u.a. Kinder zwischen drei und 13 Jahren durchschnittlich 1,5 Stunden am Tag fernsehen (vgl. Denning, 1999, S. 81). Verfügen Familien zusätzlich über einen Videorecorder oder wohnen sie in einem breitbandverkabelten Gebiet, steigen die Fernsehzeiten dieser Kinder weiter, mitunter sogar drastisch, an.

Jedes Kind, das in den Kindergarten kommt, bringt bereits Medienerfahrungen von zu Hause mit. Elektronische Medien beeinflussen den kindlichen Alltag. Darüber hinaus sind es aber ganz besonders die veränderten Lebensbedingungen der Familien. Sie beeinflussen die Entwicklung des Kindes am stärksten:

→ Häufig sind beide Elternteile berufstätig und haben zu wenig Freizeit, um mit ihren Kindern etwas zu unternehmen.

→ Fast 60 % der jüngeren Familien haben nur noch ein Kind. Das Einzelkind ist darauf angewiesen, Spielkameraden außerhalb der Familie zu suchen.

→ Aber auch das Wohnumfeld ist besonders für jüngere Kinder nicht immer dafür geschaffen, Kontakte zu knüpfen. Der Verkehr macht das Spiel auf der Straße zu gefährlich.

Das Kind entwickelt seine körperlichen und seelisch-geistigen Fähigkeiten nur im sozialen Kontakt mit anderen Menschen. Es braucht die Bezugspersonen zum Zuhören, Miteinandersprechen und zum gemeinsamen aktiven Erleben. Es braucht genügend Zeit, Raum und Möglichkeiten für eigene Aktivitäten und Erfahrungen. Stehen die Bezugspersonen selten zur Verfügung, versucht das Kind immer häufiger, seinen Mangel an Zuwendung und Erlebnissen beim Fernsehen zu befriedigen. Nehmen Medien dabei einen zu breiten Raum ein, werden sie für das Kind zur Gefahr, denn es muss seine Eindrücke allein verarbeiten.

Fernsehbilder als Ganzes erfassen

Bis zum Alter von drei Jahren können Kinder noch keine bewegten Fernsehbilder als Ganzes erfassen. Sie erkennen Bekanntes aus ihrer Umwelt, z.B. einen Ball, einen Baum, einen Menschen. Ebenso nehmen sie auch einzelne Wörter oder Sätze wahr, verbinden sie aber nicht zu einer Handlung. Drei- bis siebenjährige Kinder sind bereits in der Lage, kurze Filmszenen zu verstehen, wenn sie aufeinander folgen und in Form einer „Und-dann-Geschichte" erzählt werden. Zeitsprünge und Rückblenden sind für dieses Alter nicht verständlich. Aus diesem Grunde sind Sendungen für Kinder so aufgebaut, dass einzelne Geschichten hintereinander folgen, wie z. B. „Die Sendung mit der Maus", „Sesamstraße" oder „Peter Lustig". Leider sind nur wenige dieser Kindersendungen in den Fernsehprogrammen zu finden, dafür aber viele Familien-, Action- und Zeichentrickserien, z. B.: „Buffy", „Das A-Team", „Dragon Ball" u. a., gespickt mit regelmäßigen Werbeblocks.

Die eingängigen, hintereinander folgenden Szenen und die Sprüche der Werbespots ähneln dem Aufbau der Kindersendungen und sind daher für Kinder leicht verständlich. So ist es zu erklären, dass bei Vorschulkindern das Werbefernsehen nach den Kindersendungen auf den zweiten Rang in der Beliebtheit vorgerückt ist. Dabei dringen Werbesprüche und Produkte wie selbstverständlich in die Spielwelten der Kinder ein. Zusätzlich zu jeder Fernsehserie gibt es Videos, Kassetten, Kleidung, Spielzeug und Nahrungsmittel mit den Aufdrucken der Fernsehhelden. Das „Action-Spielzeug", z. B. „Pokémon bzw. Digimon-Figuren", „Bumpety Boo", den gelben Superflitzer usw., wird immer im **Medienverbund** angeboten. In den Verpackungen finden die Kinder Hinweise auf weitere Produkte. Ist eine Serie beendet, wird eine neue Idee angehängt und der Kreislauf beginnt wieder von vorn.

In den **Fernsehserien** werden den Kindern besondere Erlebniswelten angeboten: Abenteuer, Traumreisen oder „Heile-Welt-Geschichten". Durch die Eigenart des „magischen Denkens" können sie jedoch Fantasie und Realität in diesem Alter nicht eindeutig voneinander unterscheiden. So kann es sein, dass z. B. die im Fernsehen erlebten Dino-Monster das Kind im Traum verfolgen. Sie sind plötzlich vorstellbar geworden.

Fernsehfiguren werden zu Vorbildern

In den Fernsehserien werden die Gefühle der Zuschauer angesprochen. Nehmen Kinder dabei einzelne Gefühlslagen verstärkt wahr, wie z. B. Mächtig-Sein, Schwach-Sein, Geliebt-Werden, Letzter-Sein, Trennungsangst, könnte das ein Zeichen dafür sein, dass sie dies zur Zeit am stärksten bewegt. Werden diese Bedürfnisse des Kindes von den Bezugspersonen nicht ernst genommen, dann wird das Fernsehen zur Gefahr. Fernsehfiguren können in diesen Situationen zu Vorbildern werden. Mega Man, Batman oder Hercules sind Helden, die jeder Situation gewachsen sind und Konflikte „schlagkräftig" lösen. Entsprechen die Szenen im Fernsehen mehr und mehr der eigenen Wirklichkeit und werden im eigenen Alltag Auseinandersetzungen ebenfalls nur gewalttätig erlebt, so kann sich das Filmerlebnis verstärken. Jüngere Kinder begreifen noch nicht, dass es sich um künstliche Fernsehwelten handelt. Die Folge ist, dass sie diese negativen Verhaltensweisen nachahmen und sie als Möglichkeit der Konfliktlösung im gesellschaftlichen Leben anerkennen.

Sollte also Kindern der Umgang mit Fernsehen oder Video verboten werden? Verbote lösen niemals die Probleme, sondern fördern eher ausweichende Handlungen, z. B. „heimliches" Fernsehen bei Freunden oder Großeltern. Nicht Mahnungen oder Warnungen helfen Eltern, Kindern und Erziehern, sondern Hinweise und Anregungen für den verantwortlichen Umgang mit Medien. Sollte der Kindergarten zum „medienfreien Raum" erklärt werden? Medien aus dem Alltag von Kindern zu verbannen würde bedeuten, sich der Realität zu verschließen. Vielmehr sollte auch der Kindergarten dabei helfen, Kinder auf alle Lebenslagen vorzubereiten.

> **Kinder brauchen das Fernsehen nicht, aber sie brauchen Erwachsene, die Verständnis zeigen und die kindlichen Gefühle, Fantasien und Träume ernst nehmen.**

Die Technologien der elektronischen Medien schreiten weiter voran, werden umfangreicher und komplizierter. Daher ist es sinnvoll, dass Eltern, Erzieherin und Kinderpflegerin den Kindern einen kreativen und kritischen Umgang mit Medien aufzeigen, um so besser gegen mögliche Gefahren gewappnet zu sein.

Methodische Hinweise: Umgang mit Medien

→ Kinder unter sechs Jahren sollten nie allein Fernseh- oder Videofilme anschauen!

→ Kinder sollten sich die für sie gemachten Sendungen oder Filme selbst auswählen! Natürlich nur dann, wenn sie überhaupt das Bedürfnis nach Fernsehen äußern.

→ Bei der Auswahl von Fernsehsendungen in der Familie wird demokratisch vorgegangen. Erwachsene und Kinder suchen sich eine begrenzte Zahl von Sendungen für einen bestimmten Zeitraum aus und halten sich an diese Vereinbarungen.

→ Das Fernsehen muss sich dem Tagesablauf des Kindes unterordnen und nicht umgekehrt. Das Spiel des Kindes wird nicht abgebrochen, nur um fernzusehen!

→ Die Kinderpflegerin spricht mit dem Kind über das Gesehene! In der Erzählung können z.B. andere Lösungsmöglichkeiten für gewaltsame Konflikte gemeinsam diskutiert werden.

→ Die Kinderpflegerin vermeidet abwertende Äußerungen, z.B.: „Was siehst du da wieder für einen Quatsch!" oder „Sag bloß, davor hast du Angst!" Kinder fühlen sich dann nicht mehr ernst genommen und verstecken ihre Gefühle.

→ Kinder sollten beim Fernsehen nicht zum Stillsitzen und zur Ruhe angehalten werden, sondern durch Bewegung und Lärmmachen Spannungen abbauen können.

→ Nach Fernsehsendungen oder Videofilmen erhält das Kind die Möglichkeit, seine Gefühle auszudrücken, z.B. durch Bewegung, Körperkontakt, Erzählen, Fragen, Malen, Rollenspiel (vgl. S. 143). So kann es sein Filmerlebnis besser verarbeiten.

→ Fernseh- oder Videofilme werden nicht zur Belohnung oder Bestrafung benutzt und auch nicht als Ersatz für den Babysitter!

→ Durch Spielangebote und -projekte wird den Kindern der selbstständige Umgang mit Fotoapparat/Kassettenrecorder/Videokamera vermittelt. In spielerischer Auseinandersetzung mit diesen Medien können auch bereits jüngere Kinder erfahren, wie bestimmte Wirkungen und Eindrücke erzeugt werden. Dadurch haben sie die Möglichkeit, Darstellungen besser zu verstehen und sich so von möglichen Ängsten zu lösen.

→ Die Kinderpflegerin stellt den Kindern ausgewählte Fernseh- oder Videofilme und Kassetten zur Verfügung, um bereits gemachte Erfahrungen der Kinder zu vertiefen oder zu ergänzen, z.B. nach einem Wald-Entdeckungs-Gang wird ein Film über die Tiere des Waldes gemeinsam angeschaut.

Spielanregungen für den Umgang mit Medien

Spiele mit Medien sollten den Kindern nur dann angeboten werden, wenn die Situation der Gruppe es fordert. Dabei werden die Wünsche, Interessen und Erfahrungen der Kinder zunächst aufgegriffen. Anschauung und eigenes praktisches Ausprobieren ermöglichen ihnen, andere Gestaltungsmöglichkeiten kennen zu lernen. Dadurch sind die Kinder in der Lage, das Dargestellte besser zu verstehen und zu verarbeiten.

Spiele mit der Fotokamera

Blick in eine Mini-Welt

Die Kinder bekommen Haushaltsrollen als Fernrohre. Sie gehen zu zweit im Raum oder draußen umher und schauen immer wieder durch ihr Fernrohr. Haben sie eine geeignete Stelle für ihre „Mini-Welt" gefunden, wird das Fernrohr durch Klebeband so befestigt, dass bei einem späteren Rundgang alle Kinder auf die kleine Welt schauen können. Den Kindern werden nun Materialien zur Erschaffung ihrer Welten bereitgestellt, wie Ton, Holzstückchen, Büroklammern, Korken, Steine, Papier, Tier- und Menschenfiguren, kleine Fahrzeuge usw. Beim anschließenden Rundgang stellen die Kinder ihre Welten mit einer kleinen Geschichte vor, z. B. Wie heißt die Welt? Wer lebt dort? Was passiert da? Der Blickwinkel durch das Fernrohr ist die Größe der Welt – vergleichbar mit dem Blick durch eine Fotokamera. Die Mini-Welten werden fotografiert und zu einer „Weltreise" in einem Bilderbuch zusammengestellt. Dieses Buch bietet Anreiz zu weiteren Geschichten.

Wir erzählen über uns (mit der Polaroid-Kamera)

Durch praktisches Vormachen wird den Kindern die Handhabung einer Polaroid-Kamera erklärt. Spielerisch erproben sie selbstständig den Umgang mit der Kamera, zunächst ohne Film. In einer selbst gewählten Kindergartensituation wird nun jedes Kind von einem anderen Kind fotografiert. Gemeinsam besucht die Gruppe dann jeden Einzelnen zu Hause. Hier lassen sich die Kinder noch einmal in ihrer häuslichen Umgebung fotografieren. Alle Fotos werden auf Pappkarten geklebt, mit Transparentfolie bezogen und als Memory in der Kindergartengruppe spielerisch eingesetzt.

Geschichten erzählen

Die Kinder verkleiden sich und spielen Ereignisse oder Geschichten im Rollenspiel nach. Einzelne Standbilder werden mit der Kamera festgehalten (Foto/Dia). Die Kinder bringen anschließend die Bilder in eine Reihenfolge und erzählen dazu eigene Geschichten.
Spielerweiterung: Zu den Bildern wird die Geschichte auf dem Kassettenrecorder aufgenommen und mit Liedern und Geräuschen ergänzt.

Spiele mit dem Kassettenrecorder

Wer bin ich?

Die Kinderpflegerin führt mit jedem Kind ihrer Gruppe ein kurzes Interview, das auf dem Kassettenrecorder aufgenommen wird. Der Name des Kindes darf dabei nicht genannt werden. In einer folgenden Spielrunde werden die Interviews vorgespielt und die Kinder raten, um wen es sich dabei handelt.
Hinweise für das Interview: Haarfarbe, Augenfarbe, Kleidung, Wohnort, Spielfreund, Lieblingsspiel, Lieblingsessen usw.

Geräusche raten

Die Kinderpflegerin nimmt in Abwesenheit der Kinder unterschiedliche Geräusche auf dem Kassettenrecorder auf. Die Kinder sitzen im Kreis. Die Materialien, die für die Geräuschherstellung benötigt wurden, liegen in der Mitte. Die Geräusche-Kassette wird abgespielt, dabei finden die Kinder heraus, womit sie erzeugt wurden.
Spielerweiterung: Die Kinder erraten Gruselgeräusche. Dadurch, dass die Kinder die Geräuscherzeugung erkennen und nachvollziehen, können hierbei mögliche Ängste abgebaut werden.

Klanggeschichte

Die Kinderpflegerin erzählt eine Geschichte, die an einigen Stellen unterbrochen wird. Die Kinder erproben gemeinsam Geräusche mit dem eigenen Körper oder mit Materialien bzw. Instrumenten, um den Text zu verklanglichen. Die Klanggeschichte wird mit dem Kassettenrecorder aufgenommen und einer anderen Kindergruppe vorgeführt. Die folgende Klanggeschichte dient als kurze Anregung:

Es war einmal eine kleine freche Feldmaus mit Namen: Tüpfelchen (Glockenspiel). Zu Hause war es ihr zu langweilig geworden und sie machte sich auf, um die weite Welt zu sehen. Als sie schon eine Weile gegangen war (Glockenspiel), hörte sie plötzlich ein merkwürdiges Geräusch (Schnarchen). Das konnte nur das Wildschwein Rubbel (Kratzen) sein. Vorsichtig krabbelte sie in seine Nähe, um es nicht zu erschrecken (Glockenspiel). Aber es bemerkte sie nicht, und so wanderte sie weiter (Glockenspiel). Im Wald war es schön. Sie hörte die Vögel singen (...) und die Käfer brummen (...). Tüpfelchen bekam mit einem Mal einen riesigen Mausehunger. Sie öffnete ihre Reisetasche (...) und holte ihr Mittagessen heraus (...). Mmmh, (...) das schmeckte. Ganz in ihrer Nähe plätscherte ein Bach (...). Tüpfelchen schlürfte (...) das Wasser. Als sie sich genügend gestärkt hatte, wollte sie ein kleines Nickerchen machen. Doch was war das? Da raschelte (...) etwas im Laub ...

Spiele mit dem Fernseher und Fernsehsendungen

Kindersendungen nachgestalten

Nach dem gemeinsamen Anschauen einer Kindersendung haben die Kinder die Möglichkeit, Personen, Tiere, Figuren oder Szenen durch bildnerische Mittel nachzugestalten, z. B.:
→ Malen mit Wasserfarben
→ Malen mit beiden Händen nach Musik (Erkennungsmelodie/Begleitmusik der Sendung)
→ Collagen aus Illustriertenpapier
→ Formen mit Ton oder Knete
→ Herstellung einfacher Stabpuppen oder Figuren aus „wertlosen" Materialien zum Rollenspiel

Filmstar sein

Durch Verkleidungsmaterialien und Schminke schlüpfen die Kinder in die Rolle eines Filmstars. Danach setzen sie sich hinter ein leeres Fernsehgehäuse und stellen sich den anderen Kindern in ihrer Rolle vor: Wo sie leben/was sie gerne und nicht gerne tun/was sie essen usw.

Schachtelkino

Material: Schuhkarton mit Deckel, farbige Papierreste, Alufolie, Naturmaterialien, Malstifte, Klebe, Fotokarton

Herstellung: In einem Schuhkarton wird aus unterschiedlichen Materialien ein Szenario erstellt, z.B. Schloss, Höhle, Weltraum. In die Vorderseite des Kartons wird ein Guckloch und an einer Längsseite werden zwei bis drei Führungsschlitze geschnitten. Die Kinder fertigen kleine Flachfiguren aus Papier, die sie an Pappstreifen kleben und durch die Führungsschlitze in das Szenario schieben. Schauen die Kinder durch das Guckloch, entsteht durch das dreidimensionale Sehen ein Eindruck von Größe und Lebendigkeit.

Spiele mit der Videokamera und dem Videogerät

Wir drehen einen Film
Die Kinderpflegerin plant, mit den Kindern einen Videofilm zu drehen: „Ein Tag im Kindergarten". Dieser Film wird später bei einem Elternabend vorgeführt. Die Kinder überlegen, was dargestellt werden soll.

Film-Stopp
Ein Videofilm wird an einer bestimmten Stelle gestoppt – die Kinder erzählen oder spielen die Filmgeschichte weiter. Dabei entwickeln sie eigene Ideen und kommen zu neuen Lösungsmöglichkeiten.

Aktionen im Film
Die im Film dargestellten Aktionen werden aufgegriffen und mit den Kindern ausprobiert, z.B. ein Lied singen, einen Staudamm bauen, Spaghettis kochen usw. Aus den passiven Zuschauern werden aktive Kinder.

AUFGABEN

 Lesen Sie das Eingangsbeispiel des Kapitels (s. S. 138). Wie würden Sie als Kinderpflegerin in dieser Situation reagieren?

 Diskutieren Sie In der Lerngruppe mögliche Auswirkungen des Femsehkonsums auf die kognitive, motorische, emotionale und soziale Entwicklung des Kindes.
Versuchen Sie, weitere Gründe oder Ursachen dafür herauszufinden.
Nennen Sie Möglichkeiten, wie Sie als Kinderpflegerin auf Auswirkungen des Fernsehkonsums eingehen können.

 Wählen Sie eine Fernsehsendung für Kinder aus. Beurteilen Sie, ob die Sendung Ihrer Meinung nach für Kinder geeignet ist. Benutzen Sie dafür den folgenden „Beurteilungsbogen zur Sendung".

Beurteilungsbogen: Fernsehsendung für Kinder

Titel der Sendung _____

Länge: _____ Min.: _____ Uhrzeit: _____

gerade richtig _____ zu lang: _____

für welches Alter: _____

Aufbau der Handlung
→ einfach aufgebaut – für das Kind verständlich/Handlung zu kompliziert
→ zu viele Handlungsstränge nebeneinander
→ zu viele Rückblenden, Zeitsprünge
→ einzelne Personen waren für Kinder nicht wiederzuerkennen

Bildgestaltung
→ ruhig
→ zu viele Wechsel
→ zu viele Details

Sprache
→ klar, anschaulich, verständlich
→ zu lange und schwierige Sätze
→ viele für Kinder unverständliche Worte
→ zu belehrend
→ die Sendung hatte etwas mit der Umwelt des Kindes zu tun
→ das Gesehene war den Kindern fremd
→ das Gesehene war den Kindern fremd, wurde aber in der Sendung kindgemäß aufbereitet

Die Sendung
→ hat die Fantasie angeregt
→ hatte Witz und Humor
→ hat die Kinder ermutigt
→ hatte Szenen, die Kinder ängstigten
→ hatte viele Gewaltszenen
→ hat Verständnis für andere Menschen geweckt
→ Effekte wurden durch billige Klamaukszenen erzielt

Werte, die durch die Sendung vermittelt wurden
→ Freundschaft
→ Hilfsbereitschaft
→ Ermutigung
→ Toleranz
→ Konflikte und Probleme wurden gezeigt
→ Ursachen und Zusammenhänge wurden deutlich
→ Lösungen wurden vorgestellt
→ mit den Lösungen konnten die Kinder etwas anfangen
→ nichts anfangen
→ es wurden keine Erklärungen gegeben und keine Lösungen gezeigt

(Bieger u. a., 1980, S. 166–171)

Sehen Sie die gleiche Kindersendung mit dem Kind gemeinsam an.

Beobachten Sie dabei die Reaktionen des Kindes. Benutzen Sie dazu den folgenden „Beobachtungsbogen: Kind beim Fernsehen."

Vergleichen Sie Ihre Beurteilung mit Ihrer Beobachtung, um festzustellen:
Ist diese Sendung tatsächlich für das Kind geeignet?

Beobachtungsbogen: Kind beim Fernsehen (Muster)

Titel der Sendung _____

Länge: _____ Min.: _____ Uhrzeit: _____

für welches Alter: _____

Reaktionen des Kindes
→ angeregt
→ hat mitgespielt
→ gelangweilt
→ unruhig
→ hat nicht aufmerksam die Sendung verfolgt, sondern etwas anderes gemacht
→ aufgeregt
→ fing an zu raufen, Sachen kaputt zu machen
→ lustig
→ hat gelacht
→ hat mitgesungen
→ traurig
→ ängstlich
→ hat Anlehnung beim Erwachsenen gesucht
→ spielte Teile der Sendung nach
→ Im Anschluss an die Sendung wurde über das Gesehene ...

(Bieger u. a., 1980, S. 166–171)

5.1.4 Spielen mit Kinderliteratur

Unter dem Begriff „Kinderliteratur" sind Lyrik, Bilderbücher, Märchen, Geschichten und Comics zusammengefasst, die für Kinder gedacht sind. Kinderliteratur kann von jedem Kind zu fast jeder Zeit und bei jeder Gelegenheit genutzt werden. Das Kind kann sich beliebig lange damit beschäftigen und dies wiederholen, so oft es möchte. Es kann sich dabei entspannen, unterhalten oder immer wieder etwas entdecken. Hier besteht ein wesentlicher Vorteil der Kinderliteratur gegenüber den Geschichten und bewegten Bildern im Film.

Kinderlyrik öffnet die Tür zur Poesie

Kinderlyrik umfasst den Bereich der geformten oder gereimten Sprache. Der Text ist in Versen und Strophen gegliedert. Sprechrhythmus, Wortwiederholungen und Lautmalereiein lassen Sprechmelodien entstehen, die auf Kinder größeren Reiz ausüben als der Inhalt. Zur Kinderlyrik zählen: Gedichte, Reime, Abzählverse, Trost- und Schlaflieder, Fingerspiele, Sprach- und Körperspiele, Spiellieder, Schnellsprechverse und Rätsel. Kinderlyrik wurde früher und wird heute von Er-

wachsenen für Kinder gedichtet und aufgeschrieben. Sie hat meistens eine innere Logik und verfolgt eine bestimmte Absicht. Kinder verändern sie oft oder erfinden etwas Neues. Diese Lyrik ist dann meistens erfrischend unlogisch. Gedanken und Worte sind einfach aneinandergereiht. Hauptsache, es macht Spaß und es reimt sich.

„Advent, Advent, ein Lichtlein brennt.
Erst eins, dann zwei, dann drei und vier,
dann steht das Christkind vor der Tür.
Wenn dann die fünfte Kerze brennt,
dann haste Weihnachten verpennt."

Alle Erfahrungs- und Lebensbereiche des Kindes werden in der Kinderlyrik behandelt

Kein Thema ist tabu, und nichts wird ausgespart. Es werden Geschichten erzählt, Probleme aufgegriffen oder das Zeitgeschehen und Naturvorgänge in humorvoller und kritischer Weise behandelt. Die Wünsche, Sehnsüchte und Fragen der Kinder werden ebenfalls in Worte gefasst. Gedichte wecken bei dem Kind Gefühle und Stimmungen, regen es an, z.B. nachzudenken, zu sprechen, zu singen und zu spielen. Im Alltag der Kinder bieten sich dazu viele Gelegenheiten.

Gedichte

Weinen und Lachen

In einer Schüssel lagen eine
Karotte und zwei Mandarinen,
eine Banane und vier Rosinen.
Ein Weinen war das, ein Klagen,
nicht zu ertragen

Was ist da zu tun?
Was machen wir?
Die vier Rosinen verspeisen wir.
Die Banane legen wir so,
Ja du, jetzt schaust du froh!

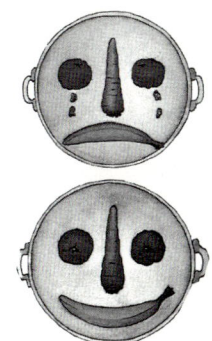

Guggenmos, 1990

Regenschirme

Wenn die ersten Tropfen fallen,
lustig auf das Pflaster knallen,
blühen sie wie Blumen auf.
Bunt gestreifte, bunt gefleckte,
bunt getupfte, bunt gescheckte
nehmen fröhlich ihren Lauf.
Seit die ersten Tropfen fielen,
schweben sie auf dünnen Stielen,
leuchtend, schimmernd, rund und glatt.
Bunt gestreifte, bunt gefleckte
bunt getupfte, bunt gescheckte
Schirme blühen in der Stadt.

Ferra-Mikura, 1982

Dreck

Dreck, Dreck, Dreck
geht immer wieder weg.
Klettern, raufen,
buddeln, wühlen,
mit Klecksen und mit Pampe spielen.
Dreck, Dreck, Dreck
geht Immer wieder weg.

Middelhauve, 1979

Spielerisch vermittelte Kinderlyrik regt die Sprechfreude an und vergrößert den Wortschatz

Schon das Kleinkind mag es, wenn ihm Lieder vorgesungen und Körper- und Fingerspiele mit ihm gespielt werden. Bei dem gleichförmigen Singsang der vertrauten Stimme fühlt sich das Kind sicher und geborgen. Seine sinnlichen Erfahrungen werden durch den Körperkontakt vertieft. Durch die vielen Wiederholungen der Texte und der Bewegungen entwickelt es ein Gefühl für Wortklang und Sprechrhythmus. Indem das Kind die Texte mitspricht, später dann alleine spricht, vergrößert sich spielerisch sein Wortschatz. Seine Sprechfreude wird angeregt.

Ich heiße August Fridolin

(Melodie: Barbara Böckel – Rechte: Fidula-Verlag, Boppard/Rhein und Salzburg)

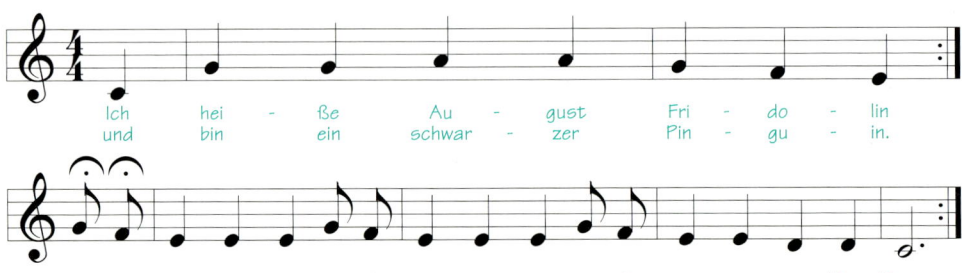

2. Und meine Frau heißt Wullewisch.
   Sie schwimmt im Wasser wie ein Fisch.
   Wadi ...

3. Wir haben auch noch Kinderlein
   die wackeln lustig hinterdrein.
   Wadi ...

4. Und wollt ihr uns mal wackeln sehn,
   dann müsst ihr in den Zirkus gehn.
   Wadi ...

Die Arme eng an den Körper legen und die Hände abspreizen. Die Fußspitzen ebenfalls abspreizen und loswatscheln. Die anderen Bewegungen dem Text entsprechend spielen.

Gemeinsame Fingerspiele und Handgeschichten fördern soziale Kontakte

Es war einmal ein Stachelschwein – überliefert –

Es war einmal ein Stachelschwein,
das zog die ganzen Stacheln ein
und sprach: „Ihr sollt es wissen,
ich bin ab heut – ein Kissen!"

Die Finger beider Hände ineinander verschränken, dann die Hände falten und an den Kopf legen.

Es tröpfelt

Es tröpfelt, es tröpfelt,
es regnet, es regnet,
es hagelt, es hagelt,
es blitzt,
es donnert,
dann bläst der Wind die Wolken davon,
und dann scheint die Sonne wieder.

Fingerspitzen tippen leise auf den Tisch.
Fingerspitzen klopfen. Finger poltern.
In die Hände klatschen.
Mit den Fäusten auf den Tisch donnern.
Hände vor den Mund nehmen und in alle Richtungen blasen.
Mit den Armen einen großen Kreis in die Luft malen.

Um die Fingerspiele noch spannender und interessanter zu gestalten, können mit Hilfe von Stoffresten, Wolle und Papier originelle Fingerkostüme entstehen oder Fingerpuppen hergestellt werden. Mit ungiftigen Fingerfarben können die Finger und Hände angemalt werden. Sie ergeben so reizvolle Fingerfiguren.

Abzählverse, Schnellsprechverse, Rätsel und Wortspiele sind bei den Kindern sehr beliebt

Da sie fast ausschließlich nur mit anderen gesprochen und gespielt werden können, tragen sie stark zur Entwicklung eines Gemeinschaftsgefühls bei. Rätsel und Schnellsprechverse können jederzeit und überall geraten und aufgesagt werden. Sie sind ein Zeitvertreib, der die Konzentration und die Lust am Nachdenken fördert. Die Abzählverse kommen der Fabulierlust der Kinder entgegen. Verbotenes und Unmanierliches darf ungestraft ausgesprochen werden. Erwachsene dürfen veralbert, Worte unsinnig verdreht und die Welt lustig dargestellt werden. Durch diesen fantasievollen Umgang mit der Sprache gewinnt das Kind an Sprechsicherheit.

Abzählverse

1234567

1, 2, 3, 4, 5, 6, 7
eine alte Frau kocht Rüben,
eine alte Frau kocht Speck,
und du bist weg.
Weg bist du noch lange nicht,
sag mir erst wie alt du bist:
1, 2, 3, ...

Ene Mene Minkel

Ene Mene Minkel
ich muss pinkeln.
Ene mene Meck
und du musst weg.

Schnellsprechverse

→ Es klapperten die Klapperschlangen, bis ihre Klappern schlapper klangen.
→ Zwischen zwei Zwetschgenzweigen zwitschern zwei Schwalben.
→ Fischers Fritze fischt frische Fische, frische Fische fischt Fischers Fritze.
→ Sag ganz schnell: „Getrocknetes Gras, getrocknetes Gras, getrocknetes Gras". Ich kann es schneller: „Heu, Heu, Heu".

Rätsel

→ *Welche Schuhe zieht man nicht an die Füße? (Handschuhe)*
→ *Es ist kein Tier und frisst Papier? (Feuer)*
→ *Mal ist es kalt, mal ist es heiß, mal ist es Eis? (Wasser)*
→ *Es steht ein Mann. Wenn die Sonne kommt, läuft er davon? (Schneemann)*
→ *Außen ist es hart und weiß - innen ist es weich und gelb? (Ei)*

Wortspiele

Auf einem Gummi-Gummi-Berg

Auf einem Gummi-Gummi-Berg,
da wohnt ein Gummi-Gummi-Zwerg.
Der Gummi-Gummi-Zwerg
hat eine Gummi-Gummi-Frau.
Die Gummi-Gummi-Frau
hat ein Gummi-Gummi-Kind.
Das Gummi-Gummi-Kind
hat ein Gummi-Gummi-Kleid.
Das Gummi-Gummi-Kleid
hat ein Gummi-Gummi-Loch.
Du bist es doch.

Paarweise gegenüberstehen und im Wechsel in die eigenen Hände und in die des Gegenübers klatschen. Die Gummi-Gummi-Geschichte kann weiter erzählt und andere Bewegungen können erfunden werden.

Mit Bilderbüchern die Welt entdecken

In Bilderbüchern werden Geschichten ausschließlich über das Bild erzählt. Text und Bild bilden immer eine Einheit. Manchmal gibt es zu den Bildern gar keinen Text, so dass die Geschichte vom Betrachtenden erst erschlossen werden muss. In guten Bilderbüchern passen der Titel, der Text und das Bild in ihrer Aussage immer zusammen. Die Bildaussagen sind immer eindeutig und nicht austauschbar. Sie engen die Fantasie des Betrachters nicht ein. Die Aufgabe des Bildes ist es, den Inhalt deutlich darzustellen und Gefühle zu wecken. Mit Hilfe der Farben und Formen bildet das Kind seine Vorstellungskraft und sein Schönheitsempfinden aus. Bilderbücher helfen dem Kind, sich und seine Umwelt besser zu verstehen.

Es kann die Geschichte nachempfinden, darüber nachdenken und sprechen, oder auch eine andere Ausdrucksform finden. Vielleicht überträgt es die Geschichte in sein Rollenspiel.

Das erste Bilderbuch des Kindes ist das Elementarbilderbuch

Elementarbilderbücher sind aus abwaschbarem Material (Stoff, Holz, Plastik, laminierte Pappe) hergestellt. Durch die stabile Bindung sind sie fest und für Kinderhände fast unzerreißbar. Die dicken Seiten haben abgerundete Ecken. Das kleine handliche Buchformat erleichtert den Kindern das Umblättern der Seiten. Bilderbücher haben für das Kind die Eigenschaften eines Spielzeugs. Elementarbilderbücher eignen sich zum Spielen, da sie sehr robust sind. Die Bilder zeigen vertraute Dinge aus der realen Erfahrungswelt des Kindes. Es sind meist Gegenstände, die das Kind wiedererkennt, wie etwa:

→ Spielzeug (Teddy, Ball, Puppe)
→ Kleidung (Mütze, Strümpfe, T-Shirt)
→ Dinge, die mit dem Essen zu tun haben (Banane, Teller, Lätzchen)
→ Tiere (Hund, Katze, Kuh)
→ Dinge aus der Umwelt (Auto, Baum, Blume)

Es ist immer nur ein Gegenstand vor einfarbigem Hintergrund abgebildet. Die Farben und Formen sind klar. Gute Abbildungen zeigen das Charakteristische des Gegenstandes. Meistens sind es Fotos. Gezeichnete Gegenstände sind vereinfacht dargestellt. Sie sind nicht immer ganz realitätsgetreu gezeichnet, zeigen aber das Wesentliche. Das Kind erkennt den Gegenstand wieder und stellt einen Zusammenhang zwischen dem realen Gegenstand, der Abbildung und dem Begriff her. Es hat einen wichtigen Denkvorgang vollzogen.

Bilderbücher in angenehmer Atmosphäre und in Ruhe betrachten

Auf dem Schoß der Bezugsperson oder bäuchlings auf dem Fußboden können in angenehmer Atmosphäre die Bilder in Ruhe betrachtet werden. Die Bezugsperson nennt den Namen des Gegenstandes und das Kind wiederholt ihn. Sie fragt „Wer oder was ist das?", und das Kind beantwortet die Frage. Auf die Frage „Wo ist das?", zeigt das Kind auf den Gegenstand oder holt ihn aus der Spielkiste. Es prägt sich den Begriff ein und spricht ihn. Sein aktiver Wortschatz vermehrt sich. Erzählt die Bezugsperson zu den Bildern kurze Geschichten, hört das Kind gespannt zu. Später, wenn es alleine ist, schaut es sich die Bilder wieder an und erzählt dazu die Geschichte. Durch die häufigen Wiederholungen erweitern sich die Sprache und das Vorstellungsvermögen des Kindes.

Abgebildete Dinge und Szenen in einen Zusammenhang bringen

Szenenbilderbücher sind meistens textfrei. Im dritten Lebensjahr beginnt das Kind, inhaltsreichere Bilder zu betrachten. Es ist jetzt erst fähig, die dargestellten Dinge und Szenen in einen Zusammenhang zu bringen und sie als Einheit zu erfassen. Szenenbilderbücher bilden alltägliche Situationen und Geschehnisse aus dem Leben und der Umwelt ab, z.B. auf der Straße, Einkaufen, auf dem Wochenmarkt, auf dem Spielplatz. Diese dargestellten Szenen erzählen kleine Geschichten. Die Kinder erkennen und beschreiben die Einzelheiten der Bilder und stellen selbstständig Zusammenhänge zwischen den einzelnen Szenen her. Sie werden so zum Sprechen und Fabulieren aufgefordert. Eigene Erlebnisse flechten sie in ihre Erzählungen ein.

Buchbeispiele:
Was machen wir im Kindergarten, Lilo Leiber, Loewe Verlag 2002
Einsteigen wir fahren mit, versch. Autoren, Ravensburger Verlag 1998
Mein Puppenhaus, Keiko Sone, Gerstenberg, 2002
Pauls Sachen, Paul Stickland, ars edition 1996
Die ganze Welt, Katy Couprie/Antonin Louchard, Gerstenberg Verlag 2001

Themen der Bilderbuchgeschichten stammen aus der Lebenswelt der Kinder

Wirklichkeitsnahe Bilderbücher können schon für Kinder ab drei Jahren geeignet sein. Die Themen der Geschichten stammen aus ihrer unmittelbaren Lebenswelt. Es werden einfache Geschichten von der Familie, den Freunden und vom Umgang mit Tieren dargestellt. Sie spielen meist in einer vertrauten Umgebung.
Bilderbücher mit wirklichkeitsnahen Alltagsgeschichten zeigen Wünsche, Sorgen und Probleme auf. Sie spielen meist in einer vertrauten Umgebung und zeigen z. B., dass Kinder auch mal einen schlechten Tag oder Wut haben können, dass sie Streit mit Freunden haben oder dass sie sich Gedanken machen müssen, wenn die Erwachsenen keine Zeit für sie haben. Die Geschichten sind kindgerecht dargestellt. Die Kinder finden sich in den Geschichten wieder und können sich mit der Hauptperson identifizieren. Die Lösungen, die in den Geschichten angeboten werden, besprechen sie mit ihren Freunden oder vertrauten Erwachsenen. Gemeinsam kann überlegt werden, welche anderen Lösungen es noch gibt.

Buchbeispiele:
Der fliegende Hut, Rotraud Berner, Hanser 2002
Der Tag, an dem Marie ein Ungeheuer war, Lotte Kimskofer/Verena Ballhaus, Bajazzo 2002
Nachts auf der Baustelle, Kate Banks/Georg Hallensleben, Moritz Verlag 2003
Popinga kauft ein, Peter Schösson, Carlsen Verlag 2002
Bist du schon wach? Rotraud-Susanne Berner/Hanna Johansen, Hanser Verlag 1998
Fünf kleine Finger Nadja, Moritz 2003

Wirklichkeitsnahe Tiergeschichten zeigen die Tiere in ihrer natürlichen Umgebung und mit ihren natürlichen Lebensgewohnheiten. Auch wenn eine vermenschlichte Geschichte erzählt wird, bleibt das wahre Wesen der Tiere erhalten. In diesen wirklichkeitsnahen Tiergeschichten werden auch Sachinformationen vermittelt.

Buchbeispiele:
Erste Bildergeschichten von kleinen Tieren, Amrei Fechner, Ravensburger 2003
Die kleine Raupe Nimmersatt, Eric Carle, Gerstenberg Verlag, 1998
Erste Bildergeschichten von kleinen Tieren, Amrei Fechner, Ravensburger 2003
Tierkinder zu Hause, Katharina Lausche, Kerle Verlag 2003
Drei kleine Bären, Vaclav Chaloupek/Jaroslav Vogeltanz, Gerstenberg Verlag 2003

In der Fantasie erfüllen Bildergeschichten Wünsche und Träume.

Fantastische Bilderbücher sind für Kinder ab vier Jahren geeignet. Neben den wirklichkeitsnahen Bilderbüchern brauchen die Kinder die Geschichten mit fantastischen Elementen, da die Fantasie in ihrer Erlebniswelt eine große Rolle spielt. In der Fantasie können Wünsche und Träume erfüllt werden. Die Gestalten in den Bildergeschichten erleben genau das, was den Kindern in der Realität verwehrt bleibt. Frei von Zwängen und Regeln können die Kinder mit den Fantasiegestalten Abenteuer erleben oder Probleme lösen. Dabei wissen sie, dass das Erleben der Geschichten in der Wirklichkeit nicht möglich ist.

In den **fantastischen Tiergeschichten** erleben die Tiere vermenschlichte Geschichten. Die Tiere zeigen menschliche Gefühle wie Trauer, Freude, Angst, Überraschung u. Ä. Sie können denken und sprechen. Sie finden oft sehr kreative und überraschende Lösungen für ihre Probleme. In ihren Grundeigenschaften bleiben die Tiere aber noch tierisch. Die Geschichten sind meistens humorvoll oder witzig und immer spannend. Die Stimmungen und Gefühle können von den Kindern nachempfunden werden. Sie identifizieren sich etwa mit dem starken Bären in der Geschichte, verwechseln ihn aber nicht mit dem echten Bären im Zoo. Die fantastischen Geschichten können für das Kind befreiend wirken und es zu ungewöhnlichen Lösungen seiner Probleme ermuntern. Sie fordern oft auch zum kritischen Denken und Handeln auf. Gute fantastische Bilderbücher machen dem Kind Mut.

Wenn Kinder die Bilderbücher bei einer Bilderbuchbetrachtung kennen gelernt haben, eignen sich die Geschichten vorzüglich dazu, kleine Rollenspiele aus ihnen zu entwickeln. Die Aussagen der Geschichten prägen sich den Kindern dann noch besser ein, und sie entwickeln Lust an weiteren fantastischen Bildergeschichten.

Buchbeispiele:
Schabernack, Margret Klare/Claudia Schmid, Peter Hammer, 2002
Bärenfreunde, Hildegard Müller, Carlsen Verlag 2001
Mein Puppenhaus, Keiko Sone, Gerstenberg 2002
Boris mit Brille, Peter Cohen/Olof Landström, Hanser 2003
Hugo allein daheim, Sibylle Vogel, Picus 2003

Bilderbücher mit gesellschaftskritischen Themen sind für Kinder ab etwa fünf Jahren geeignet. In ihnen werden in kindgerechter Form gegenwärtige oder zukünftige Probleme des Zusammenlebens in unserer Gesellschaft dargestellt, z.B. Tod, Krankheit, Außenseiter in unserer Gesellschaft, Angst vor dem Alleinsein, Kinder in armen Ländern, Scheidung, Sexualität als Tabu, Umweltzerstörung und Umweltgestaltung, Krieg und friedliches Miteinanderleben und andere Themen mehr.

Buchbeispiele:
Der Kern, Isabel Pin, Salzburg: Neugebauer 2001
Einfach farbig, Jerome Ruillier, bohem press 2000
Weihnachten ist, wenn …, Max Bollinger/Giovanni Manna, bohem press 2002
Vimala gehört zu uns, Petra Mönter/Sabine Wiemers, Kerle 2002
Fünf kleine Teufel, Sarah Dyer, Oetinger 2001
Afrika hinter dem Zaun, Anna Höglund/Bart Moeyaert, Carlsen 1999

Bilderbücher stärken die Persönlichkeitsentwicklung des Kindes

In qualitativ guten Bilderbüchern sind die Themen so aufbereitet, dass sie an die Erlebnisfähigkeit der Kinder anknüpfen. Es können realistische oder auch fantastische Darstellungen sein. Beim Betrachten der Bilder muss sich das Kind ernst genommen und verstanden fühlen. Bilderbücher tragen so zur Persönlichkeitsentwicklung des Kindes bei. Die Themen der Bildergeschichten können in verschiedenster Weise mit den Kindern vertieft werden, z.B. in Rollenspielen, in Puppen- und Schattenspielen, in kreativen Gestaltungsarbeiten.

Buchbeispiele:
Die Blumen der Engel Jutta Treiber/Maria Blazejovski, Annette Betz 2001
Schwi-Schwa-Schweinehund, Karoline Kehr, Altberliner 2001
Hat Pia einen Pipimax? Thierry Lenain/Delphine Durand, Oetinger 2002
Ein Hund für Madlenka, Peter Sis, Hanser 2002
Aber ich will, John Rowe/Karl Rühmann, Michael Neugebauer 2002
Pit im Baumhaus, Sabine Wiemers/Sylvia Heinlein, Beltz 2003

Bilderbücher erklären Kindern die Welt

Sachbilderbücher bieten Kindern die Möglichkeit, ihre Neugierde und ihre Wissbegierde zu stillen. Sie wollen wissen, warum etwas so und nicht anders funktioniert. Sie wollen den Ursachen und Gründen durch eigenes Tun auf die Spur kommen. Sie erwarten von den Erwachsenen anschauliche und eindeutige Erklärungen. Diese wissen aber oft selbst nicht die Antworten auf die Fragen der Kinder, oder sie haben keine Zeit, sich näher mit der Sache zu beschäftigen. Hier bieten dann gut gestaltete Sachbilderbücher eine Hilfe. Die Kinder können sich die richtigen Informationen aus den Büchern holen. Themenbereiche der Sachbilderbücher sind die Natur und Naturereignisse, die Technik und technische Vorgänge sowie das Kultur- und Arbeitsleben. Durch die realistischen Abbildungen und die kindgerechten Texte können die Kinder ihr Wissen selbstständig erweitern und Erklärungen für ihre Fragen finden. Sie werden durch die attraktive Aufmachung ermuntert, sich selbst die Informationsquellen zu beschaffen, die Dinge zu beobachten, zu erforschen und auszuprobieren. Das erlangte Wissen bildet die Grundlage für die Achtung und Verantwortung des Menschen vor der Natur und anderen Menschen.

Buchbeispiele:
Unter der Erde, Bibliographisches Institut & Brockhaus, 1999
Durch Umblättern farbiger Folien wird das Leben der Tiere und Pflanzen unter der Erde sichtbar. Einfache Texte ergänzen den Sachverhalt

Ein kleines Wunder mitten im Müll, Fulvio Testa, Nord-Süd 2001
Wohin Toni und Peter sich auch wenden, überall liegt Müll. Die Leute werfen ihn aus den Fenstern, aus den Autos. Es ist, als wäre die Welt ein Meer von Müll. Doch dann entdeckt Peter etwas, was ihnen neue Zuversicht gibt.

Mein Körper gehört mir!, Pro Familia/Dagmar Geisler, Loewe 6./2001
In einfachen klaren Sätzen und Bildern wird das Thema „Sexuelle Grenzüberschreitung" durch das Mädchen Clara deutlich gemacht. Vorschläge für Präventivmaßnahmen, mit Adressenliste von Beratungsstellen.

Lothar Länglich ist ein Regenwurm, Rotraut Greune/Heike Burghardt, Tivola 2001
Im Dialog eines Brief-Tagebuchs zwischen Oscar, dem Ballonfahrer, und Balthasar Pumpernickel, dem Tierforscher, wird Wissenswertes in sehr anschaulichen Vergleichen über den Regenwurm Lothar Länglich vermittelt. Mit nachahmenswerten Beobachtungen und Naturübungen.

Geschichten hören fördert die Vorstellungskraft und das Sprachvermögen

Die Erzähl- oder Vorlesesituation wird von den Kindern als angenehm empfunden. Geschichten werden Kindern schon im Kleinkindalter erzählt oder vorgelesen. Die Geschichten können realistisch oder fantastisch sein. Die Themen der Geschichten umfassen die Erlebnis- und Erfahrungswelt des Kindes. Tiere und andere Gestalten können ebenso die Hauptperson in der Geschichte sein wie das Kind selbst. Gerne hören Kinder die Geschichten darüber, „Wie es früher einmal war", oder sie wünschen sich, „Lies mir etwas vor". Beim Vorlesen oder Erzählen haben Kinder die vertraute Person für sich allein und können sich an sie kuscheln. So entsteht ein Gefühl von Geborgenheit und Zusammengehörigkeit. Vor dem Schlafengehen, wenn sie getröstet werden möchten, oder einfach nur zum Genießen wünschen sich die Kinder die Vorlese- oder Erzählsituation. In einer Kindergruppe oder im Kindergarten eignen sich besonders die *„Mach-mit-Geschichten"*, *„Spinnengeschichten"*, *„Ende-offen-Geschichten"* oder die *„Tägliche Fortsetzungsgeschichte"* zum gemeinsamen Erzählen.

Geschichten und Vorlesetexte können von den Kindern aktiv mitgestaltet werden. Entsprechend dem Handlungsablauf bewegen sich die Kinder, geben die passenden Geräusche von sich, oder sie erzählen die Geschichte mit eigenen Worten und Ideen weiter. Es können witzige Situationen entstehen, aber auch Situationen, die zum Nachdenken anregen.

Die Spinnengeschichte

Etwa zehn bis 15 Kinder sitzen auf dem Fußboden. Der Erwachsene hat ein Wollknäuel in der Hand und beginnt mit ein paar Sätzen eine Geschichte. Er wirft das Wollknäuel dann einem Kind zu, behält aber das Fadenende in der Hand. Das Kind fängt das Knäuel auf und erzählt die begonnene Geschichte weiter. Es unterbricht sich, wirft das Knäuel einem anderen Kind zu, behält den Faden ebenfalls in der Hand. Am Ende der Geschichte sind alle Kinder durch das Spinnennetz miteinander verbunden.

Buchbeispiele:
Kleine Hexe Billerbix, Anna Benthin/Edda Skibbe, Kerle 2000
Es war eine dunkle stürmische Nacht, Arnhildt Kantelhardt, Gerstenberg 2000
Sommergeschichten, Gregoire Solotareff, Gerstenberg 2002
Eines Tages - Geschichten von Überallher, Hg. H. Gelberg Beltz & Gelberg 2002
Herr Leo und sein Michael, Gudrun Mebs/Wolfgang Rudelius, Sauerländer 2003
Großvatergeschichten von den Tieren, Thomas Winding/Ole Könnecke, Hanser 2003
Der große Zwerg und andere Geschichten, Franz Hohler/Nikolaus Heidelbach, dtv Hanser 2002

Märchen führen in Zauber- und Wunderwelten

Märchen sind Geschichten, die sich vorwiegend Erwachsene in früheren Zeiten zur Unterhaltung erzählt haben. Einige dieser Geschichten wurden im 19. Jahrhundert von den Brüdern Grimm gesammelt und aufgeschrieben. Von diesen so genannten Volksmärchen eignen sich auch einige für Kinder ab etwa vier Jahren. Ist der Handlungsablauf einfach und entspricht das Thema den Interessen des Kindes, kann ein Märchen zu einem Lieblingsmärchen werden.

Märchen erzählen symbolhaft von Wünschen, Sehnsüchten, Nöten, die auch für heutige Kinder noch bedeutungsvoll sind. Meist wird über Familienbeziehungen oder andere zwischenmenschliche Beziehungen erzählt. In der Märchenwelt ist alles möglich. Gestaltungsform und Inhalte der Märchen bieten dem Kind Bilder an, nach denen es seine Fantasie ausbilden, aber auch Orientierungshilfen für eigene Lebenssituationen bekommen kann. Märchenerinnerungen älterer Kinder und Erwachsener resultieren zudem häufig aus den erlebten Erzähl-/Vorlesesituationen, die sie als angenehm oder unangenehm empfanden. (Einschlafrituale, gemütliche Kuschelsituationen mit geliebten Erwachsenen, unerträgliche Spannung, überzogene Betonungen usw.).

Handlungsträger der Märchen

Haupt- sowie Nebenfiguren werden mit gegensätzlichen Eigenschaften dargestellt (Armut und Reichtum, Glück und Pech, Freud und Leid, Fleiß und Faulheit). Auf diese Weise können sich Kinder leichter an den Figuren orientieren, auch in dem Wissen, dass die Gerechtigkeit siegt, das Gute und Fleißige belohnt und das Böse und Untaten bestraft werden.

Merkmale der Volksmärchen

Märchen besitzen einfache formale Strukturen und besondere Stilmittel verhelfen zu einer bildhaften Vorstellung. Märchen verfügen über eine Eingangs- und Schlussformel, sie heben die Zeit auf und bringen den erwarteten beruhigenden Schluss. Die Figuren, Zeiten und Orte werden nicht individuell gekennzeichnet und die dreimaligen Wiederholungen der Verse bieten eine Orientierung. Märchen besitzen eine unkomplizierte, einfache Handlung und alle Situationen werden vereinfacht dargelegt. Ein Konflikt wird kurz und pointiert beschrieben und auf Einzelheiten wird nur eingegangen, wenn sie sehr wichtig sind. Alle Figuren können miteinander sprechen und die natürliche Ordnung wird nach vorheriger Zerstörung wieder hergestellt.

Wovon erzählen Volksmärchen? (Märcheninhalte/-themen)

Märchen beschreiben und informieren nicht nur über die äußere Welt, sondern bringen innere, seelisch-unbewusste Vorgänge des Menschen in Form von Bildern zum Ausdruck, und zwar so, dass Kinder sie verstehen können. Märchen beschreiben alle Seiten des menschlichen Lebens, wobei drei menschliche Grundthemen überwiegen: Liebe – Angst – Tod.

> *„Das Märchen nimmt die existentiellen Ängste sehr ernst und spricht sie unmittelbar aus: das Bedürfnis, geliebt zu werden und die Furcht als nutzlos zu gelten; die Liebe zum Leben und die Furcht vor dem Tode."*
>
> *(Bettelheim, 1977 S. 15)*

Märchen beschreiben alle Seiten des menschlichen Lebens, wobei drei menschliche Grundthemen überwiegen: Liebe – Angst – Tod. Sie stellen Problem- und Konfliktlösungen dar und machen deutlich, dass nur echte Bindungen und Beziehungen von Dauer sind. Märchen

→ konfrontieren mit grundlegenden menschlichen Nöten (Sterntaler, Der süße Brei)
→ stellen kindliche/menschliche Bedürfnisse, Wünsche und Träume dar (Hans im Glück, Aschenputtel)
→ greifen Geschwisterprobleme auf (Schneeweißchen und Rosenrot)
→ zeigen das Erwachsenwerden (Die goldene Gans)
→ offenbaren gesellschaftliche wie existenzielle Probleme (Hänsel und Gretel)
→ beschreiben Liebe, Trennungsschmerz und andere allmächtige Gefühle in ihren verschiedenen Erscheinungsweisen (Rumpelstilzchen, Schneewittchen)
→ präsentieren Hauptfiguren, die Aufgaben lösen und Prüfungen bestehen müssen (Rotkäppchen, Dornröschen, Der Teufel mit den drei goldenen Haaren)

Welche Bedeutung haben Märchen für Kinder?

Märchen entsprechen in Form und Gestalt der kindlichen Entwicklungsstufe. Bis zum sechsten Lebensjahr befinden sich Kinder noch im so genannten **magischen Realismus**, d. h.: Realität und Fantasie stehen eng nebeneinander. Kinder glauben an das Wunderbare, sie schlüpfen gerne in andere Rollen (Rollenspiel) und geben alltäglichen Situationen oder Ereignissen eine symbolhafte Bedeutung. Kinder lassen Spielzeug und andere Dinge problemlos lebendig werden und nicht begreifbare Dinge oder Situationen werden sinnbildlich gedeutet.

Märchen können Freude, Befriedigung und emotionale Sicherheit verschaffen. Märchen können beim Bewältigen innerer Konflikte und Ängste helfen und den Aufbau moralischer Haltungen unterstützen, da die Charaktere typisch, nicht einmalig dargestellt werden. Sie sind nicht ambivalent (nicht wie in der Wirklichkeit gut und böse zugleich). In fast allen Märchen gibt es das Böse als auch das Gute – wie im richtigen Leben. Gerade diese Zweiheit verursacht das moralische Problem und erfordert den Kampf und seine Lösung. Das Böse beinhaltet oft Faszination (z. B. symbolisiert durch Zauberkunst der Hexe, Allwissenheit der Königin) und gewinnt vorübergehend auch die Oberhand, wird am Ende aber doch bestraft.

Der Held gewinnt immer. Da sich das Kind von sich aus mit ihm identifiziert und mit ihm alle Mühen und Widrigkeiten durchleidet, freut es sich am Ende mit ihm, wenn er belohnt wird. Hierbei hat das Kind die Möglichkeit, eigene moralische Sichtweisen zu entwickeln. Die Darstellung der charakterlichen Gegensätze erleichtert es dem Kind, Unterschiede zu erfassen. Dies wäre nicht so einfach, wenn die Figuren lebensecht und komplex wie wirkliche Menschen dargestellt wären. Je einfacher und geradlinig eine gute Gestalt ist, umso leichter fällt es dem Kind, sich mit ihr zu identifizieren und die böse Gestalt abzulehnen.

Welches Märchen für welches Alter (mögliche Auswahlkriterien)?

Märchen sind – entsprechend der individuellen Entwicklung – erst für Kinder ab etwa vier Jahren geeignet. Nicht jedes Märchen ist für jedes Kind geeignet. Je jünger das Kind ist, umso einfacher sollte das Märchen sein. Grausamkeiten sollten zunächst ausgeklammert bleiben.

Folgende Kriterien helfen bei der Auswahl:

Alter	Form und Inhalt der Märchen
ab 3/4 Jahre	**Ein-Motiv-Märchen** Aus einem Märchenmotiv entwickelt sich eine schlichte Handlung, die oft linear verläuft. Das Geschehen wird ohne Umschweife klar erzählt, z. B.: KHM 153[1] „Die Sterntaler", KHM 153 „Der süße Brei", KHM 200 „Der goldene Schlüssel"
ab 4/5 Jahre	**Ketten-Märchen** Einzelne Szenen werden im Sinne einer Und-dann-Erzählung kettenförmig aneinander gereiht, sie stehen aber in direktem Zusammenhang mit dem Grundgeschehen. Die meisten dieser Märchen beinhalten Themen aus dem Erlebensbereich des Kindes, z. B.: KHM 15 „Hänsel und Gretel", KHM 83 „Hans im Glück", KHM 26 „Rotkäppchen". Oder sie erzählen Geschichten aus der Tierwelt, z. B.: KHM 5 „Der Wolf und die sieben jungen Geißlein", KHM 180 „Die Bremer Stadtmusikanten", KHM 10 „Das Lumpengesindel". Außerdem handeln Märchen oft von personifizierten leblosen Gegenständen, z. B.: KHM 18 „Strohhalm", „Kohle und Bohne" oder das norwegische Märchen „Der dicke fette Pfannkuchen"
ab 5/6 Jahre	**Schachtel-Märchen** Diese Märchen verfügen über mehrere Hauptmotive, die ineinander verschachtelt sind oder zeitlich parallel nebeneinander herlaufen und sich an unterschiedlichen Schauplätzen ereignen. Zu ihnen gehören hauptsächlich die so genannten Wunder-Märchen. Jüngere Kinder können den plötzlichen Gestaltwandel, wie er im Wundermärchen thematisiert wird, noch nicht erfassen und nachvollziehen. Diese meist recht komplexen Märchen erzählen von seltsamen Wundergaben, z. B.: KHM 36 „Tischchen deck dich, Goldesel und Knüppel aus dem Sack", von außenirdischen Welten und von wunderbaren Verwandlungen, z. B.: KHM 24 „Frau Holle", KHM 1 „Der Froschkönig" oder „Der eiserne Heinrich".
ab 6/7 Jahre	**Helden-Märchen** mit heiterem oder ernstem Charakter, einer Vielzahl von Geschehnissen und Ereignissen sowie abenteuerlichen Schauplätzen, z. B. KHM 20 „Das tapfere Schneiderlein", KHM 136 „Der Eisenhans", oder KHM 116 „Das blaue Licht", Fabel-Märchen, z. B. KHM 102 „Der Zaunkönig und der Bär". Legenden-Märchen, z. B. KHM 194 „Die Kornähre" Schwank-Märchen, z. B. KHM 34 „Die kluge Eise" Erst Kinder in der realistischen Entwicklungsphase können die vielen Vorgänge dieser umfangreichen Märchen erfassen, behalten, überschauen und in einen Zusammenhang bringen

vom Wege/Wessel, 1999, S. 170

Was kann man mit Märchen machen?

→ Erzählen, vorlesen im Bilderbuch anschauen
→ Verkleidungs- und Rollenspiele spielen
→ Märchenspiele (Pantomime, Schattenspiele etc.) aufführen
→ Lied- und Kreisspiele mit einer Kindergruppe durchführen
→ Gemeinsam Märchenverse rhythmisch sprechen, neue erfinden
→ Kreative Gestaltungstechniken anwenden
→ Eigene Kettenmärchen erfinden
→ Märchenvariationen aufschreiben, usw.

---

[1] KHM = Kinder- und Hausmärchen

Die Haus- und Volksmärchen der Gebrüder Grimm findet man als Sammlungen bei verschiedenen Verlagen.

Kettenmärchen eignen sich zum Erzählen in einer gemütlichen Runde („Es war einmal ... Und dann ... Und dann kam ... Und dann sagte ...").

Comics unterhalten durch stereotype Bildersprache

Comics sind für Kinder ab sechs Jahren geeignet. Geschichten werden in Form von Bildstreifen dargestellt. Jede Situation ist ein eigenes Bild. Alle Figuren sind umrandet und flächig gezeichnet. Verdeutlicht wird die Aussage eines Bildes meist durch eine Sprechblase. In diese Sprechblase ist dann der gesprochene Satz geschrieben, oder es ist in Lautsprache ein Gefühl nachgeahmt. Kinder, die noch nicht lesen können, verstehen nur manchmal die volle Aussage des Bildes. Freude bereitet es den Kindern, wenn sie zu den Bildern ihre eigene Geschichte erzählen können oder wenn sie sogar ihren eigenen Comic herstellen können. Da es kaum Comics für leseunkundige Kinder gibt, gilt auch hier, dass der Erwachsene eine kindgerechte Auswahl trifft und das Kind mit dem Comic nicht alleine lässt.

Kinderliteratur in medialer Bearbeitung

Kinderliteratur auf Tonträgern ist bei den Kindern sehr beliebt. Lieder, Geschichten, Märchen und Bilderbücher werden häufig in Kindersendungen im Fernsehen gezeigt. Auf **Video**, **Kassette** und **CD** sind sie für das Kind jederzeit erreichbar. Meist besitzen die Kinder einen Kassettenrecorder und können ihn bedienen. In diesem Fall kann das Kind seine Lieblingsgeschichte, Lieblingslieder oder Hörspiele so oft hören, wie es möchte. Durch die beliebige Wiederholbarkeit kann das Kind sich immer wieder in Spannungs- und Entspannungszustände versetzen.

In einer Kindergruppe kann das Gehörte stimulierend wirken. Die Kinder singen und spielen es nach. Wichtig ist, dass das Kind nie das Gefühl des Alleinseins oder Abgeschobenseins entwickelt, wenn es mit den Tonträgern allein gelassen wird. Die Bezugsperson sollte immer in ansprechbarer Nähe sein. Bei der Auswahl werden das Alter und der Entwicklungsstand der Kinder berücksichtigt, und bei der Anschaffung muss auf gute Ton- und Bildqualität geachtet werden.

Computer (PC) gehören heute zur alltäglichen Ausstattung von Lebens- und Arbeitsräumen. Der Umgang mit dem PC wird von Jahr zu Jahr einfacher, so dass bereits Kinder im Kindergartenalter erste interaktive Spielerfahrungen machen. Der frühe Zugang ermöglicht Kindern, Spielen und Lernen miteinander zu verbinden. Bei literarischen Computerspielen werden Kinder durch eine Geschichte oder ein Märchen neugierig gemacht und spielerisch in den Fortgang einbezogen. Durch das Anklicken bestimmter Symbole können Trickfilmsequenzen in Gang gesetzt, Grafiken durch Zeichnungen oder neue Wörter ersetzt werden. Hierzu ertönen Geräusche, Musik, akustische Signale oder Kommentare. Bei interaktiven Bilderbüchern oder Geschichten, die nur per Mausklick „umgeblättert" werden, verlieren Kinder schnell das Interesse.

Folgende mediale Bearbeitungen können bei Kindern eingesetzt werden:

Musik	Hörspiel	Film	Computerspiel	Hörbuch
„Der Badewannenkapitän/Du bist mein Liebling" (Patmos) Erwin Grosche	„Das kleine Känguru" (Patmos) Paul Maar	„Die Königin der Farben" (VHS-Video) Jutta Bauer	„Das Traumfresserchen" (Terzio) Michael Ende, Annegret Fuchshuber	„Es war eine dunkle stürmische Nacht" (Jumbo) Arnhild Kantelhardt (Hg), Katharina Thalbach, Karl Meinrad (SprecherIn)
„Anne Kaffeekanne" (Patmos) Frederik Vahle	„Siebenstein" (Modus Vivendi)	„Die Geschichte vom dicken, fetten Pfannekuchen" (VHS-Video) Jürgen Egewolf, Uwe Jeschke	„Mitternachtsspiel" (Tivola) Kveta Pacovska	„Jenny ist meistens schön friedlich" (Jumbo) Kirsten Boie/Erika Strotzki (Sprecherin)

Methodische Hinweise: Umgang mit Kinderliteratur

Anlass und Auswahl

→ In vielen Situationen und zu verschiedenen Anlässen kann die Kinderpflegerin mit den Kindern Geschichten erzählen. Bilderbücher anschauen, Lieder singen, Reime und Gedichte sprechen, Hörspiele hören, Filme anschauen, Computerspiele durchführen.
→ Bei der Auswahl geeigneter Kinderliteratur oder medialer Bearbeitung werden vorrangig die Interessen, Bedürfnisse, Wünsche und Anregungen der Kinder berücksichtigt.
→ Qualität ist wichtiger als Quantität.
→ Die eigene Motivation muss überprüft werden, d. h., nur wenn die ausgesuchte Art der Kinderliteratur gefällt, kann sie Kindern sinnvoll und anregend vermittelt werden.

Vorbereitungen

→ Die räumlichen Bedingungen, die Zielsetzungen und die Bedürfnisse der Kinder bestimmen die Auswahl von Ort und Sitzform. Die Zeitdauer und der Tageszeitpunkt sind abhängig vom Interesse und dem Konzentrationsvermögen der Kinder.
→ Die Anzahl der Kinder wird bestimmt durch die Art der Kinderliteratur. An einer Lied- oder Spieleinführung können sicher zehn bis zwölf Kinder teilnehmen. Eine Bilderbuchbetrachtung oder Computerspielsitzung wird mit weniger Kindern durchgeführt. Das Sprechen und Zuhören gelingen besser in einer kleinen Gruppe, weil alle sich sehen und Rücksichtnahme üben.

Einstimmung/Durchführung

→ Eine motivierende Einstimmung und eine angenehme Atmosphäre werden erzeugt mittels symbolischer Gegenstände oder Requisiten, die zur ausgewählten Kinderliteratur passen. Geeignete Raumdekoration und bereitgestellte gemütlich-kuschelige Sitzgelegenheiten (Decken, Kissen) unterstützen die Atmosphäre.
→ Bei der **Bilderbuchbetrachtung** ermöglichen eindringliche Fragen zum Thema und Titelbild den Einstieg in das Thema. Die folgenden Bilderseiten fragend erarbeiten, wobei der Text gelesen oder frei erzählt werden kann.

→ Beim **Erzählen und Vorlesen/Hörbuch** wecken eine Handpuppe, die in das Lese-ereignis einführt, betonte Sprechweise und passende Gestik und Mimik die Neugierde und erhalten das gespannte Interesse der Kinder. Zum Schluss erzählen die Kinder der wieder aufgetauchten Handpuppe eine Kurzfassung.

→ Bei einer **Lied- oder Spielliedeinführung** kann der Inhalt als kurze Geschichte vorab als Einstieg erzählt werden. Text und Melodie nicht getrennt einüben, sondern immer gleich-zeitig. Durch häufige Wiederholungen prägen sich die Kinder das Lied schnell ein.

→ Im sachgerechten **Umgang mit Kassettenrecorder** und Audiokassetten sind Kinder-gartenkinder in der Regel zwar ziemlich geübt, dennoch sollten Sicherheitshinweise er-teilt werden. Bei Geräten, die vom Stromnetz unabhängig sind, wiederaufladbare Bat-terien verwenden. Während des Hörens sollten die Kinder ihre Emotionen verbal und gestisch-mimisch ausdrücken können. Das Hörspiel kann für eine kurze aktive Pause unterbrochen werden. Parallel können eingefügte Lieder und Verse gemeinsam mitge-sungen, mitgesprochen werden.

→ Vor der **Filmvorführung** sind die üblichen Sicherheitsvorkehrungen zu treffen sowie tech-nische Bedingungen zu prüfen: Funktionstüchtigkeit und Standsicherheit der Geräte; un-fallsichere Verlegung der Stromanschlusskabel; Belüftungs- und Verdunklungsmöglichkei-ten des Raumes; Sitzgelegenheiten mit ungestörter Sicht auf Bildschirm oder Leinwand. Für die Filmveranstaltung einen geeigneten Zeitpunkt finden und die Gesamtdauer festlegen (ca. 25–30 Minuten Film), dazu Einladungen und/oder Eintrittskarten gemeinsam erstellen.

→ **Computerspiele** werden je nach Anlass und Zielsetzung als alltägliches freies Spielan-gebot oder projektähnlich als Besonderheit mit einer speziellen Kindergruppe durchge-führt. Die Gesamtspieldauer sollte 20–30 Minuten in der Regel nicht überschreiten. Wäh-rend der Spielsitzung aktive Pausen einlegen. Sinnvoll ist es, die Sitzung mit einem natürlichen Spielschluss zu beenden. Zudem sollte das Ende des Computerspiels mit einer positiven Erfahrung verbunden und das Abschalten des Computers von Kindern selbsttätig ausgeführt werden. Diese Handlung verleiht Kindern eine Machtposition und unterstützt sie im selbstständigen Umgang mit dem PC. Andere Medien wie Bilderbuch, Lieder, Tischspiele, Rollenspiele können in die Computerspiele zielgerichtet eingebun-den werden. Zusätzliche Mal- und Zeichenprogramme können ebenfalls spielerisch be-nutzt werden. Einzelne Elemente der Computerspielmärchen (z.B. animierte Haupt- oder Helferfiguren, Titelsong, vorgelesene Textpassagen, Klänge und Geräusche, Verswie-derholungen, Lösung einer kniffligen Aufgabe) und die Möglichkeit, einen Ausdruck zu erstellen, dienen Kindern als Impuls zur Entwicklung eigener Märchen-, Rollen- oder Ge-staltungsspiele. Hier sollten Kinder über passende Spielrequisiten verfügen können.

Abschluss

→ Als Abschluss eines Seh- oder Hörereignisses sollten Kinder mit Hilfe der Kinderpfle-gerin zum Ausgangspunkt des Geschehens in die Wirklichkeit zurückfinden und Ge-legenheit zum Spannungsabbau haben, z.B. durch unvermittelten Meinungsaus-tausch, spontane Rollenspiele (dazu Requisiten bereithalten), natürliche Bewegungs-spiele, Verswiederholungen, singen des Titelsongs usw.

→ Weitere Möglichkeiten zur Vertiefung der Kinderliteratur können auch zu einem späte-ren Zeitpunkt angeboten und durchgeführt werden. Die Kinderpflegerin sollte dann den Kindern die Gelegenheit dazu geben, z.B. die Geschichte oder das Märchen im Rollen-spiel nachzuspielen, zu dem Bilderbuch ein eigenes Bild zu malen oder zu gestalten, eine eigene Geschichte oder einen Abzählvers zu erfinden.

→ Die Geschichte, das Bilderbuch, das Lied-, Hör- oder Computerspiel wiederholt anbieten.

AUFGABEN

Führen Sie in Ihrer Lerngruppe oder Berufsfachschule eine Umfrage zum eigenen Leseverhalten durch. Entwickeln Sie geeignete Fragestellungen, z.B. „Bist du ein Lesemuffel oder eine Leseratte?" „Was liest Du gerne?"

Überlegungen zu einer Befragung mit Fragebogen

→ Was soll in Erfahrung gebracht werden? (Ziel)
→ Wer soll befragt werden? (Adressat)
→ Welche Frageformulierungen sind geeignet?
→ Wann findet die Frageaktion statt? (Zeitpunkt)
→ Wo wird die Frageaktion durchgeführt? (Ort)
→ Wie werden die Antworten ausgewertet?
→ Was geschieht mit dem Ergebnis?

Planen Sie mit Ihrer Klasse eine Besichtigung der Kinderbücherei. Beantworten Sie die folgenden Fragen und veranschaulichen Sie in der Lerngruppe die Antworten:

→ Welche Öffnungszeiten hat die Kinderbücherei?
→ Nach welchen Regeln werden die Bücher entliehen?
→ Nach welchen Merkmalen sind die Bücher unterteilt?
→ Wer kann die Kinderbücher entleihen?

Wählen Sie ein Kinderbuch aus, leihen Sie es. Stellen Sie dieses Kinderbuch in Ihrer Klasse vor, begründen Sie Ihre Auswahl.

Vergleichen Sie das Bilderbuchangebot in einer Buchhandlung und einem Kaufhaus/Supermarkt. Beurteilen Sie das Angebot.

Vergleichen Sie die Elementarbilderbücher in der Kinderbücherei anhand der aufgeführten Merkmale (s. S. 151). Stellen Sie für das Kind in der Praktikumsfamilie ein Elementarbilderbuch her.

Entwickeln Sie aus den folgenden Begriffen eine „Mach-mit-Geschichte" oder eine „Ende-offen-Geschichte": Staubsauger – Schwimmbad – Strohhalm – Straßenbahn – Spraydose – Sofa – Schal – Schimmelpilz – Sonntag – Sitzgarnitur. Erzählen Sie die Geschichte.

Arbeiten Sie eine Kindergeschichte zu einem Hörspiel oder Rollen-/Puppenspiel um. Überlegen Sie, wie die Kinder im Kindergarten in diese Aktion mit einbezogen werden können.

5.2 Methoden und Handlungsweisen in der sozialpädagogischen Fachpraxis

Unterschiedliche Methoden und Handlungsweisen tragen zur positiven Entwicklung der Erziehungs- und Bildungsprozesse in einer Gruppe bei, wenn sie altersgerecht spielerisch gestaltet und an den Bedürfnissen der Kinder ausgerichtet sind. Einige systematische Arbeitsweisen zeigen sich im Alltag der Kindertageseinrichtungen und Familie als geeignet:

→ **Der geregelte Tagesablauf** ist für die Orientierung der Kinder von großer Bedeutung. Er gliedert sich in die wiederkehrenden Elemente, die nach Situation und Bedürfnislage verändert werden können.
→ **Offene Angebote** wie das Freispiel, das Frühstück, die Mittagsmahlzeit und der Sitzkreis (Gesprächs-/Spielkreis) richten sich an die Gesamtgruppe und sind Ausgangspunkt für soziales Zusammenleben und unterschiedliche Bildungsprozesse.
→ **Angeleitete Einzelangebote und/oder thematische Angebotsreihen** mit einem Kind oder mit einer Kleingruppe sind in den Tagesablauf integriert, mit der Zielsetzung, kindliche Entwicklungsprozesse einzuleiten und zu fördern. Je nach Anlass und Situation bieten Erzieherinnen und Kinderpflegerinnen den Kindern angeleitete Einzelangebote und/oder entwickeln gemeinsam mit den Kindern eine thematische Angebotsreihe.

Die Auswahl der offenen wie angeleiteten Angebote erfolgt idealerweise nach der Erstellung einer Situationsanalyse (s. S. 117). Sie ermittelt und erfasst aktuelle Anlässe. Die anschließende **Reflexion**, d. h. die Auswertung der angewandten Methoden und Handlungsweisen, ist erforderlich, um Folgerungen für die weitere Arbeit abzuleiten.

5.2.1 Offene Angebote in der Gesamtgruppe

Das Freispiel

Das Freispiel nimmt den Hauptanteil der Zeit im Tagesablauf ein. Es ist für die ganzheitliche Entwicklung des Kindes von großer Bedeutung. Im Freispiel hat das Kind die Möglichkeit, von sich aus sein Spiel nach eigenen Bedürfnissen und Vorstellungen selbst zu gestalten. In verschiedenen Spielformen kann es seine individuellen Erlebnisse verarbeiten und vertiefen.

Freie Wahl eines Spielpartners

Jedes Kind kann seinen Spielpartner, ob Kind oder Erwachsenen, frei wählen. Ebenso hat es die freie Entscheidung darüber, auch allein zu spielen. Neue Kinder oder Kinder mit wenig oder schwieriger Kontakterfahrung suchen anfänglich besonders die Erzieherin oder Kinderpflegerin als Spielpartnerin, die ihnen die nötige Sicherheit vermittelt. Im Laufe der Zeit nehmen sie selbstständig Kontakt zu anderen Kindern auf. Sie bilden lose Freundschaften, die noch sehr wechselhaft sind.

Jedes Kind möchte als Gruppenmitglied akzeptiert werden und Anerkennung erfahren. Im Freispiel entscheiden die Kinder selbst, wer mitspielen darf, ohne Einmischung der Erwachsenen. Im Umgang mit anderen werden soziale Verhaltensweisen geübt. Die Kinder erfahren, sich im Spiel anzupassen, sich durchzusetzen und Konflikte auszutragen. Ihr Selbstvertrauen wächst. Sie entwickeln ein Gefühl der Gemeinschaft und lernen, Verantwortung für sich und andere zu übernehmen.

Freie Wahl des Spielortes

Kinder benötigen für ihr Bedürfnis nach Selbstständigkeit unterschiedliche Orte im Kindergarten, an denen sie tätig werden können. In vielen Gruppenräumen sind Spielecken abgeteilt, die bestimmte Funktionen haben:

→ Bauecke: Ein z. B. mit Teppichboden ausgestatteter Bereich, in dem mehrere Kinder mit Bau- und Konstruktionsspielzeug, Autos, Figuren, Natur und kostenlosen Materialien u. a. ihr Spiel gestalten.
→ Puppenecke: Meist mit Puppenmöbeln in kindgerechter Höhe eingerichtet. Dieser Spielbereich wird durch Wohn- und Küchenzubehör ergänzt sowie durch Verkleidungsgegenstände, Puppen, Stofftiere, Tücher, Decken u. a., die sich für Rollenspiele in kleinen Gruppen anbieten.
→ Kuschel-, Lese- oder Tobeecke: Mit Matratzen, Kissen, Decken und Tüchern ausgestattet, bietet sie einzelnen Kindern Rückzugsmöglichkeiten. Manchmal stehen ihnen hier auch Bücher zum Anschauen oder Musik zum Entspannen zur Verfügung. Nicht immer wird dieser Bereich von den Kindern als Ruhezone benutzt, sondern auch gerne zum ausgelassenen Toben.

Das entwicklungsbedingte Bedürfnis nach Bewegung ist bei Kindern sehr groß. Deshalb reicht der Platz für mehrere Kinder in den genannten Spielecken häufig nicht aus. Um diesem Bedürfnis zu entsprechen, haben einige Kindergärten ihre ehemaligen Gruppenräume in Erfahrungsräume umgestaltet. Dort gibt es z. B.:

→ einen Bewegungsraum (Rutschen, Schaumstoffelemente etc.),
→ einen Ruheraum (Bücher, Kuschelecke, Puzzleebene, Musik),
→ einen Rollenspiel-Raum (Verkleidungsmaterial, Musik, Tanz, Puppenecke),
→ einen Werkstatt-Raum (Farben, Werkzeug, Ton etc.).

Ein gesonderter Raum oder Bereich für das Frühstück steht den Kindern ebenfalls zur Verfügung. Die Nebenräume des Kindergartens werden in das Freispiel mit einbezogen: Flur oder Eingangshalle, Waschräume, Außengelände. Die Kinder können sich frei entscheiden, wo sie in ihrem Kindergarten spielen wollen, müssen sich aber an gemeinsam aufgestellte Regeln halten, z. B.: Wasserspiele gibt es nur im Waschraum, Werkzeuge werden nur im Werkstatt-Raum benutzt. Da jeder Raum bestimmte Bedürfnisse des Kindes anspricht, werden Konflikte zum größten Teil vermieden.

Freie Wahl des Spielmaterials

Im Kindergarten ist das Spiel- und Beschäftigungsmaterial in offenen Regalen oder Schränken für alle Kinder zugänglich. Die Spielmaterialien bieten den unterschiedlichen Altersstufen vielfältige Erfahrungsmöglichkeiten. (Z. B. sind Holzbausteine oder Wachsmalstifte für alle Entwicklungsstufen geeignet.) Eine Auswahl von Materialien für folgende Spielformen steht den Kindern zur Verfügung:

Gestaltungsspiele	Farbe, Papier, Holz, Stoff und die dazugehörigen Werkzeuge, Bau- und Konstruktionsmaterial, Musikinstrumente
Rollenspiele	Verkleidungsgegenstände, Decken, Puppen, Stofftiere, Haushaltsgegenstände, Puppenstube, Fahrzeuge, Handspielpuppen usw.
Betrachtungs- und Experimentierspiele	Pflanzen, Tiere, Naturmaterialien, Waagen, Kugelbahnen, Magnete, Messgeräte, Lupe, Sand-Ölbilder
Bewegungsspiele	Ball, Seil, Murmeln, Rhythmik- und Turngeräte
Regelspiele	Tischspiele wie Memory, Lotto, Domino

Unter fachlicher Anleitung der Erzieherin oder Kinderpflegerin können die Kinder auch Werkzeuge benutzen wie z.B. Hammer, Nägel, Zange, Säge. Im Laufe des Jahres wird durch den Austausch von Spielmaterialien das Spiel der Kinder abwechslungsreicher und sie erfahren neue Anregungen.

Freie Wahl der Spielzeit

Eigentlich ist die Zeit des Freispiels durch die Aufenthaltsdauer im Kindergarten begrenzt. Trotzdem hat das Kind die Möglichkeit, seine Spielzeit individuell zu regeln. Es entscheidet selbstständig, wie kurz oder wie lange es bei einem Spiel verweilen möchte. Bei jüngeren Kindern ist die Konzentrationsfähigkeit noch sehr gering. Ihr Spiel ist spontan und manchmal nur von kurzer Dauer. Häufig sind sie jedoch durch Beobachten oder Zuschauen innerlich an einem Spiel beteiligt, ohne selbst aktiv mitzuspielen. Im Freispiel sollte das Kind die Möglichkeit haben, sein gewähltes Spiel ohne Unterbrechungen zu Ende zu spielen. Durch Unterbrechungen, Störungen oder vorzeitige Abbrüche wird das Kind aus seiner Spielsituation herausgerissen und verliert seine Spielfreude. Ein natürliches Bedürfnis des Kindes ist, sein Spiel mehrmals zu wiederholen. Es erlebt Vorgänge intensiver, Eindrücke festigen sich, werden ihm vertraut und geben Sicherheit.

Methodische Hinweise: Begleitung des Freispiels

Im Freispiel sucht die Kinderpflegerin die persönliche Zuwendung zum einzelnen Kind und zu kleinen Spielgruppen:
→ Sie begrüßt ankommende Kinder.
→ Kinder, die Kontaktschwierigkeiten haben, werden zunächst beobachtet. Die Kinderpflegerin macht Spielvorschläge und bietet sich als Spielpartner an. Sie zieht sich aber wieder zurück, sobald Kontakt mit anderen Kindern aufgenommen wurde.
→ Kinder, die ausruhen oder zuschauen wollen, werden nicht zu einer Tätigkeit gedrängt.
→ Sie regt Kinder dazu an, ihr begonnenes Spiel zu Ende zu führen.
→ Sie gibt Kindern, die andere in ihrem Spiel stören, Spielanregungen, und spielt eventuell mit ihnen gemeinsam.
→ Kinder, die konzentriert spielen, werden nicht unterbrochen.
→ Kindern, die etwas mitteilen möchten, hört sie aufmerksam zu.

→ Selbst hergestellte Produkte, die Kinder zeigen möchten, betrachtet sie aufmerksam und gibt eventuell weitere Anregungen.

→ Kinder, die Misserfolge im Spiel erlebt haben, ermutigt sie.

→ Bei Konflikten verhält sie sich zunächst beobachtend. Finden die Kinder selbst keine Lösung, versucht sie gemeinsam mit ihnen eine Lösungsmöglichkeit zu finden.

→ Sie geht ihrer Aufsichtspflicht nach, indem sie sich einen Überblick über die Aufenthaltsorte der Kinder verschafft.

→ Sie macht besondere Spielangebote, die von den Kindern selbstständig wahrgenommen und durchgeführt werden können.

→ Sie sorgt für die Organisation des Frühstücks.

→ Sie erinnert die Kinder in bestimmten Situationen an das Einhalten der Gruppenregeln.

→ Sie kündigt das Ende des Freispiels rechtzeitig an, damit die Kinder ihr Spiel beenden können.

→ Sie regt die Kinder zum Aufräumen an und hilft ihnen, solange sie selber aktiv dabei sind.

→ Eine gute Zusammenarbeit zwischen Erzieherinnen und Kinderpflegerinnen wirkt sich positiv auf die Gruppenatmosphäre aus. Sie tauschen regelmäßig pädagogische und organisatorische Fragen aus und treffen gemeinsame Absprachen.

Planungsschema: Freispielbegleitung

1. Beschreibungen zum Ablauf der Freispielphase (Beginn/Ende, Gruppenregeln, Absprache mit der Gruppenleitung)

2. Beschreibung des Freispielimpulses (Begründung/Situationsbezug, s. Freispielbeobachtung S. 114)

3. Beobachtungen zum Spielverhalten der Kinder

4. Zielsetzung der Freispielphase mit Freispielimpuls

5. Vorbereitungen (Ort/Raum, Material/Anschauung, Frühstück)

6. Geplante Durchführung der Freispielbegleitung

Verlauf	Begründung
6.1 Beginn der Freispielphase ■ Wie empfangen Sie die Kinder? **6.2** Hauptphase ■ Welche Hilfestellungen bieten Sie den Kindern? ■ Wie verhalten Sie sich im weiteren Verlauf des Freispiels und des Freispielimpulses? **6.3** Abschlussphase ■ Wann/Wie wird der Freispielimpuls beendet? ■ Was geschieht mit den Ergebnissen? ■ Wann/Wie wird die Freispielphase beendet?	

7. Reflexion:
→ Stellungnahme zur Organisation des Freispiels und des Freispielimpulses (Wie war die eigene Vorbereitung, der Verlauf, das methodische Vorgehen? Gab es Abweichungen von der Planung?)
→ Stellungnahme zu den Zielen (Warum wurden die Ziele erreicht bzw. nicht erreicht?)
→ Stellungnahme zum eigenen Verhalten (Wie schätzen Sie Ihr Verhalten gegenüber einzelnen Kindern und der Gruppe ein?)
→ Stellungnahme zum Verhalten der Kinder (Wie schätzen Sie das Verhalten der Kinder untereinander als auch Ihnen gegenüber ein?)
→ Welche Konsequenzen ziehen Sie für weitere Freispielleitungen mit einem Freispielimpuls?

AUFGABEN

 Beobachten Sie das Freispiel der Kinder und erstellen Sie Beobachtungsprotokolle.

 Entwickeln Sie aus den Beobachtungsprotokollen besondere Spielimpulse für das Freispiel der Kinder.

 Planen und reflektieren Sie eine Freispielbegleitung.

Das Frühstück

Während der Freispielzeit wird in der Regel mit den Kindern ein Frühstuckstisch vorbereitet, an dem sie in kleinen Gruppen essen können. Der Frühstücksplatz ist in einer ruhigen Ecke des Gruppenraumes untergebracht oder in einem eigens dafür eingerichteten Raum. Eine Pergola, ein Baldachin oder eine abgehängte Decke über dem Esstisch vermittelt eine entspannte Atmosphäre, die zusätzlich durch selbst bedruckte Tischdecken oder Sets, Blumen, Kerzen und Keramik- oder Glasgeschirr verstärkt wird.

Die Kinder entscheiden selbst, wann und mit wem sie frühstücken möchten. Sie holen ihre Butterbrottaschen, decken selbst ihren Frühstücksplatz und gesellen sich zu ihrem Tischnachbarn. In einer kleinen Gruppe von sechs bis acht Kindern können sie sich angeregt unterhalten. Manchmal entsteht daraus eine echte Tischgemeinschaft, an der die Erzieherin und Kinderpflegerin auch beteiligt sein können. Befindet sich neben dem Frühstückstisch eine Küchenzeile, können die Kinder ihr abgeräumtes Geschirr anschließend spülen, abtrocknen und in den dafür vorgesehenen Schrank räumen.

Jedes Kind hat, wenn es in den Kindergarten kommt, bereits gewisse Geschmacksvorlieben, Ess- und Trinkgewohnheiten. Es gibt Kinder, die morgens nach dem Aufstehen nicht gleich essen mögen, während andere schon einen großen Appetit haben. Wie auch Erwachsene, essen manche Kinder schnell, manche langsam, haben einmal mehr, einmal weniger Hunger.

Das **gleitende Frühstück** berücksichtigt diese unterschiedlichen Bedürfnisse. Durch eine abwechslungsreiche Gestaltung des gleitenden Frühstücks, z. B. in Form eines Frühstückbuffets, kann auf das Ernährungsverhalten und die Geschmacksbildung der Kinder Einfluss genommen werden. Beim Buffet hat jedes Kind die Möglichkeit, aus dem Angebot z. B. von Obst, Gemüse, Müsli, Milch- und Vollkornprodukten selbst zu wählen. Auf diese Weise lernt es Nahrungsmittel kennen, die es vielleicht von zu Hause nicht gewohnt war. Bei der Vor- und Zubereitung des Frühstückbuffets werden die Kinder mit einbezogen. Sie sammeln hierbei Erfahrung im Umgang mit Nahrungsmitteln und Küchengeräten, üben selbstständiges Handeln und sind aktiv an der Mitversorgung der Gruppe beteiligt. Eine erfolgreiche Ernährungserziehung im Kindergarten kann nur in Zusammenarbeit mit dem Elternhaus gelingen.

Hin und wieder wird im Kindergarten das **gemeinsame Frühstück** eingenommen. Es ist ebenfalls im Tagesablauf integriert, wird aber eher in Verbindung mit besonderen Anlässen durchgeführt, z. B. bei Geburtstagen, Festen und Feiern. Mit der ganzen Gruppe frühstücken kann zu einem Gemeinschaftserlebnis werden. Einleitende Tischlieder, Gebete o. Ä. schaffen dabei eine besondere Atmosphäre. Die Kinder können auch hier bei der Vorbereitung mithelfen, z. B. bei der Herstellung der Mahlzeit, beim Tischdecken und Einschenken der Getränke. Da die Kinder unterschiedliche Bedürfnisse nach Essen und Spiel haben, entstehen beim gemeinsamen Frühstück häufig unnötige Wartezeiten. Die Kinder langweilen sich und werden unruhig. Es entstehen Disziplinschwierigkeiten und die Erzieherin und Kinderpflegerin werden zur Massenlenkung gezwungen.

Die Mittagsmahlzeit

In Kindertageseinrichtungen mit Tagesstättenplätzen werden die Kinder über Mittag betreut. Sie erhalten hier eine **Mittagsmahlzeit,** die sie gemeinsam einnehmen. Große Einrichtungen verfügen über eine hauswirtschaftliche Fachkraft, die das Mittagessen an Ort und Stelle kindgerecht zubereitet. Andere Tagesstätten werden aus der Großküche oder mit Tiefkühlkost beliefert, die das Personal tischfertig macht und durch frische Salate, Obst und Nachtisch ergänzt. Die Kinder sollten auch hier bei der Vor- und Zubereitung mitwirken können. Da sie den ganzen Tag in der Einrichtung verbringen, ist auf eine entspannte Atmosphäre beim gemeinsamen Essen zu achten – eine Mahlzeit ohne Eile und Hektik!

Jedes Kind bestimmt selbst über seine Essensportion und sollte nicht zum Fertig- oder Weiteressen gezwungen werden. Zu Anfang sind die Augen sicher größer als der Hunger, aber mit der Zeit schätzen die Kinder ihre Menge immer besser ein, ein weiterer Schritt zur

Selbstständigkeit! Erzieherinnen und Kinderpflegerinnen haben hier eine besondere Verantwortung und Vorbildfunktion, gesunde Ernährung erlernen und erleben zu lassen.

Planungsschema: Frühstück

Frühstücksform: _____

1. Kurzbeschreibung des geplanten Verlaufs:
   → Beginn/Ende:
   → Ort/Raum
   → Verlauf
   → Regeln
2. Welche Absprachen treffen Sie mit der Gruppenleitung?
3. Welche Vorbereitungen treffen Sie alleine? (Begründung)
4. Welche Vorbereitungen treffen Sie mit den Kindern? (Begründung)
5. Wie verhalten Sie sich während des Frühstücks? (Begründung)
6. Wie organisieren Sie den Abschluss des Frühstücks? (Begründung)
7. Welche Konsequenzen ziehen Sie aus Ihren Erfahrungen?

AUFGABEN

Um die Essgewohnheiten besser einschätzen zu können, führen Sie in einer Kindergartengruppe eine Umfrage durch. (Nehmen Sie den Kassettenrecorder zur Hilfe und beziehen die Kinder als „Reporter" mit ein.)

→ Was isst und trinkst du zum Frühstück?
→ Was isst du am Wochenende? Gibt es da etwas Besonderes?
→ Hast du ein Lieblingsgericht?
→ Welche Süßigkeiten isst du gern? Wo bekommst du sie her?
→ Was trinkst du am liebsten?
→ Hast du schon einmal selber gekocht? Oder Mama/Papa dabei geholfen?
→ Isst du lieber zu Hause oder in der Kindergruppe? Warum?

* Literaturhinweis: Heike Müller/KerstinSchiffer: Auch Nudeln müssen erst mal wachsen, Offenbach 1989

Beobachten und erfassen Sie die Frühstücksphase in der Kindertageseinrichtung. Fertigen Sie ein Frühstücksprotokoll (s. S. 113) an.

Planen und reflektieren Sie die Frühstücksphase.

Planen Sie zu einem besonderen Anlass ein gemeinsames Frühstück in Ihrem Kindergarten. Beziehen Sie bei der Vorbereitung die Kinder mit ein.

Überlegen Sie Fragestellungen zum Thema „Frühstück/Mittagessen in Kindergärten/Kindertagesstätten" in weiteren Unterrichtsfächern.

Der Sitz- oder Spielkreis

Der Sitzkreis bildet eine günstige Voraussetzung für eine intensive und offene Kommunikation in der Gesamtgruppe oder Kleingruppe. Er kann gemeinsames Tun einleiten oder eine Spielphase ausklingen lassen. Durch seine Geschlossenheit schafft er ein starkes

Empfinden von Gemeinschaft. Die äußere Form hilft, ein Gleichgewicht zu schaffen: Niemand ist hier vor den anderen bevorzugt. Die gegenseitige Wahrnehmung ist im Kreis besonders intensiv.

Eine Gesprächsrunde zu Beginn des Sitzkreises bietet den Kindern die Gelegenheit, Erlebnisse auszutauschen und aktuelle Ereignisse zu besprechen. Die Erzieherin oder Kinderpflegerin unterstützt die Erzählungen, indem sie Fragen stellt, Aussagen bestärkt oder problematisiert. Die Kinder lernen, eigene Meinungen auszudrücken, vor der Gruppe frei zu sprechen und anderen zuzuhören. Ein „Redestein", der immer an den Erzählenden weitergegeben wird, ist anfänglich eine Hilfe, das Zuhören und Ausredenlassen zu üben. Im Sitzkreis haben die Kinder besonderen Spaß daran, gemeinsam zu singen und zu spielen. Kreisspiele, Darstellungsspiele und Mitmachgeschichten kommen der Bewegungsfreude entgegen. Bei diesen Spielen werden häufig Reime in Verbindung mit musikalischen Formen in Körperbewegungen ausgedrückt.

Sich in der Gemeinschaft mit anderen zu bewegen löst und entspannt. Rhythmische Tanz- und Singspiele regen die verschiedenen Sinneswahrnehmungen und die Fantasie der Kinder sowie das Vorstellungsvermögen an, sich in andere hineinzuversetzen. Grob- und Feinmotorik, Geschicklichkeit und Reaktionsfähigkeit werden gefördert und mögliche Berührungsängste oder Hemmungen abgebaut.

Methodische Hinweise: Leitung eines Sitz-/Spielkreises

→ Der Sitzkreis sollte mit einer kurzen Gesprächsrunde beginnen oder mit einem Spiel, das die Aufmerksamkeit aller Kinder auf sich zieht.
→ Alle Kinder sitzen so, dass niemand verdeckt wird (Blickkontakt).
→ Bewegungsreiche und ruhige Spiele sollten sich abwechseln.
→ Einzelspiel, Partnerspiel und Gemeinschaftsspiel sollten in einem angemessenen Wechsel durchgeführt werden.
→ Spielvorschläge der Kinder einplanen und aufgreifen.
→ Bei neuen Spielen die Spielregeln möglichst durch spielerisches Vormachen erklären.
→ Möglichst alle Kinder während des Sitzkreises einbeziehen oder einbeziehen lassen.
→ Kein Kind zum Mitspielen zwingen! Der Kreis kann auch Kinder verunsichern.
→ Kein Kind bloßstellen oder auslachen (lassen).
→ Kein Kind bevorzugen oder benachteiligen.
→ Den Kindern bei Unsicherheiten Hilfen geben, z.B. im Gespräch, bei der Spiel- und Partnerwahl, beim Spielerwechsel.
→ Während des Sitzkreises die Gruppenatmosphäre beachten bzw. beobachten, z.B. bei Unruhe die Spielform ändern oder den Sitzkreis abbrechen.
→ Die Dauer des Sitzkreises sollte sich nach der Konzentrationsfähigkeit der Kinder richten (Richtwert: ca. 20 Minuten)! Zeitliche Planung beachten.
→ Spielende in der letzten Runde rechtzeitig ankündigen.

AUFGABEN

Planen Sie in Partnerarbeit einen Sitz-/Spielkreis. Wählen Sie dafür fünf bis sechs Spiele aus, und bringen Sie diese in eine sinnvolle Reihenfolge. (Beachten Sie die methodischen Hinweise.) Stellen Sie den geplanten Sitz-/Spielkreis in der Lerngruppe vor, und spielen Sie gemeinsam.

5.2.2 Angeleitete Angebote mit einem Kind/mit Kleingruppen

Geplantes Einzelangebot

Neben den vielfältigen freien Spiel- und Beschäftigungsangeboten besteht auch die Möglichkeit, mit Kindern angeleitete Angebote durchzuführen. Diese können sich an einzelne Kinder, eine kleine Gruppe oder die Gesamtgruppe richten.

Die Erzieherin oder Kinderpflegerin leitet eine geplante Tätigkeit an

Die Ziele des Angebots richten sich nach dem Alter und dem Entwicklungsstand des Kindes. Sie orientieren sich an den Kenntnissen, Fähigkeiten und Fertigkeiten des Kindes. Sie basieren auf der Grundlage der kognitiven, affektiv-emotionalen, psycho-motorischen, sozialen Entwicklungsbereiche sowie den kindlichen Interessen und Bedürfnissen. Schon bei den planmäßigen Vorüberlegungen sollten die folgenden Leitfragen beantwortet werden:
→ Was kann das Kind schon?
→ Wo liegen seine Stärken?
→ Was soll es erfahren und lernen?

Ziele angeleiteter Angebote können sein z. B.:
→ selbstständig werden
→ Fantasie zeigen
→ Bewegungsfreude ausdrücken
→ Konflikte lösen
→ Sprachfähigkeit und Sprechfreude erweitern
→ Gemeinschaft (er-)leben
→ mit unterschiedlichen Spielformen umgehen
→ Sachzusammenhänge erfassen
→ Techniken ausprobieren und anwenden
→ Natur erleben
→ neue Ausdrucks- und Gestaltungsmöglichkeiten erfahren

Vielfältige kindgerechte Techniken und Methoden eignen sich, um die angestrebten Ziele zu erreichen, z.B.:
→ bauen, malen, formen, gestalten
→ Gesang, Tanz, Rollenspiele, Bewegungsspiele
→ Feste feiern
→ Bilderbücher, Dias, Filme u.a. anschauen, Gespräche führen, erzählen, reimen
→ Speisen zubereiten
→ beobachten, experimentieren
→ säen, pflanzen
→ Ausflüge und Besichtigungen unternehmen

Die Handlungsweisen können den typischen Erfahrungs- und Erlebnisbereichen in Kindertageseinrichtungen zugeordnet werden, wie beispielsweise
→ Bewegungsbereich
→ musisch-kreativer Bereich
→ Kommunikationsbereich
→ Natur-, Sach- und Umweltbereich

Ziele und Handlungsweisen der angeleiteten Angebote orientieren sich an den Interessen, Wünschen und Bedürfnissen des Kindes. Anlässe und Situationen aus der unmittelbaren Erlebniswelt des Kindes bestimmen die Themen der angeleiteten Angebote. Das Kind möchte verstehen und begreifen, was um es herum vorgeht, warum etwas passiert und wie es funktioniert.

Grundsätzlich muss bei angeleiteten Angeboten beachtet werden, dass
→ die Art und Weise der Durchführung anschaulich und spielerisch, also kindgerecht ist,
→ das Kind Sicherheit erhält, wenn es das Interesse, die Lust und Freude der Kinderpflegerin wahrnimmt

---

Die Durchführung eines angeleiteten Angebotes verläuft in drei Phasen

→ In der Motivationsphase wird die Neugierde des Kindes geweckt und mit einer motivierenden Handlungsweise auf das Thema eingestimmt.
→ In der Erarbeitungsphase wird das Thema mit geeigneten Handlungsweise bzw. Methoden entwickelt.
→ In der Abschlussphase wird das Thema mit einer Handlungsweise zu einem sinnvollen Ende geführt.

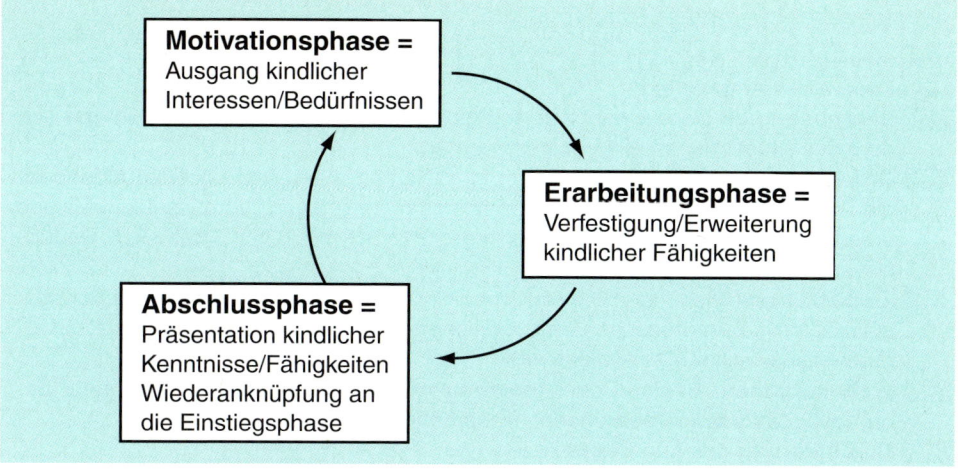

Motivationsphase =
Ausgang kindlicher
Interessen/Bedürfnissen

Erarbeitungsphase =
Verfestigung/Erweiterung
kindlicher Fähigkeiten

Abschlussphase =
Präsentation kindlicher
Kenntnisse/Fähigkeiten
Wiederanknüpfung an
die Einstiegsphase

Das **Ergebnis eines angeleiteten Angebotes** kann z. B. sein:
→ eine gemeinsame Erfahrung
→ eine gewonnene Erkenntnis
→ ein hergestelltes Produkt
→ ein Impuls für weitere Angebote

Methodische Hinweise: Angeleitetes Angebot

→ Das Angebot knüpft an das Vorwissen und die Erfahrungen des Kindes an.
→ Die aktuelle Gruppensituation und das Befinden des einzelnen Kindes wirken auf die Stimmung und die Atmosphäre ein.
→ Die Kinder werden nicht zu einer Teilnahme gezwungen. Sie können sich vielleicht zu einem späteren Zeitpunkt beteiligen.
→ Insgesamt besteht zwischen der Kinderpflegerin und den Kindern eine angstfreie und einander zugewandte Haltung.
→ Nicht zwanghaft die Ziele des Angebots verfolgen, sondern gegebenenfalls auch von den Vorüberlegungen abweichen. Vielleicht war das Thema nicht richtig gewählt oder stimmt mit den Methoden nicht überein.
→ Originelle und spannende Handlungsweisen abwechslungsreich einsetzen, besonders zwischen den Phasen findet ein Methodenwechsel statt, um die Durchführung lebendiger zu gestalten.
→ Die Hinführungsphase steht in einem richtigen Verhältnis zur Erarbeitungsphase, sie ist zeitlich kürzer.
→ Während der Erarbeitungsphase treten alle Kinder in Aktion und beteiligen sich.
→ Lob, Anerkennung und Erfolgserlebnisse wirken sich motivierend auf das Tun der Kinder aus.
→ Die Abschlussphase gestaltet sich harmonisch und erfährt keinen plötzlichen Abbruch.
→ Notwendige Aufräumarbeiten werden in der Regel gemeinsam erledigt.
→ Im Anschluss an die Durchführung erfolgt eine (ausführliche) Reflexion.

Planungsschema: Angeleitetes Angebot

Datum der Durchführung:

1. Thema des Angebotes:

2. Begründung für die Auswahl des Angebotes: (Hier muss ausgehend von den Kindern der Situationsbezug hergestellt werden)

3. Gruppenbeschreibung: Gruppenstruktur (Namen, Alter, Anzahl), Begründung für die Auswahl der Kinder bzw. Gruppenzusammensetzung, Voraussetzungen und Vorerfahrungen der Kinder für dieses Angebot (z. B. Fähigkeiten, Interessen, Bedürfnisse, Stärken, Kenntnisse usw.)

4. Zielsetzungen: Benennen Sie ein Grobziel und ein bis zwei Feinziele aus dem kognitiven/psycho-motorischen/emotionalen/sozialen Bereich. Geben Sie an, wodurch das jeweilige Ziel erreicht wird.

5. Vorbereitungen: Beginn/Dauer (begründen), Ort, Arbeitsplatz, Sitzordnung (begründen), Materialien (begründen), Absprachen mit der Gruppenleitung

6. Durchführung des Angebotes

Verlauf der Phase (Beschreiben Sie in jeder Phase schrittweise die Reihenfolge Ihres Vorgehens)	Begründung
6.1 Motivationsphase → Welche Einstiegsmethode wählen Sie? → Wie/Wodurch wecken Sie die Neugierde, das Interesse der Kinder?	Methode Verhaltensweise
6.2 Erarbeitungsphase → Welches Anschauungsmaterial setzen Sie ein? → Wie erklären Sie Thema, Geräte, Technik? → Was können die Kinder selbstständig tun? → Welche Hilfe bieten Sie den Kindern vermutlich an? → Wie überbrücken Sie mögliche Wartezeiten?	Methode Verhaltensweise
6.3 Abschlussphase → Wie beenden Sie das Angebot? → Was geschieht mit dem Ergebnis? → Welche Aufräumarbeiten sind zu tätigen? → Wie führen Sie zum Einstieg zurück?	Methode Verhaltensweise

7. Reflexion
→ Wie war der Verlauf, gab es Abweichungen von der Planung?
→ Wurden Ihre geplanten Ziele erreicht/nicht erreicht? Begründung
→ Wie schätzen Sie Ihr eigenes Verhalten gegenüber den Kindern ein?
→ Wie schätzen Sie die Verhaltensweisen der Kinder ein?
→ Was könnte beim nächsten Mal anders gemacht werden?

8. Anhang, z. B. Rezept, Liedtext, kurze Inhaltsangabe eines Bilderbuchs, Spielregel, Gestaltungsmuster usw.

Thematische Angebotsreihe in der Praktikums-Familie

Die Planung und Durchführung mehrerer Angebote stehen bei Aktionen in einem größeren thematischen Zusammenhang. Die Themenwahl orientiert sich an der familiären Situation. Besonders zum Ende der Praktikumzeit in der Familie eignen sich ein Fest (Teddy-, Blumen-, Geburtstagsfest usw.) oder ein Ausflug mit Picknick. Bei dieser umfassenden Aufgabenstellung kommt es auf Planungs- und Organisationsgeschick an, auf Kreativität, Kooperations- und Belastungsfähigkeit. Die Vorüberlegungen, die praktischen Vorbereitungen und die Durchführung erfolgen sinnvollerweise nach einem Planungsschema, z.B.:

Planungsschritte für eine thematische Angebotsreihe

1. Schritt
→ Welchen Anlass gibt es?
→ Welches Thema soll behandelt werden?

2. Schritt
→ Welche Erwartungen habe ich?
→ Welche Rolle habe ich bei dem Vorhaben?

3. Schritt
→ Was sollen die Kinder erleben?
→ Welche Erfahrungen sollen sie machen?

4. Schritt
→ Welche Vorerfahrungen haben die Kinder?
→ Was können sie – was nicht?

5. Schritt
→ Wie kann das Thema gestaltet werden?
→ Welche Vorbereitungen müssen getroffen werden?
→ Welche Angebote sollen durchgeführt werden?
→ Welche Materialien werden gebraucht?
→ Mit wem kann zusammengearbeitet werden?

6. Schritt
→ Welcher zeitliche Gesamtablauf erscheint sinnvoll?
→ Wie lange dauern die einzelnen Aktionen?
→ Wer bringt/holt die Kinder (hin/zurück)?

Beispiel für eine thematische Angebotsreihe: Kindergeburtstag in der Familie

Ein Kinderfest oder -geburtstag in der Familie eignet sich vorzüglich die oben genannten Planungsschritte praktisch umzusetzen und auszuprobieren wie an dem Beispiel „Tinas Happy Birthday" deutlich wird.

Tanja berichtet von Tinas „Happy Birthday"

Tina hat in der Karnevalszeit Geburtstag. Sie wird vier Jahre alt und lädt vier Freunde zur Geburtstagsfeier ein. Die Kinder kennen sich, sie haben kürzlich noch bei einem anderen Kind gefeiert. Heute singen sie ein neues Geburtstagslied, sie erleben Verkleidungsspiele und stellen mit meiner Hilfe eine Überraschungspizza her. Die Gäste werden von ihren Müttern gebracht, und Tinas Mutter bringt sie wieder nach Hause.

Ich bereite mit Tina die Feier vor, helfe bei der Essensvorbereitung, Maskenherstellung und Durchführung der Spiele. Schon vor drei Wochen begannen wir mit den ersten Vorbereitungen, der Gestaltung und Verschickung der Einladungskarten. Danach überlegten und planten wir das Essen und die Getränke, die Tischdekoration und das Gestaltungsangebot. Die Vorschläge für die Spiele machte ich. Mit Hilfe einer Einkaufsliste besorgten Tina und ich in der nächsten Zeit alle benötigten Zutaten und Materialien. Rechtzeitig backten wir den Kuchen und die Minibrötchen. Am Geburtstagsvormittag stellten wir den Pizzateig her, deckten und dekorierten den Tisch und das Zimmer. Alle anderen Materialien stellten wir griffbereit zurecht. Dann konnte es losgehen!

Organisation:
→ **Einladungskarten**: Anlass, Datum, Zeit, Dauer, Ort
→ **Spiele**: Löwenjagd, Stopptanzen, Luftballonspiele, Figuren werfen, Rätsel/Scherzfragen, Mach-mit-Geschichte, Buden bauen
→ **Materialien zum Verkleiden**: alte Hüte, Schals, Tücher, Gardinen, alte Kleidung, Schminke
→ **Materialien zum Gestalten**: Pappteller, Luftballons, Luftschlangen, Gummikordel, Klebstoff, Locher, Filzstift, Papierreste
→ **Geburtstagstisch**: Dekoration, Tassen, Teller, Becher, Besteck, Trinkhalme, Geburtstagskerzen, Servietten
→ **Essen**: Obstkuchen mit Sahne, Schokokekskuchen, Partywürstchen, Minibrötchen, Pizza, Salat
→ **Getränke**: Fruchtsäfte, Mineralwasser

Zeitlicher Ablauf

ca. 15:00 Uhr Begrüßung der Gäste, Geschenke auspacken

ca. 15:15 Uhr Alle setzen sich an den Geburtstagstisch, Kerzen anzünden, vielleicht ein Geburtstagslied singen, Kuchen essen

ca. 15:30 Uhr Beginn der ersten Spielrunde; Kinder mithelfen und mitentscheiden lassen. Wechsel zwischen lebhaften und ruhigen, Einzel- und Gruppenspielen. Auf Wunsch die Spiele mehrfach spielen.

ca. 16:15 Uhr Spielpause einlegen; vielleicht verkleiden, schminken oder aus den Papptellern Masken herstellen.

ca. 16:45 Uhr Zweite Spielrunde: eventuell Rollenspiele

ca. 17:30 Uhr Kleines Abendessen

ca. 18:00 Uhr Verabschiedung der Gäste. Später aufräumen.

Thematische Angebotsreihe in der Kindertageseinrichtung

Ähnlich wie in der Praktikums-Familie besteht die **Thematische Angebotsreihe** in der Kindertageseinrichtung aus mehreren (z. B. drei bis neun) Angeboten, die einem übergeordneten Thema zugeordnet sind. Das ausgewählte Thema wird mit der Situationsanalyse begründet, hat somit immer einen Bezug zur Erfahrungswelt der Kinder, und es wird mit unterschiedlichen Methoden und Techniken erarbeitet.

Die Auswahl und Reihenfolge der Angebote erfolgen in anschaulichen, logischen Schritten, die für die Kinder nachvollziehbar sein müssen, wichtig sind das Einstiegs- und Abschlussangebot. Jedes einzelne Angebot ist in sich abgeschlossen und hat eine eigene Zielsetzung. Bei allen Angeboten sind möglichst dieselben Kinder beteiligt, die durchaus über unterschiedliche Interessen und Fähigkeiten verfügen können. Bei den praktischen Durchführungen ergänzen sie sich und erwerben weitere Kompetenzen.

Thematische Angebotsreihen können in einem kurzen Zeitraum stattfinden oder sich über mehrere Wochen oder Monate erstrecken, je nach Ausdauer der Kinder und Intensität ihrer Erfahrungen. Bei der Raumgestaltung, Materialvorbereitung und Durchführung sind Eltern oder andere Personen als Experten wünschenswerte Teilnehmer. Zum Abschluss thematischer Angebotsreihen findet möglichst mit allen Beteiligten immer eine ausführliche Reflexion der gesamten Aktionen statt.

Planungsschema: Thematische Angebotsreihe

Deckblatt:
Einrichtung, Thema der Angebotsreihe, Titel der einzelnen Angebote mit dem Datum der jeweiligen Durchführung

Inhalt:

1. **Begründung des Themas:** Welchen Bezug hat das Thema zur Lebenssituation/zur Erfahrungswelt der Kinder? Welches mögliche Interesse haben die teilnehmenden Kinder an dem Thema?

2. **Begründung der Angebote:** Welche Anlässe führen zur Auswahl der Angebote? In welcher Reihenfolge finden sie statt? (Begründung)

3. **Aussagen zur Gruppe:** Beschreibung und Begründung für die Gruppenwahl mit den speziellen Stärken und Interessen der Kinder

4. **Zielsetzungen:**
   → Darstellung der persönlichen Zielsetzung
   → Erläuterung der Ziele für die Kinder in den verschiedenen Lernzielbereichen, die mit dem Thema und den Angeboten erreicht werden

5. **Vorbereitung** der einzelnen Angebote und des Ablaufs: Ort/Raum, Material, Zeit/Dauer

6. **Durchführung** der Angebote: Motivationsphase, Aktionsphase, Abschlussphase (s. Planungsschema: Angeleitetes Angebot S. 174)

7. **Reflexion**
   → Stellungnahme zum Ablauf der thematischen Angebotsreihe:
   ▪ Ist sie wie geplant verlaufen? Was ist anders verlaufen?
   ▪ Waren Raum/Material/Medien richtig gewählt?
   ▪ Begründen Sie Ihre Aussagen und geben Sie Beispiele.
   → Stellungnahme zum Thema/zu den Angeboten:
   ▪ Wurden das Thema/die Angebote von den Kindern angenommen? Begründung und Beispiele.
   ▪ Welches Interesse zeigten die Kinder?
   ▪ Welche sozialen Beziehungen haben Sie beobachtet? Geben Sie Beispiele.

→ Stellungnahme zu den geplanten Zielvorstellungen und den erreichten Zielen:
- Erläutern Sie, welche Ziele erreicht oder nicht erreicht wurden.
- Geben Sie auch hier Gründe und Beispiele.

→ Stellungnahme des eigenen pädagogischen Verhaltens:
- Wie war Ihre Einstellung zur Gruppe und zum einzelnen Kind?
- Wie war Ihre sprachliche Verständigung?
- Wie haben Sie sich bei Konflikten verhalten?
- Welche Konsequenzen/Folgerungen ziehen Sie für Auswahl und Durchführung weiterer thematischer Angebotsreihen?

8. Anhang
→ Texte, Rezepte, Literaturangaben usw.

AUFGABEN

 Erschließen Sie in der Klasse die Bedeutung des Satzes: „Mit welcher Gruppe beabsichtige ich was, wie, womit, wo, wie lange zu tun?"

 Überlegen Sie, welche persönlichen Ziele die Kinderpflegerin bei der Planung, Durchführung und Reflexion eines angeleiteten Angebotes erreichen kann.

 Stellen Sie Handlungsweisen zusammen, mit denen Kinder zu einem Thema hingeführt/motiviert werden können.

 Planen und gestalten Sie in Ihrer Lerngruppe eine thematische Angebotsreihe z. B. zu dem Thema: „Religiöse Erziehung im Kindergarten".

5.2.3 Reflexion der Arbeit im sozialpädagogischen Berufsfeld

Reflexion bedeutet die Auswertung der sozialpädagogischen Arbeit, des Tagesablaufs und der durchgeführten Angebote. Das Reflektieren ist eine Möglichkeit, sich die Erfahrungen der täglichen Arbeit bewusst zu machen, das eigene Verhalten zu überdenken, es aus zeitlicher Entfernung neu zu betrachten, um anschließend Lösungen zu finden und Anregungen für die weitere Arbeit zu gewinnen. Reflexionen können mündlich im Gespräch mit anderen Beteiligten erfolgen oder schriftlich fixiert werden. Wichtig ist, dass die Ergebnisse als aufbauende und nützliche Konsequenzen in die weiteren Überlegungen als auch in die praktische Arbeit einfließen.

Verschiedene Fragestellungen zur Auswertung der Angebote wurden im vorigen Kapitel „Angeleitete Angebote" vorgestellt. Hier ein Grundschema für Reflexionsfragen.

Grundschema der Reflexionsfragen
→ Was wurde gemacht? (Stellungnahme zu geplantem und tatsächlichem Verlauf)
→ Welche Ziele wurden erreicht? (mit Beispielen belegen)
→ Wie haben die Beteiligten reagiert? (mit Beispielen belegen)
→ Welche Reaktionen gibt es von anderen (z. B. Kinder, Team, Eltern)?
→ Was ist gelungen, nicht gelungen? (persönliche Einschätzung)
→ Welche Folgerungen/Konsequenzen ergeben sich?

Weitere Fragestellungen zur Reflexion der eigenen Tätigkeit und zur Auswertung der einzelnen Praktika erfolgen im nächsten Kapitel.

5.3 Das Praktikum in der Familie und der Kindertages-einrichtung

Orientierungspraktikum

Erprobungspraktikum

Vertiefungspraktikum

5.3.1 Das Praktikum in der Familie

Ein Arbeitstag in der Familie Maier oder: Was macht Sonja?

Sonja D. (20 Jahre), Kinderpflegerin, arbeitet seit einem Jahr bei der Familie Maier. Herr Maier ist Elektromeister mit eigenem Betrieb und kommt immer erst abends nach Hause. Frau Maier arbeitet stundenweise im Betrieb mit. Die Familie hat zwei Kinder, Jan ist vier Jahre alt und Laura fast zwei Jahre alt.
Wenn Sonja morgens kommt sitzt die Familie bereits am Frühstückstisch.
Was macht Sonja? _____
Laura liegt noch im Bett, aber sie ist bereits wach. Sonja geht in Lauras Zimmer.
Was macht Sonja? _____
Sonja kommt mit Laura in die Küche. Herr Maier ist schon zur Arbeit gefahren. Jan sitzt im Schlafanzug am Frühstückstisch und fährt mit einem Auto immer um seinen Teller. Frau Maier ist im Badezimmer. Laura will etwas essen.
Was macht Sonja? _____
Frau Maier setzt sich wieder an den Tisch. Sie bespricht mit Sonja den heutigen Tag. Anschließend verabschiedet sie sich von den Kindern und fährt in den Betrieb. Nun ist es Zeit, Jan in den Kindergarten zu bringen.
Was macht Sonja? _____
Alle drei machen sich auf den Weg.
Was macht Sonja? _____
Auf dem Rückweg vom Kindergarten geht Sonja mit Laura in den Supermarkt.
Was macht Sonja? _____

Zu Hause angekommen beginnt Sonja mit der Hausarbeit. Laura ist immer dabei. Sie ist neugierig und möchte alles erkunden.
Was macht Sonja? _____
Laura wird unruhig. Sie beginnt zu quengeln.
Was macht Sonja? _____
Nun beginnt Sonja, das Mittagessen vorzubereiten.
Was macht Sonja? _____
Kurz vor 12 Uhr machen Sonja und Laura sich auf den Weg zum Kindergarten, um Jan abzuholen. Wieder zu Hause nehmen sie das Mittagessen ein. Laura wird müde und Jan will spielen.
Was macht Sonja? _____
Sonja kehrt in die Küche zurück, um die Aufräumarbeiten zu erledigen.
Was macht Sonja? _____
Es klingelt an der Wohnungstür. Jans Freund Matthias kommt zu Besuch. Sie spielen gemeinsam im Kinderzimmer. Laura hat ihren Mittagsschlaf beendet.
Was macht Sonja? _____
Laura möchte zu den beiden Jungen. Doch die fühlen sich in ihrem Spiel gestört, Laura hat ihre schöne Legoburg kaputtgemacht. Die Jungen beginnen, Laura zu ärgern. Laura schreit.
Was macht Sonja? _____
Frau Maier kommt nach Hause. Bei einer Tasse Kaffee sitzen sie und Sonja noch einen Moment zusammen, um die Ereignisse des Tages zu besprechen.
Sonjas Arbeitstag ist für heute zu Ende.
Was macht Sonja? _____

Vervollständigen Sie den Lücken-Text. Diskutieren Sie in der Lerngruppe verschiedene Lösungen.

Allgemeine Zielsetzung

Die Praktikantin soll die vielfältigen Aufgaben und Tätigkeiten in einer Familie mit mehreren Kindern, davon mindestens ein Kind unter drei Jahren, kennen lernen. Sie soll unter Anleitung der Erziehungsberechtigten verantwortungsbewusst die Arbeit im Haushalt erleben und bei der Pflege und Erziehung der Kinder unterstützend tätig sein. Mit Hilfe und Unterstützung von Familien-Praktikumsstelle und Schule wird der Praktikantin ermöglicht, berufliche Handlungskompetenz zu entwickeln.

Aufgaben der Praktikantin

Die Art und Weise der Kindererziehung wird durch die Familie bestimmt. Die Praktikantin wird unterstützend tätig. Sie bringt ihre theoretischen Kenntnisse und praktischen Erfahrungen ein. Nach dem Kennenlernen sammelt sie durch praktisches Tun Erfahrungen in den Ausbildungsschwerpunkten: Sozialpädagogik – Versorgung – Gesundheitsförderung. Die konkreten Aufgaben und Tätigkeiten spricht sie rechtzeitig mit der Familie ab, wobei ein sinnvoller Wechsel zwischen den drei Ausbildungsbereichen stattfindet. Bei der Auswahl von Angeboten für das Kind geht sie von den Bedürfnissen des Kindes aus, beachtet dabei auch die Situation in der Familie. Nach vorgegebenen Kriterien erstellt sie unterschiedliche Protokolle und Berichte, die sie der Familie zur Kenntnisnahme vorlegt. Sie zeigt eine positive Arbeitshaltung, Bereitschaft zur Verantwortung und Offenheit im Gespräch.

Aufgaben der Praktikums-Familie

Die Praktikantin wird in den Haushalt eingeführt, indem sie mit den Personen, den Räumlichkeiten und dem Tagesablauf bekannt gemacht wird. Die besonderen, aber auch die täglich wiederkehrenden Aufgaben bespricht sie mit der Praktikantin und trifft rechtzeitige Absprachen über die Art wie auch den Zeitpunkt der durchzuführenden Aufgaben und Tätigkeiten. Sie zeigt offene Gesprächsbereitschaft bei Konflikten und Verständnis bei Unsicherheiten der Praktikantin. Die von der Praktikantin geführte Anwesenheitsliste unterschreibt sie nach jedem Praktikumstag und erstellt nach jedem Blockpraktikum eine schriftliche Beurteilung. Damit der Ausbildungserfolg aber auch die Aufsichtspflicht gewährleistet sind, befindet sich während der Praktikumszeit ein Erziehungsberechtigter in erreichbarer Nähe. Die Familie trägt die Verantwortung, wenn sie die Praktikantin mit dem Kind/den Kindern alleine lässt.

Orientierungsphase

Ziele

Gegenseitiges Kennenlernen und Orientieren in der Praktikumsfamilie

Praktische Aufgaben

→ Kennenlernen der Kinder und Erwachsenen, die zur Familie gehören
→ Kennenlernen der Wohnung, insbesondere der Räume, in denen die Kinder sich überwiegend aufhalten
→ Kennenlernen des Tagesablaufs, insbesondere den der Kinder
→ Kennenlernen der täglich wiederkehrenden Aufgaben und Tätigkeiten, die mit dem Kind oder für das Kind durchgeführt werden
→ die Übernahme einfacher Tätigkeiten im Tagesablauf
→ die Beobachtung des Kindes
→ das Spiel mit dem Kind

Schriftliche Aufgaben

→ Anlegen einer Praxismappe (Lied-/Spieltexte, Gestaltungsvorschläge, Rezepte, Literaturhinweise)
→ Allgemeine Beschreibung der Familiensituation (Vorstellen der Eltern, Anzahl/Alter/Geschlecht der Kinder; Beschreibung der Wohnung und Lage der Wohnung; Darstellung des Kinderzimmers und anderer Spielorte des Kindes)
→ Führung „Pädagogisches Tagebuch" (s. S. 114)
→ Beschreibungen des Kindes in den Bereichen:
  ▪ Sozialpädagogik: Was, womit, wo, mit wem spielt das Kind am liebsten? Welche Spielwünsche, Spielinteressen hat das Kind? Wie äußerte es diese? Welche Spiel-/Beschäftigungsangebote wurden mit dem Kind durchgeführt?
  ▪ Gesundheitsförderung: Welche Hygiene-/Kleidungsgewohnheiten hat das Kind? Welche Pflegemaßnahmen braucht das Kind?
  ▪ Versorgung: Welche Ess-/Trinkgewohnheiten hat das Kind? Wann/Wie werden die Mahlzeiten in der Familie eingenommen? Bei welchen hauswirtschaftlichen Tätigkeiten wurde das Kind einbezogen?

Reflexion der Orientierungsphase (im fachpraktischen Unterricht)

1. Wie ist Ihre Stimmung? Geben Sie kurze Erläuterungen!

2. Wie fanden Sie sich im Alltag in der Familie zurecht? (z. B. Kontakt zu den Personen im Haushalt, Kennenlernen der Räumlichkeiten, Erfassen des Tagesablaufs, ...)

3. Wie war Ihr Umgang mit dem Kind/den Kindern? (bezüglich Zuwendung, Einfühlungsvermögen, Geduld, angemessenes Konfliktverhalten, Anregungen, ...)

4. Welche alltäglichen Aufgaben in den drei Tätigkeitsbereichen konnten Sie feststellen? Welche konnten Sie unter Anleitung bzw. selbstständig übernehmen:
→ Sozialpädagogik (z. B. sich in die Aktivitäten der Kinder einzubringen, Spielsituationen aufzugreifen, weiterzuführen, Aufsichtspflicht wahrzunehmen, ...)
→ Versorgung (z. B. Bedürfnisse/Wünsche der Kinder bezüglich ihrer Ernährung, im Spiel-/Wohnbereich und ihrer Kleidung zu erkennen und angemessen damit umzugehen, Arbeitsschritte einer Tätigkeit folgerichtig zu erfassen, ...)
→ Gesundheitsvorsorge (z. B. Bereiche der kindlichen Körperpflege zu erkennen und auszuführen, Maßnahmen zur Unfallverhütung zu ergreifen, ...)

5. Wie beurteilen Sie Ihr allgemeines Verhalten in der Orientierung bezüglich z. B. Interesse, Verantwortung, Selbstständigkeit, Flexibilität, Ausgeglichenheit, Engagement, Zuverlässigkeit, Gesprächsbereitschaft, Reflexionsvermögen, Kritikbereitschaft ...)

AUFGABEN

Überlegen Sie, welche Erwartungen Sie an die Praktikumsfamilie haben und welche Erwartungen die Familie an Sie haben könnte.

Diskutieren Sie die Ergebnisse in der Lerngruppe und fassen Sie die Ergebnisse anschaulich zusammen, z. B. in einer Wandzeitung.

Mit einer Wandzeitung präsentieren

Diese Form der Visualisierung lässt sich vielseitig einsetzen. Sammlungen von Vorkenntnissen, Zwischenberichte über Arbeitsstände, aber auch Ergebnisse von Arbeitsvorhaben aller Art kann sowohl der ganzen Klasse als auch einer größeren Öffentlichkeit präsentiert werden.

Die Inhalte der Wandzeitung sollen für sich alleine sprechen, eine weitere Erläuterung entfällt. Sie können durchaus als reine Informationsträger dienen, ähnlich einer Kunstausstellung, aber auch dazu anregen, sich mit dem Inhalt auseinander zu setzen, darüber zu diskutieren oder eine eigene Stellungnahme zu initiieren. Wenn die Betrachter dazu aufgefordert werden, wird die Zeitung durch eine weitere freie Fläche ergänzt.

Grundregeln für den Aufbau
Großes Papierformat, übersichtliche Struktur der Inhalte (Gliederung, lesbare Schrift, eventuell auf Karten, maximal vier Farben), eine das Interesse weckende Gestaltung, z. B. Fotos und Bilder, Anordnung von Texten und anderen Elementen (gleichmäßig, gereiht, rhythmisch, betont, metrisch, dynamisch)

Erstellen Sie ein „Porträt" (s. S. 118) über das jüngste Kind in der Praktikumsfamilie. Gehen Sie besonders auf die Punkte: Entwicklungsstand, Vorlieben, Gewohnheiten, Kontaktbereitschaft ein.

Erprobungsphase

Ziele

Erprobung von Handlungsweisen und gezielten Angeboten in den Tätigkeitsbereichen Sozialpädagogik, Versorgung und Gesundheitsförderung zur Erweiterung der beruflichen Kompetenzen.

Praktische Aufgaben

Die alltäglichen Aufgaben wie Mitarbeit im Haushalt, die Pflege und Erziehung der Kinder werden nun ergänzt durch gezielt geplante Angebote mit den Kindern. Zwischen den drei Tätigkeitsbereichen findet ein sinnvoller Wechsel statt, um einseitige Erprobung zu verhindern.

Schriftliche Aufgabe

Planung und Reflexion: Angeleitetes Angebot

Titel des Angebotes:
Datum der Durchführung:

1. **Begründung** des Angebotes (Beobachtung, Anlass, Situationsbezug)
2. **Kurzdarstellung** des Angebotes
3. Angaben zum **Entwicklungsstand des Kindes** (Angaben zum Alter, seinen Gewohnheiten und Vorlieben, seinen Stärken und Schwächen)
4. Beabsichtigte **Ziele** des Angebotes (Was lernt das Kind? Was übe ich?)
5. **Vorbereitung**: Ort, Zeit, Material (Wo wird das Angebot durchgeführt? Was muss bei der Arbeitsplatzgestaltung beachtet werden? Wann wird begonnen? Wie lange wird es ungefähr dauern? Welche Materialien/Geräte werden benötigt, was muss vorbereitet werden? Welche Unfallverhütungs-/Hygienemaßnahmen werden getroffen?)
6. **Hinführung** = Motivationsphase (Auf welche Weise werden die Neugierde und das Interesse des Kindes geweckt?)
7. **Durchführung** = Erarbeitungsphase (Welche Arbeitsschritte folgen nacheinander? Wie werden sie erklärt/vorgemacht? Wie/wann wird das Kind ermutigt, etwas selbstständig zu tun?)
8. **Abschluss** = Abschlussphase (Wie wird das Angebot beendet? Was geschieht mit dem Ergebnis? Welche Aufräumarbeiten sind zu erledigen, welche kann das Kind übernehmen?)
9. **Reflexion**
   → Wurde das Interesse des Kindes geweckt?
   → Wie verlief die Hinführungsphase?
   → Trafen die Überlegungen zu Ort, Zeit, Material zu? Beispiele!
   → Welche Schwierigkeiten traten in der Erarbeitungsphase auf? Begründung?
   → Wurden die gesetzten Ziele erreicht? Beispiele! Begründung?
   → Mit welchem Ergebnis endete das Angebot?
   → Was kann beim nächsten Angebot anders/besser gemacht werden?
   → Wie kann das Angebot erweitert oder vertieft werden?

Reflexion der Erprobungsphase (im fachpraktischen Unterricht)

Raster zu Selbsteinschätzung nach Durchführung geplanter angeleiteter Angebote mit dem Kind in dem Bereich:

❏ Sozialpädagogik ❏ Versorgung ❏ Gesundheitsförderung

Dieser Ankreuzbogen staffelt sich in die Wertungen 1 = sehr gut ausgeprägt bis 5 = nicht erkennbar	1	2	3	4	5
Absprache in der Praktikumsfamilie					
schriftliche Planung					
praktische Vorbereitung					
Raum-/Arbeitsplatzgestaltung					
Zeitplanung					
Geräte-/Material-/Sachkenntnisse					
Maßnahmen zu Hygiene und Unfallverhütung					
Ablauf der Durchführung mit sinnvollem Abschluss					
Aufräumarbeiten					
Berücksichtigung der kindlichen Erfahrungen/Kenntnisse					
Erkennen der kindlichen Interessen/Bedürfnisse					
Aufsichtspflicht					
Reflexionsfähigkeit					

AUFGABEN

Lesen Sie die folgende **Schriftliche Planung eines Angebotes.** Nummerieren Sie die Textteile in der logischen Reihenfolge und übertragen Sie anschließend die richtigen Gliederungsüberschriften:

Häuser falten – aufkleben – Straßen aufmalen – spielen

* Max faltet nach meiner Anweisung ein Haus. Er beobachtet meine Tätigkeit und macht sie nach. Er konzentriert sich und übt seine Fingergeschicklichkeit. Das Malen der Straßen, Bäume und Menschen fördert seine Fantasie und weckt Vorstellungskraft. Durch das Gespräch und das Erzählen erweitert er seinen Wortschatz.

* Im Moment spielt Max sehr viel mit seinen Miniaturautos. Aber er hat keine Ausdauer oder Fantasie. Schnell ist der Reiz des Hin- und Herfahrens verloren. Er wirft dann die Autos durch das Zimmer. Mit dem Spielplan bekommt Max neue Anregungen für sein Spiel mit Autos.

* Ich möchte mit Max aus Faltpapier einfache Häuser falten. Diese kleben wir auf ein großes Stück Tapete. Gemeinsam malen wir Straßen von Haus zu Haus. Vielleicht malen wir auch Bäume und Menschen, wenn Max es möchte. Wenn wir mit der „Stadt" fertig sind, kann Max mit seinen Autos in der Stadt umherfahren.

* Max ist 3;6 Jahre alt. Er ist sehr lebhaft und tobt gerne herum. Er bewegt sich sicher, erzählt viel und ist in der Lage, kleine Aufträge auszuführen. Von seiner Mutter weiß ich, dass Max gerne malt und mit seinen Fingern schon sehr geschickt ist.

* Nachdem ich Max nach seiner Mittagsruhe geholfen habe, sich anzuziehen, zeige ich ihm mein Anschauungshaus und frage ihn: „Was ist das?" Falls er das Haus nicht erkennt, sage ich es ihm. Auf meine Frage „Wer wohnt in dem Haus?" wird er mir eine Antwort geben. Diese greife ich auf und ermuntere ihn, weitere Häuser mit mir zu falten. Begeistert wird er zustimmen, und wir gehen in die Küche. Bevor wir uns an den Tisch setzen, hole ich die Faltblätter aus dem Schrank. Ich zeige sie Max, und wir beginnen.

* Folgendes Material benötigen wir. acht rechteckige, farbige Faltblätter, ein großes Stück Tapete, bunte Wachsmalstifte, giftfreien Kleber, Spielautos und ein von mir gefaltetes Haus als Anschauung.

* Ich gebe klare und einfache Anweisungen, meine Aussprache ist freundlich und anschaulich. Ruhig und geduldig reagiere ich auf Max. Ich helfe ihm, wenn ich beobachte, dass er Hilfe braucht. Ich bestärke und ermutige ihn, indem ich seine Fortschritte und sein fertiges Werk beachte. Falten werden wir in der Küche, da hier Max' Kinderstuhl am großen Tisch steht. Zum Malen und Spielen gehen wir dann in Max' Zimmer, weil hier seine Spielkiste mit den Autos steht.

* Wir beginnen, wenn Max seine Mittagsruhe beendet hat. Für das Falten, Kleben und Malen brauchen wir etwa 15 Minuten, die Zeitdauer hängt ab von Max' Interesse und Ausdauer. Das Spiel mit den Autos beenden wir, wenn seine Spielfreude nachlässt.

* Bei dem anschießenden Reflexionsgespräch mit der Mutter erzähle ich von meinen Eindrücken und meinem Verhalten Max gegenüber. Ich überlege, welche Folgerungen ich aus der Durchführung ziehe und was ich beim nächsten Mal besser machen kann.

* Nachdem wir fertig sind, räumen wir den Tisch auf und gehen ins Kinderzimmer. Max holt aus seiner Spielkiste die Autos und wir fahren auf dem Stadtplan herum. Dabei erzählen wir uns Geschichten: wohin wir fahren und was dann passiert, wenn wir anhalten. Vielleicht geschieht ein Unfall oder wir müssen schnell zur Tankstelle. Wenn ich merke, dass Max' Spieleifer nachlässt, fahren wir alle Autos in die Garage (Spielkiste) und legen den Spielplan unter das Bett. Anschließend stärken wir uns mit Obst und Max erzählt seiner Mutter, was wir gemacht haben.

* Ich lege ein Faltblatt vor mich hin, klappe die vor mir liegende Seite auf die gegenüberliegende und streiche die Faltkante mit dem Finger glatt. Währenddessen beobachtet Max mich, und ich erzähle ihm, was ich tue. Ich klappe die Seite wieder auf, lege eine Ecke an die Faltkante und danach die gegenüberliegende Ecke. Beide streiche ich glatt. Max schaut und hört mir gespannt zu. Ich gebe ihm ebenfalls ein Faltblatt und er versucht, das Haus nachzufalten. Da ich ihm nun zuschaue, kann ich ihm bei Schwierigkeiten helfen, wenn er es möchte. Wahrscheinlich schafft er es alleine und wir können sofort die weiteren Häuser falten. Ich sage Max, dass er gut zugeschaut hat und die Ecken genau und richtig an die Falte legt und dass er schon gut Häuser falten kann. Wenn wir alle Faltblätter verarbeitet haben, sage ich, dass die Häuser nun zu einer großen Stadt auf eine Tapete geklebt werden. Ich hole Kleister und Tapete vom Schrank und zeige Max, wie ein Haus aufgeklebt wird. Die anderen Häuser kleben wir gemeinsam. Wir betrachten das Werk und ich frage Max, was in dieser Stadt noch fehlt. Vielleicht nennt er einige Dinge und ich schlage ihm vor, Straßen, Bäume und Menschen mit Wachmalstiften dazu zu malen. Während des Malens unterhalten wir uns über die Stadt.

Wählen Sie eine Tätigkeit aus und erstellen Sie in Partnerarbeit eine schriftliche Planung. Führen Sie dieses Angebot mit dem Kind in der Pratikumsfamilie durch und schreiben Sie die Reflexion. Vergleichen Sie Ihre Erfahrungen.

Vertiefungsphase

Ziele

Die in den einzelnen Unterrichtsfächern erworbenen Kenntnisse und Fertigkeiten ermöglichen den Praktikantinnen nun, Angebote in größeren Zusammenhängen zu planen und durchzuführen. In der praktischen Umsetzung eines Projektes vertiefen und erweitern die Praktikantinnen ihre Planungs- und Organisationskompetenzen, Kreativität sowie Kooperations- und Belastungsfähigkeit.

Praktische Aufgaben

→ Aktive Hilfe bei den alltäglichen Aufgaben und Arbeiten im sozialpädagogischen Bereich, im sozialpflegerischen Bereich und im hauswirtschaftlichen Bereich.
→ Tägliche Spielangebote, die in der Anwesenheitsliste vermerkt werden.
→ Eigenverantwortliche Planung und Durchführung von vier themenbezogenen Angeboten aus den drei unterschiedlichen Aufgabenbereichen, die sich an den Interessen und Bedürfnissen des Kindes/der Kinder orientieren. Das Thema wird rechtzeitig mit der Familie abgesprochen.

Schriftliche Aufgaben

Planung einer themenbezogenen Angeboten

1. Benennung des Themas, der Angebote und des Datums der jeweiligen Durchführung

2. Begründung für die Auswahl des Themas (Anlass oder Situation)

3. Entwicklungs-/Erfahrungsstand des Kindes/der Kinder (Wo, was, mit wem spielt es gerne? Was kann es selbstständig? Welche Hilfen braucht es?)

4. Erfahrungen, die das Kind/die Kinder bei der Durchführung der themenbezogenen Angebotsreihe machen soll/en

5. Eigene Erwartungen an das Thema/die Durchführungen

6. Darstellung und Begründung der vier Angebote (Ziele, Vorbereitung, Hinführung, Durchführung, Abschluss, Reflexion)

7. Reflexion der themenbezogenen Angebotsreihe (Wurde das Interesse des Kindes geweckt? Trafen die Überlegungen bezüglich des Themas, der Angebote und ihrer Reihenfolge zu? Welche Schwierigkeiten traten auf? Begründung? Wurden die gesetzten Ziele erreicht? Begründung mit Beispielen? Mit welchem Ergebnis endete die Angebotsreihe? Was kann bei einer nächsten Angebotsreihe anders/besser gemacht werden?)

Reflexion der Vertiefungsphase (im fachpraktischen Unterricht)

1. Wie gelang Ihnen der pädagogische Umgang mit dem Kind/den Kindern? (z.B.: Zuwendung, Geduld, Einfühlungsvermögen, Konfliktverhalten, Anregungen/Impulse, Reflexionsvermögen, ...)

2. Welche alltäglichen/besonderen Aufgaben in den drei Tätigkeitsbereichen konnten Sie unter Anleitung bzw. selbstständig übernehmen? Welche Handlungsweisen fallen Ihnen eher schwer/eher leicht?

→ im Bereich Sozialpädagogik (z.B. sich in die Aktivitäten der Kinder einzubringen, Spielsituationen aufzugreifen, weiterzuführen, zu gestalten; Aufsichtspflicht wahrzunehmen ...)

→ im Bereich Versorgung (z.B. Bedürfnisse/Wünsche der Kinder bezüglich ihrer Ernährung, im Spiel-/Wohnbereich und ihrer Kleidung zu erkennen und angemessen damit umzugehen, Arbeitsschritte einer Tätigkeit folgerichtig zu erfassen, ...)

→ im Bereich Gesundheitsförderung (z.B. die Kinder in der Körperpflege zu unterstützen, Maßnahmen zur Unfallverhütung zu ergreifen, ...)

3. Planung und Durchführung der angeleiteten Angebote (Absprachen/Vorbereitungen, Raum-/Platzgestaltung, Zeitplanung, Geräte-/Material-Sachkenntnisse, sinnvoller Ablauf (Einstieg/Abschluss), Berücksichtigung kindlicher Kenntnisse/Erfahrungen, Beachtung kindlicher Interessen/Bedürfnisse, Reflexionsbereitschaft, Aufräumarbeiten, Hygienemaßnahmen, Unfallverhütung,...)

4. Allgemeines Verhalten (Verantwortung; Selbstständigkeit; Flexibilität; Ausgeglichenheit; Engagement; Gesprächsbereitschaft; Zuverlässigkeit; Kritikbereitschaft; Reflexionsvermögen,). ...

AUFGABEN

Überlegen Sie einen Anlass für ein Kinderfest in der Praktikumsfamilie und planen Sie in Partnerarbeit das Fest. Führen Sie nach Absprache das Fest durch (s. Seite 175 f.).

Planen und organisieren Sie mit der Lerngruppe in der Berufsfachschule ein Fest für die Kinder der Praktikumsfamilien. Stellen Sie das Fest unter ein Thema.

5.3.2 Das Praktikum in der Kindertageseinrichtung

Spielen Sie mit dem Spielhaus entsprechend der angegebenen Spielregeln. Erstellen Sie in Gruppenarbeit folgenden Spielplan. Erweitern Sie den Spielplan und überlegen Sie Spielvariationen.

Spielplanherstellung

Auf ein Plakat wird ein Kindergarten mit fünf Fenstern und einer Tür gezeichnet. Diese werden mit einer Zahl von eins bis sechs nummeriert. Jedes Fenster hat sechs Glasscheiben, die ebenfalls durchnummeriert werden. In jede Glasscheibe wird ein Begriff eingetragen, er bezieht sich auf eine Situation im Kindergarten. Wer die Türzahl würfelt, kann einen selbst gewählten Begriff einbringen. Es wird mit zwei Würfeln gespielt. Ein Würfel bestimmt die Zahl eines Fensters, der andere Würfel bestimmt den Begriff im Fenster. Zu diesem gewürfelten Begriff wird nun ein Erlebnis aus dem Praktikum erzählt.

Spielerweiterung: Zu einem späteren Zeitpunkt können alle Gruppenmitglieder zu dem gewürfelten Begriff Stellung nehmen.

Allgemeine Zielsetzung

Für den Bildungsgang zur staatlich geprüften Kinderpflegerin ist die Vermittlung adäquater beruflicher Handlungskompetenz profilierend. Berufliche Handlungskompetenz umfasst die Fähigkeit und Bereitschaft, in beruflichen Situationen in persönlicher und gesellschaftlicher Verantwortung sach- und fachgerecht zu handeln, auf dem Hintergrund gelernter Handlungsmöglichkeiten zielorientiert zu arbeiten, das eigene Handeln zu hinterfragen und weiterzuentwickeln.

Nach der Orientierungsphase des Bildungsganges schließt sich nun die Erprobungsphase an, die unter der Leitidee „Auseinandersetzung mit den Anforderungen der Berufspraxis" steht und den Erwerb von beruflichen Handlungskompetenzen in den Mittelpunkt stellt. Dabei wird von den in den Praktika gemachten Erfahrungen und erlebten Situationen ausgegangen.

Nachdem die Praktikantin nun über fortschreitende Fach- und Personalkompetenz in der Identifikation mit der Berufsrolle verfügt, erkennt sie zunehmend die rechtlichen Bezüge ihrer sozialpädagogischen Arbeit. Sie ist nun in der Lage, unter Berücksichtigung der Aufsichtspflicht, die Selbstständigkeit der Kinder zu fördern. Aufgrund dessen steht die nachfolgende Vertiefungsphase des Bildungsganges unter der Leitidee „Fortschreitende Differenzierung und Integration von Erziehungs-, Förderungs- und Versorgungsaufgaben in beruflichen Alltagssituationen".

Aufgaben der Praktikantin

Die Praktikantin verantwortet ihre praktische Ausbildung selbst. Sie fragt nach, holt Informationen ein und trifft rechtzeitige Absprachen mit der Gruppenleitung. Ihre Aufgaben plant sie eigenverantwortlich und bereitet sie selbstständig vor. Bei der Auswahl der Spielangebote orientiert sich die Praktikantin an den Bedürfnissen, den Interessen und der Entwicklung der Kinder, berücksichtigt dabei aber auch die Situation und Konzeption der sozialpädagogischen Einrichtung.

Die Praktikantin legt ihr Anwesenheitsprotokoll der Praxisstelle vor. Krankheitsmeldungen bzw. Versäumnisse gibt sie unverzüglich an die Praxisstelle und an die Berufsfachschule weiter. Nach vorgegebenen Kriterien erstellt die Praktikantin Beobachtungsprotokolle, Angebotsplanungen und Berichte, die sie der Gruppenleitung zur Kenntnisnahme vorlegt. Die Praktikantin zeigt eine positive Arbeitshaltung, verantwortliches Engagement und die Bereitschaft, ihr pädagogisches Handeln im Gespräch zu reflektieren.

Aufgaben der Kindertageseinrichtung

Die Praktikantin wird in die Tageseinrichtung eingeführt, indem sie mit dem Personal, den Kindern (gegebenenfalls auch den Eltern), den Räumlichkeiten, dem Tagesverlauf und der Konzeption der Einrichtung bekannt gemacht wird. Sinnvoll ist es, wenn eine ausgewählte Fachkraft als Praxisanleiterin die Praktikantin während der gesamten Praktikumzeit kontinuierlich begleitet. Damit der Ausbildungserfolg, aber auch die Aufsichtspflicht gewährleistet sind, befindet sich die Praxisanleiterin während der pädagogischen Arbeit in erreichbarer Nähe der Praktikantin.

Die Praxisanleiterin bespricht und reflektiert die besonderen, aber auch die täglich wiederkehrenden Aufgaben mit der Praktikantin, trifft rechtzeitige Absprachen über die Methoden wie auch den Zeitpunkt der durchzuführenden Angebote. Sie zeigt offene Gesprächsbereitschaft bei Konflikten und Verständnis bei Unsicherheiten der Praktikantin. Die Anwesenheitsprotokolle und die weiteren Protokolle der Praktikantin werden von der Praxisanleiterin unterschrieben. Nach jeder Praktikumsphase erstellt sie eine schriftliche Beurteilung.

Orientierungsphase

Ziele

In der Orientierungsphase macht sich die Praktikantin mit den Kindern und Mitarbeitern der Kindertageseinrichtung bekannt. Sie erfasst den Tagesablauf mit seinen Elementen, schwerpunktmäßig mit der Frühstückssituation.

Praktische Aufgaben

→ Kennenlernen der Kinder und Mitarbeiter
→ Kennenlernen der Einrichtung: Räumlichkeiten und ihre Funktionen
→ Kennenlernen der Spielmaterialien in Spielsituationen mit Kindern
→ Beobachtung der Kinder in den verschiedenen Spielbereichen
→ Erfassen der Gruppenregeln und Gewohnheiten
→ Übernahme von allgemeinen Tätigkeiten im Tagesablauf
→ Begleitung der Frühstückphase

Schriftliche Aufgaben

→ Fragebogen zur Erfassung der Praktikumsstelle
→ Pädagogisches Tagebuch
→ Frühstücksprotokoll
→ Planung, Reflexion der Frühstücksbegleitung
→ Anlegen einer Praxismappe, in der gesammelt und registriert werden:
  ■ Aufgaben-/Anwesenheitslisten
  ■ Unterschiedliche Protokolle
  ■ Planungen und Reflexionen
  ■ Lied-/Spieltexte (Noten, Quellenangabe)

- Gestaltungsvorschläge mit Anschauungsmuster
- Kinderliteratur (Autor/Autorin, Titel, Verlag, Erscheinungsjahr, Inhaltsangabe)
- Fachliteratur (Autor/Autorin, Titel, Verlag, Erscheinungsjahr, Inhaltsangabe)

Reflexion der Orientierungphase

Raster zu Selbsteinschätzung

Dieser Ankreuzbogen staffelt sich in die Wertungen 1 (= sehr gut ausgeprägt) bis 5 (= nicht erkennbar)	1	2	3	4	5
Wie ist die Stimmung? Geben Sie kurze Erläuterung!					
Kontakte zur Gruppenleitung					
Integration ins Team					
Übernahme alltäglicher Aufgaben					
Beteiligung bei Spielaktivitäten mit Kindern					
Spielsituationen weiterführen und wieder zurückziehen					
Beobachtung, Beachtung einzelner Kinder					
Verhalten in der Kleingruppe, Gesamtgruppe					
Einübung vereinbarter Handlungsweisen/Tätigkeiten					
Kritische Reflexion, umsetzen der Folgerungen					

AUFGABEN

Überlegen Sie, welche Erwartungen Sie an die Kinder und Mitarbeiter der Praktikumsstelle haben.

Fertigen Sie eine Grundrisszeichnung Ihrer Kindertageseinrichtung an. Erklären und vergleichen Sie in der Lerngruppe die Lage, die Räumlichkeiten und die Ausstattung.

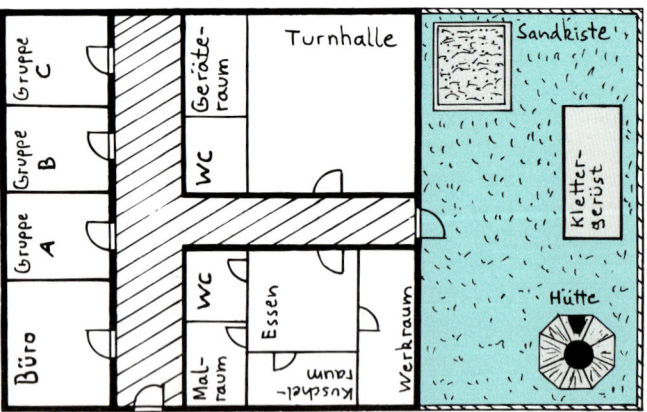

Welche Spiel- und Arbeitsmaterialien stehen den Kindern in der Gruppe zur Verfügung? Stellen Sie die Materialien in einer Tabelle zusammen.

Erfassen Sie den zeitlichen Tagesablauf und übertragen Sie die Elemente in ein Schaubild.

Fassen Sie in einer anschaulichen Übersicht die Anzahl, das Geschlecht, das Alter und die Nationalität der Kinder in Ihrer Gruppe zusammen.

 Gibt es besondere Regeln, Absprachen und Gewohnheiten in Ihrer Gruppe? Werden diese mit den Kindern abgesprochen, z. B. Tisch oder Blumendienst, Aufräumregeln u. a.? Stellen Sie die Gruppenregeln in einer Übersicht zusammen.

 Besprechen Sie mit der Gruppenleiterein Ihre Aufgaben und Tätigkeiten während der Praktikumszeit. Übertragen Sie die Absprachen in ein Raster.

 Erstellen Sie einen zusammenhängenden Bericht über die Einrichtung, in der Sie das Praktikum ableisten. Beachten Sie die nachfolgenden Gliederungspunkte.

Gliederung für den Praktikumsbericht

1. Lage, Einzugsbereich, Spielräume drinnen und draußen
2. Beschreibung der Gruppe: Geschlechter, Alter, Nationalitäten
3. Beschreibung der Qualifikation, Aufgaben, Tätigkeiten der Mitarbeiter
4. Beschreibung des allgemeinen Tagesablaufs mit seinen Elementen
5. Darstellung der Alltagsaufgaben und Gruppenregeln
6. Pädagogische Konzeption
7. Sonstige Angaben oder Besonderheiten der Einrichtung (z. B. Feste, ...)

Erprobungsphase

Ziele

In der Erprobungsphase gelangt die Praktikantin zunehmend von der Eigen- zur Fremdwahrnehmung, erkennt die Bedürfnisse von Kindern und lernt, angemessen darauf zu reagieren.

Praktische Aufgaben

→ Übernahme alltäglicher Aufgaben im Tagesablauf
→ Leitung/Begleitung der Frühstücksphase mit einem hauswirtschaftlichen Angebot
→ Beobachtung der Kinder während der Freispielsphase in den verschiedenen Spielbereichen
→ Selbstständige Durchführung von Freispielimpulsen

Schriftliche Aufgaben

→ Fortführung der Praxismappe
→ Beobachtungsprotokolle: Freispiel (z. B. Baubereich, Rollenspielbereich, Puppenecke, Kreativbereich)
→ Planung, Durchführung, Reflexion eines Freispielimpulses (s. Freispielbeobachtung S. 166)
→ Planung, Durchführung, Reflexion einer Frühstücksbegleitung
→ Planung, Durchführung, Reflexion eines hauswirtschaftlichen Angebotes
→ Reflexion der praktischen Aufgaben
   ▪ Eindrücke und Erfahrungen mit dem Freispiel
   ▪ Erfahrungen – Freispielangebote (Vorbereitung, Ablauf, Ziele, soziale Beziehungen)
   ▪ Erfahrungen – Frühstücksbegleitungen (Vorbereitung, Ablauf, Abschluss/Aufräumen, Einbeziehung der Kinder)
   ▪ Welche Konsequenzen ziehen Sie für das weitere Praktikum?

Reflexion der Erprobungsphase (im fachpraktischen Unterricht)

→ Wie ist Ihre Stimmung? Geben Sie kurze Erläuterungen!

→ Welche Aufgaben konnten Sie unter Anleitung ausprobieren? Mit welchem Ergebnis?

→ Welche Aufgaben haben Sie selbstständig durchgeführt? Mit welchem Ergebnis?

→ Wie beurteilen Sie Ihr allgemeines Arbeitsverhalten? (Verantwortung, Flexibilität, Selbstständigkeit, Ausgeglichenheit, Interesse, Einsatzbereitschaft, Belastbarkeit, Verlässlichkeit, Pünktlichkeit)

→ Welche Handlungsweisen gelingen Ihnen im Umgang mit Kindern? (Zuwendung, Einfühlungsvermögen, Geduld, Umgang mit Konflikten, Setzen und Einhalten von Grenzen, Spielanregungen, ...)

→ Welche Verhaltensweisen gelingen Ihnen gegenüber Mitarbeitern bezüglich Gesprächsbereitschaft, Kritikfähigkeit, Kooperationsbereitschaft, ...?

→ Wie werten Sie ihre beruflichen Fähigkeiten wie z. B. Beobachtung, Planung, Reflexion, ...)?

→ Welche persönlichen Aufgaben wollen Sie in der Vertiefungsphase lösen?

AUFGABEN

 Erläutern Sie in der Lerngruppe unterschiedliche Arbeitshaltungen und diskutieren Sie ihre Bedeutungen.

 Führen Sie im Stuhlkreis ein neues Liedspiel ein.
Planen und reflektieren Sie schriftlich diese Liedeinführung.

 Schauen Sie mit vier bis sechs Kindern ein (neues) Bilderbuch an. Erarbeiten Sie zunächst für sich den Inhalt und das Ziel der Bilderbuchgeschichte. Überlegen Sie eine anschauliche, kind- und situationsgerechte Hinführung. Schreiben Sie eine Planung und eine Reflexion.

 Stellen Sie mit vier Kindern eine gesunde Speise für ein Frühstücksbuffet in Ihrer Gruppe her. Planen Sie dieses angeleitete Angebot schriftlich, und stellen Sie dazu ein passendes Bilderrezept (s. S. 137) her. Schreiben Sie eine Reflexion.

 Geben Sie den Kindern im Freispiel einen besonderen Spielimpuls. Tauschen Sie in der Klasse Beobachtungen und Eindrücke aus. Sammeln Sie die Spielimpulse in einem Ordner (Portfolio) der Lerngruppe.

In einem Portfolio den eigenen Lernzuwachs und die Leistung nachweisen

Das Portfolio ist eine zielgerichtete, strukturierte Sammlung von persönlichen Arbeitsergebnissen, um die eigenen Lernwege und Lernerfolge nachzuweisen.
Es wird von jeder Schülerin selbst angelegt, ergänzt und auf den neuesten Stand gebracht. Dadurch entsteht ein Beleg über die Lernanstrengungen, die individuelle Leistung sowie den Lernzuwachs in einem konkreten Lern- und Arbeitsbereich, z.B. dem Praktikum. Entscheidend ist eine Beteiligung der Lernenden an der Auswahl der Inhalte, der Festlegung der Beurteilungskriterien sowie der Beurteilung der Qualität der eigenen Arbeit. Im Kern ist es ein dokumentierter Prozess der Selbstreflexion.

Funktion/Aufgabe des Portfolios:
Förderung der Selbstständigkeit in Bezug auf
→ Finden und Nutzen geeigneter Informationsquellen
→ Bewertung der Auswahl
→ Entwicklung eines eigenen Produkts
→ Nachweis über das Erreichen einer (selbst) gestellten Zielsetzung
→ Reflexion der eigenen Arbeit

Voraussetzungen/Klärungen
→ Wer darf es lesen und welche Grundsätze gelten für den Umgang damit?
→ Welche Ziele werden verfolgt/welche Standards sind vereinbart?
→ Welchen Umfang/Zeitraum nimmt die Arbeit mit dem Portfolio ein?

Verfahrensschritte
→ Dokumente und Daten, die Lernwege nachvollziehbar machen, sammeln und einordnen
→ Über die Einschätzung der gesammelten Belege miteinander reden
→ Das Gesammelte prüfen, interpretieren und bewerten

Aufbau
→ Alle Arten von Belegen und Materialien, die den individuellen Lernweg dokumentieren
→ Zielführende und weniger erfolgreiche Strategien darlegen
→ Den persönlichen Lernfortschritt und -zuwachs bezogen auf das gesetzte Ziel nach-
  weisen
→ Die Arten können vielfältig sein, z.B. Buchseiten, Zeitungsartikel, Videoausschnitte,
  Bilder, Beschreibungen (von Unterrichts-, Praktikumsituationen), Kommentare von
  Lehrern, Praxisanleiterinnen, Gruppenarbeitsergebnisse, usw.

Auswertung
Neben der Sammlung werden systematische Reflexionen vorgenommen und Gespräche protokolliert. Sie sind unverzichtbarer Teil des Portfolios.

Vertiefungsphase

Ziele

In der Vertiefungsphase identifiziert sich die Praktikantin zunehmend mit ihrer Berufsrolle
und erlangt weitere soziale und fachliche Kompetenzen.

Praktische Aufgaben

→ Erproben unterschiedlicher Methoden der Kleingruppenarbeit
→ Selbstständige Durchführung einer themenbezogenen Angebotsreihe für eine Klein-
  gruppe
→ Spielkreisleitung mit Einführung eines neuen Spiels
→ Begleitung der Freispielphase mit Freispielimpuls
→ Übernahme der Freispielleitung

Schriftliche Aufgaben

→ Planung, Durchführung, Reflexion der themenbezogenen Angebotsreihe (Projekt)
→ Freispiel – Beobachtungsprotokoll
→ Freispielbegleitung mit Freispielimpuls
→ Übernahme der Freispielleitung
→ Leitung eines Spielkreises mit Einführung eines neuen Spiels

Reflexion der Vertiefungsphase (im fachpraktischen Unterricht)

1. Wie ist Ihre Stimmung? Geben Sie kurze Erläuterungen!

2. Wie fanden Sie sich in der Einrichtung zurecht? (bezüglich Übernahme alltäglicher Aufgaben, Kontakt zur Gruppenleitung, als Teil des Mitarbeiterteams, ...)

3. Wie konnten Sie in Alltagssituationen pädagogisch handeln? Was fiel Ihnen leicht/ schwer? (z. B. Kontaktaufnahme, Setzen und Einhalten von Grenzen, Gespräche mit Kindern, ...)

4. Wie gelang es Ihnen, sich in Aktivitäten der Kinder einzubringen, Spielsituationen aufzugreifen, weiterzuführen und zu gestalten, sich aber auch wieder herauszuziehen?

5. Waren Sie in der Lage, den Entwicklungsstand von Kindern zu erkennen? Wie haben Sie eigene Handlungsweisen darauf abgestimmt?

6. Wie gelang es Ihnen, pädagogisches Handeln zu planen und ausgehend von Ihren Beobachtungen:
- → den Kindern Impulse im Freispiel zu geben, das Freispiel zu leiten?
- → Kleingruppenangebote und themenbezogene Projekte inhaltlich, methodisch und organisatorisch durchzuführen?
- → mit der gesamten Gruppe einen Spielkreis durchzuführen?

7. Wie gelingt es Ihnen, eigenes Verhalten kritisch zu reflektieren und für Ihre Berufspraxis Konsequenzen zu ziehen? (z. B. eigene Fähigkeiten/Schwierigkeiten zu benennen, Verhalten von Kindern zu beschreiben, Zielsetzungen zu hinterfragen, ...)

8. Welche Folgerungen ziehen Sie aus Ihren Eindrücken/Erfahrungen im Hinblick auf Ihre zukünftige Berufstätigkeit?

AUFGABEN

Überlegen und planen Sie in der Lerngruppe ein Bewegungsangebot mit ca. zwölf Kindern. Stellen Sie dieses unter ein Thema. Führen Sie das Bewegungsangebot mit Kindern Ihrer Gruppe durch. Reflektieren Sie und tauschen Sie in der Lerngruppe Ihre Erfahrungen aus.

Ermitteln Sie Situationen in Ihrer Gruppe, die sich für eine thematische Angebotsreihe eignen. Sprechen Sie das ausgewählte Thema mit der Gruppenleitung ab. Planen Sie, gegebenenfalls mit Mitschülerinnen, die das gleiche Thema gewählt haben, die Aktion. Beschränken Sie sich auf drei bis vier Angebote, die Sie mit sechs bis acht Kindern durchführen. Berichten Sie über Ihre Erfahrungen und Eindrücke. Welche Forderungen und Konsequenzen ziehen Sie daraus?

Die Gruppenleiterin bittet Sie, in der nächsten Woche den Stuhlkreis alleine durchzuführen, da ein wichtiges Elterngespräch ansteht.
Planen Sie den Stuhlkreis und führen Sie ihn mit den Kindern durch. Geben Sie Begründungen für die Auswahl und die Reihenfolge der Spiele an. Reflektieren Sie Ihre Erfahrungen schriftlich und führen Sie mit der Gruppenleiterin ein Gespräch.

Die Kindergartenleitung informiert Sie über die Erkrankung der Gruppenleiterin und bittet Sie, am nächsten Praktikumstag die Führung des Freispiels zu übernehmen. Zur Unterstützung steht Ihnen gegebenenfalls die Gruppenleiterin der Nachbargruppe zur Verfügung.
Planen und organisieren Sie das Freispiel in Ihrer Gruppe. Beschreiben Sie Ihre Aufgaben und Tätigkeiten während der gesamten Freispielphase.
Berücksichtigen Sie die Begrüßung der Kinder, das Frühstück, das besondere Spielangebot und das Aufräumen am Ende des Freispiels. Schreiben Sie eine ausführliche Reflexion und erörtern Sie diese mit der Gruppenleiterin/Fachlehrerin.

6 Sozialpädagogische Konzeptionen im Elementarbereich verstehen

Auf dem Schulhof des Berufskollegs stehen fünf Schülerinnen beieinander. Sie besuchen die Berufsfachschule für Kinderpflege im zweiten Ausbildungsjahr.

Sarah: Am Montag startet ja die Projektwoche über unterschiedliche Kindergartenkonzepte. In welcher Projektgruppe habt ihr euch denn angemeldet?

Yvonne: Ich habe mich für Waldorf-Pädagogik entschieden. Bei mir in der Nähe gibt es so einen Kindergarten. Schon das Gebäude unterscheidet sich von anderen Kindergärten. Es ist rosa und merkwürdig verwinkelt. Ich bin neugierig, wie das von innen aussieht und was die dort machen.

Nadine: Ich möchte mal einen Waldkindergarten kennen lernen. Ich habe gehört, die haben überhaupt kein Haus. Die Erzieher sind mit den Kindern den ganzen Tag draußen im Wald.

Sarah: Nee, das glaub' ich nicht. Was machen die denn bei strömendem Regen oder im Winter?

Nadine: Weiß ich auch nicht. Ich lass mich mal überraschen.

Aylin: Das wäre nichts für mich. Ich habe mich für den Besuch eines Montessori-Kinderhauses angemeldet.

Yvonne: Sind das nicht die Kindergärten, in denen Kinder schon lesen, schreiben und rechnen?

Aylin: Keine Ahnung. Ich weiß nur, dass die besonderes Lernspielzeug haben. Wo gehst du eigentlich hin, Sarah?

Sarah: Ich fahre mit meiner Projektgruppe in einen Bewegungskindergarten.

Nadine: Wie „Bewegungskindergarten"? In jedem Kindergarten können sich doch die Kinder bewegen. Was ist daran Besonderes?

Sarah: So wie ich gehört habe, können die Kinder dort alle Sportstätten und Sportgeräte benutzen und ausprobieren.

Yvonne: Wollen die etwa aus allen Kindergartenkindern Leistungssportler machen?

Sarah: Ich hoffe nicht. Aber nächste Woche wissen wir alle mehr.

6.1 Kindertageseinrichtungen im Elementarbereich

Was sind Kindertageseinrichtungen?

> *„Für Familien haben sich heute die individuellen und gesellschaftlichen Rahmenbedingungen verändert. Veränderte individuelle Erwartungen und Geschlechtsrollen, veränderte Familienstrukturen oder andere materielle Gegebenheiten haben die Aufgabenstellung ‚Familie' gewandelt. Kinder sollen dabei frei und geschützt, angeleitet und losgelassen mit Kindern ihres Alters aufwachsen und leben können.*
> *Mütter und Väter wollen und sollen die Chance haben, berufliche Arbeit und Familie miteinander vereinbaren zu können. Immer mehr Frauen wollen berufstätig sein. 1970 waren etwa 32 % aller Frauen im erwerbsfähigen Alter berufstätig – heute sind es rund 55 %."*
> *„Kinder und Eltern brauchen heute stärkere gesellschaftliche Unterstützung, wenn sie ihre Aufgaben erfüllen, wenn sie ihren Vorstellungen gemäß leben, wenn sie Alltag und Zusammenleben befriedigend gestalten wollen."*
>
> (www.tageseinrichtungen.nrw.de)

Hierzu gehört auch die gesellschaftliche Hilfestellung. Das bedeutet, dass Familien durch das Angebot von **Kindertageseinrichtungen** in ihrer Erziehungs- und Betreuungsfunktion unterstützt und ergänzt werden müssen.

Träger einer Tageseinrichtung sind örtliche Träger der öffentlichen Jugendhilfe, kreisangehörige Gemeinden und Gemeindeverbände sowie anerkannte Träger der freien Jugendhilfe.
§ 11 Gesetz über Tageseinrichtungen für Kinder (GTK), NRW, 1998

Kindergärten und **Kindertagesstätten** bilden als **Elementarbereich** die Grundlage des Bildungssystems, das seine Fortsetzung in der Primarstufe (Klasse 1–4 Grundschule) und Sekundarstufe 1 (Klasse 5–10 Haupt-, Real-, Gesamtschule); und Sekundarstufe 2 (Klasse 11–13 Gesamtschule, Gymnasium, Berufskolleg) findet.

Kinder von drei bis sechs Jahren besuchen in der Regel Kindergärten und Kindertagesstätten. Sie werden von Sozialpädagoginnen, Erzieherinnen, Sozialassistentinnen, Sozialhelferinnen und Kinderpflegerinnen für mehrere Stunden am Tag betreut und gefördert. In einer alters- und geschlechtsgemischten Gruppe befinden sich ca. 25 Kinder.

Die **Öffnungszeiten** (vgl. § 9 GTK) der Kindergärten werden durch den Träger nach Anhörung des Elternrates festgelegt. In der Regel werden dabei die Situationen der Erziehungsberechtigten der angemeldeten Kinder und die örtlichen Verhältnisse berücksichtigt. Die meisten Kindergärten sind von 7:30–12:30 Uhr und von 14–16 Uhr geöffnet. Verfügen Kindergärten gleichzeitig über Tagesstättenplätze, bleiben diese Kinder über Mittag und werden dort verpflegt. Die Öffnungszeit ist dann z. B. von 6:30–18:00 Uhr. Seit 1999 bieten immer mehr Kindergärten so genannte Blocköffnungszeiten an, wobei die Betreuung der Kinder in die Mittagszeit ausgedehnt wird.

Tagesstättenplätze werden in erster Linie von Alleinerziehenden oder berufstätigen Eltern bevorzugt. In einer Tagesstättengruppe befinden sich meist 20 Kinder. Diese Kinder verbringen mehr Zeit in der Tagesstätte als zu Hause, was für alle Beteiligten zum Teil mit besonderen Herausforderungen verbunden ist.

In einigen Kindertagesstätten ist manchmal noch eine weitere Tageseinrichtung für Kinder untergebracht: die **altersgemischte Gruppe**. Hier werden Kinder von vier Monaten bis drei Jahren zusammen mit Kindergartenkindern betreut. In der Regel befinden sich in einer altersgemischten Gruppe 15 Kinder, davon sieben Kinder unter drei Jahren (dabei nicht mehr als zwei bis drei Säuglinge) und acht Kinder im Kindergartenalter. Diese Altersmischung soll ein familienähnliches Zusammenleben ermöglichen. Wie in der Familie werden die jüngeren Kinder durch das Spiel der älteren angeregt. Sie erfahren Trost und Hilfe, während die älteren Kinder Hilfsbereitschaft und Einfühlungsvermögen im Zusammenleben mit Jüngeren entwickeln können.

Die unterschiedlichen Bedürfnisse und Interessen der Kinder erfordern eine differenzierte pädagogische Arbeit und eine flexible Arbeitsweise, die u. a. durch ein wohnlich gestaltetes Raumkonzept, einen strukturierten Tagesablauf und vielfältige Anregungen unterstützt werden können. Da die jüngsten Kinder bis zum Schuleintritt in der Gruppe bleiben, sollten die Betreuung und Versorgung durch feste Bezugspersonen, unter Mithilfe der Eltern, erfolgen.

Horte sind Tageseinrichtungen für schulpflichtige Kinder bis zum 14. Lebensjahr. Hortkinder, meist Grundschüler, werden von Sozialpädagoginnen und Erzieherinnen vor oder nach der Unterrichtszeit, teilweise auch in den Ferien, verpflegt und betreut. Neben Schule und Elternhaus bietet der Hort einen zusätzlichen Lern- und Erfahrungsraum. Die Kinder können in der Gemeinschaft mit anderen Hausaufgaben erledigen, spielen und an qualitativen Freizeitangeboten oder Projekten teilnehmen. Organisatorisch sind Horte zur Zeit in NRW noch an Kindergärten angeschlossen und bilden zusammen eine Kindertagesstätte bzw. ein Kinderhaus. Im Rahmen von Umstrukturierungsmaßnahmen im Grundschulbetreuungsbereich ist jedoch zukünftig mit einer Veränderung der Hortsituation zu rechnen.

Erziehungs- und Bildungsauftrag des Kindergartens

Mit Eintritt in den Kindergarten löst das Kind sich zum ersten Mal von seinem Elternhaus. Der Kindergarten bietet dem Kind einen erweiterten Lebens- und Erfahrungsraum, wo es zusammen mit Gleichaltrigen in geborgener Atmosphäre spielen und lernen kann. Kindergartenkinder lernen anders als Schulkinder. Sie sind spontan, neugierig und haben Freude an der Bewegung. Sie lernen durch Beobachten, Entdecken und eigenes Ausprobieren. Dieser besonderen Lernweise wird im Kindergarten Rechnung getragen. In Zusammenarbeit mit den Eltern hat der Kindergarten die Aufgabe, die sozialen, emotionalen, motorischen und kognitiven Fähigkeiten des Kindes zu fördern, um die ganzheitliche Erziehung zu ergänzen und zu erweitern. Der Kindergarten ist eine Bildungseinrichtung, die allen Kindern gleiche Startchancen für das spätere Leben geben möchte, gleich welcher Nationalität, Religion oder Kultur sie angehören. Aus diesem Grunde weist das **Gesetz über Tageseinrichtungen für Kinder** (kurz GTK genannt) in Nordrhein-Westfalen dem Kindergarten ausdrücklich einen eigenen Erziehungs- und Bildungsauftrag zu:

§ 2 (2) Der Kindergarten hat seinen Erziehungs- und Bildungsauftrag in ständigem Kontakt mit der Familie und anderen Erziehungsberechtigten durchzuführen und insbesondere

1. **die Lebenssituation jedes Kindes zu berücksichtigen**
   Die pädagogische Arbeit im Kindergarten kann nur erfolgreich sein, wenn Erzieherinnen und Kinderpflegerinnen mit der individuellen Entwicklungs- und Lerngeschichte jedes einzelnen Kindes vertraut sind. Durch eigene Beobachtungen und intensive Gespräche mit den Eltern können Wohn- und Familienverhältnisse, aber auch Besonderheiten in der Entwicklung, Eigenarten, Fähigkeiten und eventuell Störungen festgestellt werden.

2. **dem Kind zur größtmöglichen Selbstständigkeit und Eigenaktivität zu verhelfen, seine Lernfreude anzuregen und zu stärken**
   Erzieherinnen und Kinderpflegerinnen sollten die Eigenaktivität und Selbstständigkeit des Kindes herausfordern und stärken, soweit es seinem Alter und seinen Fähigkeiten zuzumuten ist, ohne es zu überfordern. Experimentieren mit Materialien, die überschaubar angeboten werden, freie Wahl von Spielorten und selbsttätiges Entdecken von Zusammenhängen wecken die Neugierde und stärken die Freude, Neues zu lernen.

3. **dem Kind zu ermöglichen, seine emotionalen Kräfte aufzubauen**
   Der Kindergarten muss dem Kind eine Atmosphäre vermitteln, in der es sich angenommen und verstanden fühlt. In dieser Geborgenheit wird sein Selbstwertgefühl entwickelt und sein Selbstvertrauen gestärkt. Es ist bereit, mit anderen Kontakt aufzunehmen und Freundschaften zu schließen.

4. **die schöpferischen Kräfte des Kindes unter Berücksichtigung seiner individuellen Neigungen und Begabungen zu fördern**
   Das Spiel ist die Grundlage und Voraussetzung für die schöpferische Entfaltung des Kindes. Der Kindergarten sollte jedem Kind vielfältige Möglichkeiten anbieten, seine Gefühle und Erlebnisse auszudrücken, sei es durch Malen, Singen, Tanzen, Musizieren, Spielen oder Sprechen. Gerade zurückhaltende und ängstliche Kinder haben so die Möglichkeit, das, was sie bewegt, auf eine ihnen gemäße Weise darzustellen. Im schöpferischen Tun der Kinder können Erzieherinnen und Kinderpflegerinnen Neigungen und Begabungen, aber auch Mängel beobachten und durch gezielte Angebote möglicherweise ausgleichen oder fördern.

5. **dem Kind Grundwissen über seinen Körper vermitteln und seine körperliche Entwicklung zu fördern**
   Kindergartenkinder haben ein starkes Bewegungsbedürfnis und wollen ihre Fähigkeiten erproben. Erzieherinnen und Kinderpflegerinnen können diesem Bedürfnis durch vielfältige Anregungen entgegenkommen:
   - durch sinnvolle Nutzung der Gruppenräume,
   - durch bewegungsanregende Spielmöglichkeiten im Außengelände,
   - durch gezielte Angebote mit unterschiedlichen Materialien im Bewegungsraum.

   Körperliche Beweglichkeit gibt dem Kind Sicherheit und stärkt sein Selbstvertrauen. Im Spiel erfährt es etwas über seinen eigenen Körper, über seine Beweglichkeit und seine Funktionen. Darüber hinaus werden Kenntnisse über Körperpflege und gesundes Ernährungsverhalten praktisch vermittelt, die das Grundwissen unterstützen und vertiefen.

6. **die Entfaltung der geistigen Fähigkeiten und der Interessen des Kindes zu unterstützen und ihm dabei durch ein breites Angebot von Erfahrungsmöglichkeiten elementare Kenntnisse von der Umwelt zu vermitteln**
   Die Persönlichkeit des Kindes soll ganzheitlich gefördert werden, d. h., auch die geistigen und sprachlichen Fähigkeiten können nur durch vielfältige Angebote aus der Erfahrungswelt des Kindes vermittelt werden. Es wird angeregt, Vorgänge und Situationen aus seiner Umgebung genau zu beobachten, zu unterscheiden, zu vergleichen und zu verstehen. Es entdeckt Zusammenhänge und kann mit Hilfe von Erzieherinnen und Kinderpflegerinnen seine Erlebnisse und Erfahrungen besser verarbeiten.

(3) Der Kindergarten hat dabei die Aufgabe, das Kind unterschiedliche soziale Verhaltensweisen, Situationen und Probleme bewusst erleben zu lassen und jedem einzelnen Kind die Möglichkeit zu geben, seine eigene soziale Rolle innerhalb der Gruppe zu erfahren, wobei ein partnerschaftliches, gewaltfreies und gleichberechtigtes Miteinander, insbesondere auch der Geschlechter untereinander, erlernt werden soll. Die Integration behinderter Kinder soll besonders gefördert werden. Behinderte und nicht behinderte Kinder sollen positive Wirkungsmöglichkeiten und Aufgaben innerhalb des Zusammenlebens erkennen und altersgemäße demokratische Verhaltensweisen einüben können. Auch gegenüber anderen Kulturen und Weltanschauungen soll Verständnis entwickelt und Toleranz gefördert werden.

Soziales Lernen ist ein wichtiges Erziehungsziel der pädagogischen Arbeit im Kindergarten. Voraussetzung für soziales Lernen ist die eigene Erfahrung des Kindes, dass es Zuwendung und Geborgenheit erfährt, dass es anerkannt wird und sich bestätigt fühlt. Es erlebt eine Atmosphäre des gegenseitigen Vertrauens. Das Kind kann nur dann sein soziales Verhalten zeigen, wenn es sich in der Gruppe angenommen fühlt. Die altersgemischte Gruppe bietet gute Voraussetzungen dafür, Verantwortung für andere zu übernehmen und das Zusammengehörigkeitsgefühl zu stärken. Das Kind lernt, die Gefühle und Bedürfnisse des anderen wahrzunehmen. Es entwickelt Verständnis für Menschen, die anders leben, und lernt, Konflikte nicht mit Gewalt auszutragen.

AUFGABEN

Seit 1996 hat jedes in Deutschland lebende Kind ein Recht auf einen Kindergartenplatz. Diskutieren Sie die folgende Position der Freien Wohlfahrtspflege.

Position der Freien Wohlfahrtspflege zur Umsetzung des Rechtsanspruchs auf einen Kindergartenplatz

→ Kinder haben ein Grundrecht auf qualifizierte pädagogische Förderung der Entwicklung ihrer geistigen und sozialen Fähigkeiten.

→ Frauen und Männer haben gleichermaßen das Recht auf Berufstätigkeit.

→ Der Rechtsanspruch auf einen Kindergartenplatz für drei- bis sechsjährige Kinder ist lediglich ein Einstieg in familienpolitische Maßnahmen zur Aufhebung der Benachteiligung von Familien und Alleinerziehenden.

Überlegen Sie, in welchen weiteren Unterrichtsfächern Sie über dieses Thema sprechen könnten.

Welche Bildungsangebote kann der Kindergarten machen, die Familie im Allgemeinen nicht stellen können? Fertigen Sie hierzu eine Liste an, begründen Sie Ihre Aussagen.

Vergleichen Sie eine „einseitige Förderung" eines Kindes mit einer „ganzheitlichen Förderung", indem Sie den Bildungsauftrag des Kindergartens (s. § 2 GTK, S. 197–199) dazu heranziehen.

6.2 Beispiele sozialpädagogischer Konzepte

Seit der Gründung des ersten Kindergartens in der Mitte des 19. Jahrhunderts durch Friedrich Fröbel unterlagen Kindertageseinrichtungen dem gesellschaftlichen Wandel und den damit verbundenen unterschiedlichen pädagogischen Strömungen. In der heutigen Zeit gibt es eine Vielfalt von Kinderbetreuungsformen und Erziehungskonzeptionen, in deren Mittelpunkt immer das Kind steht, das unter sich ändernden gesellschaftlichen und familiären Bedingungen aufwächst. Erziehungskonzepte von der „Offenen Arbeit" bis zur „Reggio-Pädagogik" spiegeln nicht nur unterschiedliche pädagogische und didaktische Konzeptionen wieder, vielmehr geben sie zugleich Auskunft über das Verständnis von Kindheit, über das Bild vom Kind, als auch über die Rolle und das berufliche Selbstverständnis der Erzieherin und Kinderpflegerin.

Jede pädagogische Konzeption muss folgende Grundfragen berücksichtigen:

→ Was sollen Kinder lernen?
→ Warum sollen Kinder das lernen?
→ Womit sollen Kinder das lernen?
→ Auf welche Weise sollen Kinder das lernen?
→ Zu welchem Zeitpunkt sollen Kinder das lernen?

Diese Fragen sind für das Verständnis des jeweiligen Erziehungskonzeptes von Bedeutung und können nur durch Verinnerlichung und kollegiale Zusammenarbeit erfolgreich umgesetzt werden.

Die hier vorgestellten Konzeptionen leiten sich aus bereits verbreiteten sowie aktuellen Kindergartenkonzeptionen ab, klammern jedoch die Konzeptionen Waldorf-Pädagogik und Montessori-Pädagogik aus, da in diesen Kindertageseinrichtungen von den pädagogischen Mitarbeitern eine gesonderte Ausbildung verlangt wird.

Der Situationsansatz in der „Offenen Arbeit"

Als Reaktion auf gesellschaftliche Veränderungen wurde Mitte der achtziger Jahre die Konzeption „Offener Kindergarten" bzw. „Offene Arbeit im Kindergarten" entwickelt, die auf der Grundlage des **situationsbezogenen Ansatzes** basierte. Der Situationsansatz in Kindertageseinrichtungen zielt auf die Erziehung, Bildung und Betreuung von Kindern als gesellschaftliche Aufgabe. Dabei geht es darum, Kinder mit ihren Entwicklungsbedürfnissen und in ihren Lebenssituationen zu verstehen und ihnen bedarfsgerechte Angebote zu machen, die zur Entfaltung ihrer Persönlichkeit beitragen.

Die Ziele: Autonomie, Solidarität und Kompetenz bestimmen auch das sozialpädagogische Handeln der Erzieherinnen und Kinderpflegerinnen, in enger Zusammenarbeit mit den Eltern.

Der „offene" Kindergarten soll Lebens- und Erfahrungsraum sein, in dem behinderte und nicht behinderte, chronisch kranke und gesunde, hochbegabte und entwicklungsverzögerte, ausländische und deutsche, jüngere und ältere Kinder miteinander spielen und lernen (vgl. Büchsenschütz/Regel, 1992, S. 13). Die Kinder sollen befähigt werden, vermehrt eigene Entscheidungen zu treffen, sei es durch die Wahl der Spielpartner, des Raumes, der Beschäftigung oder der Erzieherin bzw. Kinderpflegerin.

Fünf Strukturelemente bewirken „offene" Kindergartenarbeit und sollten als Grundhaltungen vorhanden sein (vgl. Regel 1992, S. 36):

→ **Das zugrunde liegende Menschenbild**

Das Kind wird als Akteur seiner Entwicklung gesehen und nicht als Produkt seiner Umwelt. Die Erwachsenen sehen sich nicht in der Rolle der „Macher", sondern die Entwicklung vollzieht sich durch schöpferische Aktivität und handelnde Auseinandersetzung mit der dinglichen und sozialen Umwelt (vgl. Regel, 1997, S. 6–12).

→ **Die Orientierung an den Bedürfnissen der Kinder**

Die Bedürfnisorientierung ergibt sich aus dem zugrunde liegenden Menschenbild, wobei Angebote und Hilfestellungen an den Interessen und Stärken der Kinder ausgerichtet werden.

→ **Das Methodenkonzept der Handlungsforschung**

Planung, Gestaltung und Handeln der Kindergartenarbeit werden durch stetige Reflexionen begleitet.

→ **Die Psychomotorik** (= Gesamtheit aller willkürlich gesteuerten Bewegungsabläufe)

Die Förderung geschieht ganzheitlich, d. h., alle Sinne und Entwicklungsbereiche werden einbezogen. Mit Unterstützung geeigneter Spiel- und Bewegungsangebote können eingeschränkte Bewegungserfahrungen der Kinder ausgeglichen werden.

→ **Die Rolle des Personals**

Alle Mitarbeiter der Einrichtung bilden ein verlässliches Gesamtteam und haben für alle Arbeitsgebiete klar umrissene Zuständigkeiten.

Das Konzept „offener Kindergarten" bietet einen Handlungsrahmen, in dem Kinder die für ihre Entwicklung wichtigen Erfahrungen sammeln können. Angestrebt wird eine vom Kind ausgehende, situationsorientierte Arbeit, eine ganzheitliche Erziehung in einer Umgebung, die den Kindern vielseitige Wahrnehmungs-, Erlebnis- sowie Entwicklungsmöglichkeiten bietet. Gemeinsam erarbeitete, einrichtungsspezifische Strukturen, wie z. B. die Öffnungszeiten, der Tagesablauf, die Raumnutzung/-gestaltung bieten Kindern, Erzieherinnen und Eltern klare Orientierungspunkte (vgl. Eickelberg-Quednau, 1996).

Die offene Arbeit muss organisatorisch der jeweiligen Betreuungsform angepasst werden

Es gibt nicht die eine Form der offenen Arbeit und nicht den offenen Kindergarten, sondern offene Konzepte mit vielen Gesichtern, die als organisatorische Voraussetzung den jeweiligen Gegebenheiten angepasst werden.

Raumaufteilung

Die bisherigen Gruppenräume werden unter Berücksichtigung kindlicher Entwicklungsbedürfnisse in Spiel- oder Erfahrungsräume umgewandelt, z. B.

→ ein Bewegungsraum,
→ ein Raum für Rollenspiele,
→ ein Kreativraum,
→ ein Entspannungsraum,
→ ein Frühstücksraum.

Stehen weitere Räumlichkeiten wie Flure und Nebenräume zur Verfügung, werden diese je nach aktuellen Spielinteressen der Kinder gemeinsam hergerichtet.

Tagesablauf

Ähnlich wie in traditionellen Kindergartenkonzepten gibt es wiederkehrende Elemente im Tagesablauf:

→ In der *freien Spielphase* entscheiden die Kinder wo, womit, was, mit wem, wie lange sie spielen möchten. Während dieser Phase verabreden die Erzieherinnen und Kinderpflegerinnen die aktuellen Angebote, welche sich immer aus der Lebenssituation, den Beobachtungen der Kinder oder von Aktivitäten des Vortages ableiten lassen. Ebenfalls in dieser Zeit nehmen die Kinder ihr *Frühstück* ein.

→ Zu einer bestimmten Zeit/auf ein bestimmtes Zeichen hin treffen sich alle Kinder in ihrer Stammgruppe zu der so genannten *Blitzrunde.* Hier werden alle Anwesenden begrüßt, Neuigkeiten ausgetauscht, die Anwesenheit – Gründe für das Fehlen – festgestellt, über die anstehenden Angebote informiert und Wahlmöglichkeiten aufgezeigt.

→ In der anschließenden *Angebotsphase* werden gruppenübergreifend in Kleingruppen frei wählbare Angebote durchgeführt.

→ Anschließend wenden sich die Kinder wieder *freien Spieltätigkeiten* bis zur *Verabschiedungsphase* zu.

Stammgruppen

Regelmäßig und zu bestimmten Zeiten treffen sich die Kinder mit *ihrer* Erzieherin und Kinderpflegerin in *ihrer* so genannten Stammgruppe. In der übrigen Zeit sind die Gruppenstrukturen aufgelöst. Gerade für jüngere und neue Kinder bildet die Stammgruppe einen Treffpunkt und notwendige Kontaktstelle für den sozial-emotionalen Austausch, auch für die Eltern.

Um kindlichen Entwicklungsbedürfnissen und Lebenssituationen zu entsprechen, müssen bestehende Konzeptionen der „Offenen Arbeit" ständig überprüft, ergänzt und gegebenenfalls geändert werden. Praktizierte „offene" Kindergartenarbeit lebt von der Flexibilität und der Mitwirkung aller Beteiligten.

AUFGABEN

Lesen Sie den vorliegenden Text zur „offenen Arbeit im Kindergarten". Markieren Sie wichtige Aussagen.

Bilden Sie Arbeitsgruppen und fassen Sie Ihre Aussagen zusammen.

Sammeln Sie Situationen aus Ihren Praktikums-Kindergärten, die durch thematische Angebotsreihen aufgegriffen und vertieft werden könnten.

Präsentieren Sie Ihre Situationssammlung und das Konzept der „Offenen Arbeit" in Form eines Plakates.

Diskutieren Sie die Aussage von Jean Piaget: „Das Kind ist Akteur seiner Entwicklung."

Gestalten Sie mit bildnerischen Mitteln Ihre Interpretation.

Meine Ansichtskarte

Diese Übung hilft, in ein Thema einzusteigen, sich kennen zu lernen oder sich selbst wahrzunehmen. Sie wird mit der gesamten Gruppe durchgeführt, die Übung selbst wird zunächst als Einzelarbeit ausgeführt.

Die Schülerinnen zeichnen/malen eine Ansichtskarte von ihrer persönlichen Sichtweise mit Hilfe von z. B. Bildern, Skizzen und Wörtern. Die Ansichtskarten werden ausgehängt und jeder erklärt seine Karte und stellt sich und seine Ansicht zum Thema damit vor. Nachfragen von den anderen sind wünschenswert. <u>Variante</u>: Die Lehrerin sammelt die Ansichtskarten ein, mischt sie und jede Schülerin zieht eine Karte. Jede versucht zu beschreiben, was sie sieht. Vielleicht wird die Verfasserin erraten, auf jeden Fall ergänzt sie die Anmerkungen.

Besuchen Sie einen „Offenen Kindergarten" und vergleichen Sie ihn mit Ihrem Praktikums-Kindergarten. Welche Unterschiede bzw. Gemeinsamkeiten können Sie feststellen?

Waldkindergarten

Die Idee des Waldkindergartens entstand in den siebziger Jahren in Dänemark. Nachfolgende Konzepte setzten sich auch in Deutschland bis heute weiter fort. Der Waldkindergarten ist ein Kindergarten ohne Dach, Wände und Türen. Für extreme Witterungen steht eine Schutzhütte zur Verfügung. Die vorgefundene landschaftliche Umgebung ist der Spiel- und Beschäftigungsraum die Kinder.

Die Natur zum Anfassen ermöglicht Erfahrungen mit allen Sinnen

Im Waldkindergarten spielt sich alles unter freiem Himmel ab: Rollen- und Bewegungsspiele, Forscher- und Experimentierspiele, angeleitete Angebote, Frühstück und Spielkreis, wio in einem anderen Kindergarten auch.

In der Regel verbringen die Kinder mit den Erzieherinnen und Kinderpflegerinnen täglich mehrere Stunden im Waldkindergarten. Sie werden von den Eltern gebracht und abgeholt. Ausgerüstet ist die Gruppe mit wettergerechter Kleidung, Rucksack mit Proviantdose und Thermoskanne, Isomatten. Die Erzieherinnen führen meist in einem Handwagen noch Zusätzliches mit, wie z. B.: Mobiltelefon, Verbandskasten, ein Naturbestimmungs- wie Geschichtenbuch, Decken, Seile etc. Wie im herkömmlichen Kindergarten orientieren sich die Kinder am geregelten Tagesablauf mit seinen Elementen.

Im Waldkindergarten lernen Kinder Pflanzen, Bäume, Tiere intensiv kennen und erleben hautnah den Jahreskreislauf. Sie entfalten Fantasie, Kreativität und Ausdauer bei ihren Spielen mit Tannenzapfen, Ästen, Stöcken und Blättern. Sie finden ausreichend Raum zum Toben, Klettern, Springen, Balancieren oder auch zur Konzentration und zur Stille. Durch die Vielfalt der Spielmöglichkeiten mit allen Sinnen, werden die motorischen, emotionalen, kognitiven als auch sozialen Entwicklungsbereiche angeregt und entwickelt.

Der Waldkindergarten ist eine Alternative oder auch eine richtungsweisende Ergänzung zum üblichen Kindergarten

Das Prinzip der Waldkindergartenpädagogik ist das Spiel in und mit der Natur. Im Wald können Kinder ungehindert ihren natürlichen Bewegungsdrang ausleben, Fantasie und Kreativität werden durch die Vielfalt der Natur des Waldes angeregt und gefördert. Beim Spiel in freier Natur erleben Kinder selbst ihre Grenzen, erfahren ihre Entwicklungsfortschritte und üben sich im sozialen Verhalten.

Waldkindergartenkinder sind widerstandsfähiger

Der tägliche Aufenthalt im Freien bewirkt, dass sich der kindliche Körper nach kurzer Gewöhnungszeit auf die unterschiedlichen Witterungsverhältnisse einstellt und das Immunsystem gestärkt wird. Erfahrungen der dänischen Waldkindergärten ergeben, dass Waldkindergartenkinder widerstandsfähiger sind, allergiekranke Kinder weniger Probleme haben, dem Spiel- und Bewegungsbedürfnis der Kinder entsprochen wird und die Kinder sich *ausspielen* können.

> *„Durch den Besuch des Waldkindergartens entwickeln Kinder eine natürlich gewachsene, liebevolle Beziehung zu ihrer Umwelt. Dies ist die beste Voraussetzung, als Erwachsener die Umwelt zu schützen und sich für diese aktiv einzusetzen."*
>
> Wissmann-Hardt, 1997, S. 14

Positive Auswirkungen der Waldkindergartenpädagogik zeigen in der herkömmlichen Kindergartenpraxis immer stärker Konsequenzen, wie z. B.:
→ Gruppen eines Regelkindergartens gehen regelmäßig für einen bestimmten Zeitraum in den Wald,
→ die Außenanlagen eines Kindergartens werden gemeinsam mit den Kindern in einen Nutzgarten umgewandelt,
→ die Aufenthaltsorte im Freien sind nicht nur auf den Wald beschränkt, sondern beziehen das unmittelbare Wohnumfeld der Kinder bewusst ein,
→ die Spielräume im Außengelände, z. B. Gruben, Gräben, Weidenhütten u. a., ermöglichen den Kindern besondere Natur- und Umwelterfahrungen.

AUFGABEN

Lesen Sie den vorliegenden Text zum „Waldkindergarten".
Markieren Sie wichtige Aussagen.

Bilden Sie Arbeitsgruppen und fassen Sie Ihre Aussagen zusammen.
Präsentieren Sie das Konzept des „Waldkindergartens" in Form einer Collage.

Mit einer Collage kreativ arbeiten

Die Klasse teilt sich in Gruppen und arbeitet an dem Auftrag, zum Thema arbeitsteilig oder arbeitsgleich eine Collage zu erstellen. Die Collage ist ein Klebebild, das sich aus verschiedenen Materialien zusammensetzen kann. In der Collage kann zusätzlich auch gemalt oder gezeichnet werden. Das Material kann gemeinsam in der Woche vorher nach Verabredung besorgt und mitgebracht werden. Der Kreativität sind keine Grenzen gesetzt. Erfolgreich sind Collagen dann, wenn allen die Funktion transparent ist und das Ergebnis ausgewertet und für die weitere Arbeit verwertet wird.
Die Collage kann vielfältig eingesetzt werden, zur Ideensammlung, in der Erarbeitung, zur Dokumentation von Ergebnissen oder auch zur Beurteilung.

Hospitieren Sie einen Vormittag in einem Waldkindergarten und protokollieren Sie Ihre Erlebnisse.

Sehen Sie die Videofilme „Spielzeug zerbricht – Erlebnisse sind unsterblich" (Teil 1) und „Erlebnisse und Ergebnisse" (Teil 2)[1] und werten Sie Ihre Eindrücke in Kleingruppen mit Hilfe des Filmwürfels aus.

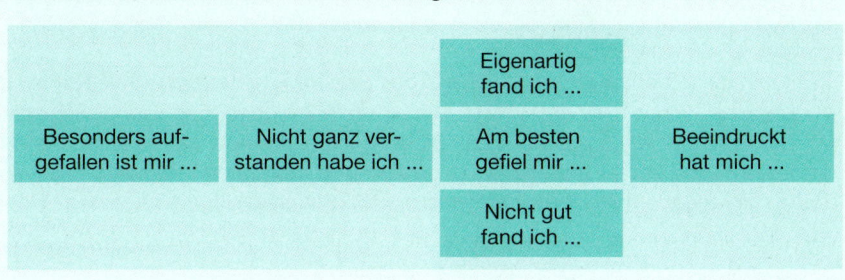

Filmwürfel

Aus starkem Karton werden mehrere Würfel angefertigt, damit die Schülerinnen in Gruppen reihum würfeln und die Fragen beantworten können. Vor dem Zusammenkleben schreibt man sechs Fragen auf die Außen-Flächen, z. B.

		Eigenartig fand ich ...	
Besonders aufgefallen ist mir ...	Nicht ganz verstanden habe ich ...	Am besten gefiel mir ...	Beeindruckt hat mich ...
		Nicht gut fand ich ...	

Erfassen Sie in Ihrem Praktikumskindergarten Möglichkeiten für Kinder, Naturerfahrungen zu sammeln.

Planen Sie für Ihre Kindergartengruppe ein Spielangebot im Wald (s. auch „Spielen in und mit der Natur" S. 128 f.).

Bewegungskindergarten

Schon in ihren ersten Lebensjahren sind viele Kinder durch soziale und ökologische Risiken gefährdet, die ihre gesunde Entwicklung beeinträchtigen. Verstärkt durch Medienkonsum, Motorisierung und Verhäuslichung werden passives Sitzen und Bequemlichkeit zur Gewohnheit. Der daraus resultierende Bewegungsmangel zeigt sich bereits bei jungen Kindern in motorischen und sozialen Verhaltensauffälligkeiten.

„Jeder wird dort abgeholt, wo er steht." Dieser eindringliche Satz verdeutlicht auf sehr anschauliche Weise die pädagogische Konzeption eines Bewegungskindergartens, der, nach dem situationsorientierten Ansatz, das Kind mit seiner individuellen Lebenssituation und seinen aktuellen Bedürfnissen in den Mittelpunkt stellt.

Für die ganzheitliche Entwicklung des Kindes ist die Bewegung von zentraler Bedeutung

„Denken, Fühlen, Handeln, Wahrnehmen und Sichbewegen sind miteinander verbundene Tätigkeiten und beeinflussen sich gegenseitig. Bei Kindern ist diese Ganzheitlichkeit besonders stark ausgeprägt, denn sie nehmen noch mit ihrem ganzen Körper wahr. (...) Durch die Bewegungserfahrungen in den ersten Lebensjahren wird folglich die kindliche Identität im Wesentlichen geprägt."

(vgl. www.kigaweb.de/grundwissen/paedagogik/konzepte).

---

[1] Bezugadresse/Verlag: AV1, Pfalzstraße 10, 34260 Kaufungen, Teil 1: 1996 – 45 Minuten, Teil 2: 1999 – 30 Minuten

Darüber hinaus will der Bewegungskindergarten dem aktuellen Bewegungsmangel entgegenwirken und Bewegungseinschränkungen ausgleichen (vgl. www.kigaweb.de/ratgeber/paedagogik). Nur ein Kind, das sich motorisch mit allen Sinnen ausleben kann, wird auch seelisch reifen.

Bewegungsbedürfnisse erkennen und zulassen

Kinder haben häufig andere Vorstellungen von Bewegungsspielen als Erwachsene. Im Gruppenraum herumrennen, toben, auf dem Boden rollen, robben oder kriechen wird oft als störend empfunden und mit der Aufforderung ermahnt, sich sinnvoll zu beschäftigen. Doch diese Bewegungen sind sinnvoll, es werden sogar viele „Sinne" angesprochen.

> *„Erkennt die Erzieherin/Kinderpflegerin das Bedürfnis an und gibt Gelegenheit dazu, dass Kinder diese Aktivitäten ausführen, ändert sie ihre eigene Einstellung. Sie akzeptiert das Kind und seine Handlung und findet diese somit nicht mehr störend. Das Kind wiederum findet sich und seine Bedürfnisse akzeptiert und fühlt nicht mehr den Widerspruch zwischen der angenehmen Bewegung und der Nicht-Anerkennung durch den Erwachsenen."*
>
> *(vgl. www.kindergartenpaedagogik.de/943.html).*

Erzieherinnen und Kinderpflegerinnen, die das Bewegungsbedürfnis bei Kindern akzeptieren und befriedigen, haben außerdem auch mehr und bessere Möglichkeiten, Auffälligkeiten bzw. Defizite zu erkennen.

Ziel und Aufgabe der Bewegungserziehung im Kindergarten

→ Dem Bewegungsbedürfnis der Kinder entgegenkommen und ihr Bewegungsbedürfnis durch kindgerechte Spiel- und Bewegungsangebote befriedigen
→ Kindern Möglichkeiten geben, ihren Körper und ihre Person kennen zu lernen
→ Zur Auseinandersetzung mit der räumlichen und dinglichen Umwelt herausfordern
→ Motorische Fähigkeiten und Fertigkeiten erweitern und verbessern
→ Das gemeinsame Spiel von leistungsschwächeren und leistungsstärkeren Kindern ermöglichen
→ Gelegenheit zur ganzheitlichen, körperlich-sinnlichen Aneignung der Welt geben
→ Zur Erhaltung der Bewegungsfreude, der Neugierde und der Bereitschaft zur Aktivität beitragen
→ Vertrauen in die eigenen motorischen Fähigkeiten geben und eine realistische Selbsteinschätzung ermöglichen

(Zimmer, 1999, S. 152)

Den Kindern Bewegungsräume schaffen

Gemäß der pädagogischen Konzeption „Lernen durch Bewegung" ist es notwendig den Kindern Bewegungsräume zur Verfügung zu stellen, die sie im freien Spiel selbstständig aufsuchen können. Ideal ist eine große Turnhalle oder ein Bewegungsraum (ca. 100 m^2), der durch Wand- und Deckenschienen für Seile, Ringe, Schaukeln etc. flexibel genutzt werden kann. Hier finden gezielt geplante Bewegungsangebote statt: Bewegungsgeschichten, Ballspiele, Tänze, Hockey. Außerdem wird dieser Raum zur freien Bewegung genutzt, sozusagen als „Überlaufventil" für Kinder, die ihren übergroßen Lauf- und Bewegungsdrang ausleben müssen. Dazu stehen z. B. Rollbretter, Pezzibälle, Bobbycars oder Therapiekreisel zur Verfügung.

In den Gruppenräumen wird weitestgehend auf Stühle verzichtet, zu Gunsten von Matratzen, Kissen und Schaumstoffblöcken. Durch die so genannte zweite Ebene mit Podesten entstehen Nischen, die ungestörtes Toben, aber auch Ruhe und Entspannung ermöglichen. Flure und Nebenräume des Kindergartens werden zu Bewegungszonen erklärt, mit wechselnden Bewegungsmaterialien, z. B. Bällebecken, Pedalos, Klettertaue, Styroporblöcke oder Hängematten.

Dem Außenspielgelände wird im Bewegungskindergarten sehr viel Beachtung geschenkt. Durch eine abwechslungsreiche landschaftliche Gestaltung haben die Kinder viele Möglichkeiten, motorische Grundfertigkeiten zu trainieren: Klettern auf Bäumen, Strickleitern, Hängebrücken; Balancieren über Baumstämme; Hüpfen, Springen auf markierten Hartflächen; Bauen mit Holz, Steinen, Sand, Wasser. Durch die Öffnung nach „draußen" schafft der Bewegungskindergarten weitere Situationen, in denen die Kinder vielfältige Bewegungserfahrungen sammeln können, z. B. durch regelmäßige Wald-, Feld- und Wiesenerkundungen, Spielplatz- und Schwimmbad-Besuche oder Ausflüge zum Schlittenfahren, auf den Ponyhof o. Ä. Kinder nehmen ihre Umwelt als Bewegungswelt wahr. Im Bewegungskindergarten wird jedem Kind die Gelegenheit gegeben, sich selbstständig mit seiner Umwelt auseinander zu setzen und in möglichst vielen Situationen selbstbestimmt zu handeln.

AUFGABEN

Lesen Sie den vorliegenden Text zum „Bewegungskindergarten".
Markieren Sie wichtige Aussagen.

Bilden Sie Arbeitsgruppen und fassen Sie Ihre Aussagen zusammen.
Präsentieren Sie das Konzept des „Bewegungskindergartens" in Form eines Plakates.

Was steckt hinter der Aussage: „Wer sich nicht bewegt, bleibt sitzen"?

Sehen Sie den Videofilm „Mehr Bewegung in Kindergärten – Sport- und Bewegungskindergärten in Deutschland"[1] und werten Sie Ihre Eindrücke in Form eines Filmdomino aus.

Filmdomino

Eine Schülerin schreibt das Wort „Bewegungskindergarten" senkrecht auf die Tafel oder Overhead-Projektor-Folie. Die anderen müssen nun weitere Wörter aus dem Film oder aus dem inhaltlichen Zusammenhang eintragen. Die Schülerin, die ein Wort gefunden hat, muss erklären, welche Bedeutung es im Film hatte. Sie darf sich dabei von den anderen helfen lassen. So entstehen dominoähnliche Wortschlangen, die ein intensives Gespräch über den Inhalt des Films anregen.

Erfassen Sie in Ihrem Praktikumskindergarten Möglichkeiten für Kinder, Bewegungserfahrungen zu sammeln.

Erstellen Sie eine Liste von gekauften/selbst herzustellenden Spielzeugen, die zur Bewegungsförderung von Kindergartenkindern beitragen.

---

[1] Verlag/Bezugsadresse: AV 1 TV & Videoproduktion, Pfalzstraße 10, 34260 Kaufungen, 20 Minuten

Planen und entwickeln Sie ein Bewegungsangebot für zwölf Kinder zwischen vier und sechs Jahren, Zeitdauer ca. 45 Minuten. Stellen Sie das Bewegungsangebot unter ein Thema. Vergleichen und diskutieren Sie mit den Mitschülerinnen Ihre Überlegungen.

Reggio-Pädagogik

Die Hundert gibt es doch

Das Kind besteht aus Hundert
hat hundert Sprachen
hundert Hände
hundert Gedanken
hundert Weisen
zu denken, zu spielen und zu sprechen
Hundert –
immer hundert Arten
zu hören, zu staunen und zu lieben.
Hundert heitere Arten
zu singen, zu begreifen
hundert Welten zu entdecken
hundert Welten frei zu erfinden
hundert Welten zu träumen.

Das Kind hat hundert Sprachen
Und hundert und hundert und hundert.
Neunundneunzig davon aber
werden ihm gestohlen
weil Schule und Kultur
ihm den Kopf vom Körper trennen.

Sie sagen ihm:
ohne Hände zu denken

ohne Kopf zu schaffen
zuzuhören und nicht zu sprechen.
Ohne Heiterkeit zu verstehen
zu lieben und zu staunen
nur an Ostern und Weihnachten.

Sie sagen ihm:
die Welt zu entdecken,
die schon entdeckt ist.
Neunundneunzig von hundert
werden ihm gestohlen.

Sie sagen ihm:
Spiel und Arbeit
Wirklichkeit und Phantasie
Wissenschaft und Imagination
Himmel und Erde
Vernunft und Träume
seien Sachen, die nicht zusammen passen.
Sie sagen ihm kurz und bündig,
dass es keine Hundert gäbe.
Dass Kind aber sagt:
Und ob es die Hundert gibt.

Malaguzzi in: Krieg, 1990, S. 28

Unmittelbar nach dem zweiten Weltkrieg entwickelte eine Gruppe von Erziehern, Pädagogen und Künstlern in Reggio Emilia, einer kleinen Stadt in Oberitalien, eine neue Konzeption der Kindererziehung. Dem bis dahin faschistisch als auch kirchlich geprägten Vorschulwesen sollten demokratische und soziale Erziehungsformen entgegengesetzt werden, um so zum Aufbau einer neuen Gesellschaft beizutragen. Diese politische Ausrichtung findet sich bis heute im Konzept der „Reggio-Pädagogik": elementare Erziehung in gesellschaftliche Prozesse zu integrieren.

Ziele der Reggio-Pädagogik

„Zentral für die Reggio-Pädagogik sind zwei Gedanken: Der eine bezieht sich vor allem auf die kreativen Fähigkeiten des Kindes, mit seiner Umwelt zu kommunizieren. Das Motto der Reggio-Pädagogik ‚Hundert Sprachen hat das Kind' verweist darauf, wie vielfältig das Kind seine Umwelt wahrnehmen und darstellen kann. Ein zweiter Grundgedanke ist, dass Kindererziehung nicht die Sache Einzelner ist, sondern eine gemeinschaftliche Aufgabe, die von Erzieherinnen, Eltern, Beratern und den zuständigen kommunalen Stellen in gemeinsamer Verantwortung geplant und gestaltet wird.

> Ziel der pädagogischen Arbeit ist die umfassend gebildete kindliche Persönlichkeit, die eine individuelle Entfaltung des Kindes mit der Entwicklung eines gesellschaftlichen Bewusstseins verbindet.
> Die Entwicklung sozialer Verhaltensweisen von Kindern ist untrennbar mit ihrer individuellen Entwicklung verbunden, d. h. (...), die Individualität der Kinder soll unterstützt und zugleich durch vielfältige Gruppenerfahrung zur Entwicklung einer sozialen Verantwortlichkeit beigetragen werden."

(Hentschel/Ebert, 1994, S. 38)

Das Bild vom Kind in der Reggio-Pädagogik

Das Kind wird nicht als unfertiger Mensch verstanden, der noch wachsen und reifen muss, um eine Persönlichkeit zu werden. Es wird vielmehr als Individuum gesehen, das ein Bedürfnis hat, sich als Ganzes zu fühlen. Jedes Kind, gleichgültig in welcher Entwicklungsstufe, besitzt Forschergeist, Entdeckungsfreude und Abenteuerlust. Im Gegensatz zum Erwachsenen hat es eine eigene, spezifische Art, seine Umwelt wahrzunehmen, sich die Welt persönlich neu zu „erschaffen", indem es die Dinge, Menschen und persönlichen Erfahrungen miteinander verknüpft und sie in Beziehungen setzt. (vgl. Senatsverwaltung für Jugend und Familie, 1992, S. 165).

Gemäß dieser Einstellung sind in der Reggio-Pädagogik die Wahrnehmungserfahrungen des Kindes von großer Bedeutung:

> „Kinder sind – ebenso wie Dichter, Musiker und Naturwissenschaftler – eifrige Forscher und Gestalter. Sie besitzen die Kunst des Forschens und sind sehr empfänglich für den Genuss, den das Erstaunen bereitet."

(Dreier, 1993, S. 69)

Entdeckendes Lernen in einer Reggio-Kita

Auch die organisatorischen und räumlichen Rahmenbedingungen orientieren sich an den Bedürfnissen aller Beteiligten, kindliche Bildung als gemeinsamen Forschungsprozess zu betrachten. Malaguzzi bezeichnet die Kindertageseinrichtungen als **Werkstätten**, in denen die Kinder die Welt untersuchen und erforschen. Die Gruppenräume sind kreisförmig um einen offenen Innenhof angeordnet, der die Verbindung von Innen und Außen herstellt. Dieses in der Reggio-Pädagogik vorherrschende Kommunikationsprinzip „Sehen und Gesehenwerden" wird zusätzlich durch Fenster, Glasflächen und Türen in allen Bereichen umgesetzt.

Spiegel in allen Formen und Größen bewirken eine Erweiterung des Raumes. Das Kind entdeckt, je nach Blickwinkel in den Spiegel, mehr bzw. andere Aspekte eines Gegenstandes. Bewegliche Objekte, Licht- und Schattenspiele, Tast- und Fühlobjekte, veränderbare Skulpturen und geräuschproduzierende Gegenstände werden angeboten. Sehen, Begreifen und

Verstehen sind eng miteinander verknüpfte Teile des kindlichen Lernprozesses, die es Kindern ermöglichen, umfassende Kenntnisse ihrer Umwelt zu erwerben. Möbel und Materialien sind individuell ausgesucht bzw. angefertigt. Es gibt Treppen, Hochpodeste, Sitzecken, Sessel, Teppiche, variable Klettergerüste, offene Regale, die für die Kinder frei zugänglich sind. In gesonderten Räumen stehen für jedes Kind individuelle Betten zur Verfügung.

Für die gesamte Einrichtung gibt es eine „**Piazza**" (Platz), einen großen Aufenthaltsraum, der als Sammel- und Treffpunkt dient, aber auch durch mobiles Mobiliar zum Spiel- und Bewegungsraum umfunktioniert werden kann. Eine direkte Verbindung zwischen Piazza und Essbereich macht deutlich, dass dem körperlichen Wohl ebenso viel Bedeutung beigemessen wird wie dem geistigen. Eine Köchin, die ebenfalls zum pädagogischen Personal gehört, bereitet mit den Kindern gemeinsam die Speisen zu. Jede Einrichtung hat als zentralen Raum ein **Atelier**, wo Kinder Aktivitäten mit bildnerischen Materialien in Begleitung von Künstlern ausüben können. **Sammlungen** der Kinder, z. B. kreative Arbeiten, Fotos, Notizen, Adressen werden im Eingangsbereich zur Erinnerung und zur Dokumentation des Lernprozesses Eltern und Besuchern präsentiert.

Der Erwachsene als Begleiter der Lernprozesse

Die Rolle der Erzieher in der „Reggio-Pädagogik" besteht darin, Lernprozesse der Kinder zu begleiten, d. h., ihnen Erfahrungsmöglichkeiten zu schaffen, sie immer wieder zu Erfahrungsvarianten herauszufordern und ihnen in der Auseinandersetzung als Dialogpartner zur Verfügung zu stehen. So lernen Kinder von Erwachsenen und Erwachsene von Kindern.

In den Einrichtungen gibt es keine festen Lernprogramme oder starre Rahmenpläne, vielmehr werden Projekte über einen längeren Zeitraum von Erziehern und Kunstpädagogen gemeinsam angeboten, die zu Einzel- und Gruppenaktivitäten anregen, z. B. Projektthemen wie „Schatten", „Kommunikation", „Farbe" oder „Die Stadt und der Regen" geben Aufschluss darüber, wie die Kinder mit einer Sache, einem Thema umgehen, welche Fragen und Hypothesen sie dabei leiten (vgl. Kazemi-Veisari, o. J., S. 39).

> „Wenn Kinder die Welt zu begreifen versuchen, erschließen sie in ihren kindlichen Deutungen Horizonte, die der erwachsenen Denkwelt weit entfernt scheinen".
>
> (Schäfer, www.uni-koeln.de/ew-fak)

Die Erzieher werden von Beratern begleitet, um zu lernen, wie sie auf die Bedürfnisse der Kinder eingehen können.
Beobachtungen, Gruppenstunden, Gespräche und Projekte werden ausführlich dokumentiert, um Eltern als auch Erziehern die Entwicklungsschritte der Kinder transparent zu machen. Die Erzieher nehmen regelmäßig an Fort- und Weiterbildungskursen sowie Projekten von Künstlern, Handwerkern oder anderen „Nicht-Pädagogen" teil, um Kenntnisse und Fertigkeiten auch auf anderen Gebieten zu erwerben und das Spektrum ihrer beruflichen Kompetenzen zu erweitern.

AUFGABEN

Diskutieren Sie den Text von Loris Malaguzzi „Die hundert Sprachen des Kindes" auf S. 208. Bilden Sie Arbeitsgruppen. Greifen Sie eine Aussage heraus und setzen Sie diese mit bildnerischen Mitteln um. Präsentieren Sie Ihre Darstellung der Gesamtgruppe.

Lesen Sie den vorliegenden Text zur „Reggio-Pädagogik". Markieren Sie wichtige Aussagen. Bilden Sie Arbeitsgruppen und fassen Sie Ihre Aussagen zusammen. Präsentieren Sie das Konzept der „Reggio-Pädagogik" in Form eines Plakates.

Erfassen Sie in Ihrer Praktikums-Einrichtung, gemäß der Reggio-Pädagogik, entdeckende Lernmöglichkeiten für Kinder. Wo und wie können die Kinder „Forscher und Gestalter" sein? Geben Sie Beispiele.

Planen Sie für Ihre Kindergartengruppe eine themenbezogene „Forscher-Aktion" (Planungsschema s. S. 177).

Integrative Arbeit

> „*Behinderte wollen kein Mitleid", dachte der Jogger und hielt nicht an, um dem Rollstuhlfahrer die Tür aufzuhalten.*

Bis etwa Anfang 1970 gab es in Deutschland fast ausschließlich gesonderte Einrichtungen für Kinder mit einer körperlichen oder geistigen Behinderung oder einer Mehrfachbehinderung. Je nach Behinderungsart und Ausmaß der Behinderung umfassen die Aufgabenbereiche sonderpädagogischer Tageseinrichtungen die sozialpädagogische Betreuung, körperlich-pflegerische Versorgung und therapeutische Förderung der Kinder. Die Einzugsgebiete sind häufig noch sehr großräumig, so dass die meisten Kinder sehr lange Fahrwege zurücklegen müssen. Die notwendige Zusammenarbeit mit den Eltern gestaltet sich dadurch ebenso schwierig.

Getrennte Lebenswelten behinderter und nicht behinderter Menschen rufen Isolation hervor und bewirken bei Begegnungen Verhaltensunsicherheit, Mitleid, Angst, Abwehr. Diese Erkenntnis veranlasste mehrere Bundesländer, verschiedene Modellversuche zur gemeinsamen Erziehung von Kindern mit und ohne Behinderung in Kindertageseinrichtung durchzuführen. Die positiven Ergebnisse führten bundesweit zur Öffnung der Regel- wie Sonderkindergärten (vgl. Deutsches Jugendinstitut, 1984). Vorreiter war sicherlich das so genannte „Cuxhavener-Modell-Projekt", in dem diese gemeinsame Erziehung erprobt wurde (vgl. Büchsenschütz/Regel, 1992).

Gemeinsame Erziehung bedarf keiner speziellen Lern- und Förderprogramme

Integrative Gruppen in Kindertageseinrichtungen haben sich bis heute konzeptionell wie grundsätzlich durchgesetzt, als Alternative zur heilpädagogischen Einrichtung für eine Region. Das bringt für alle Kinder den Vorteil, dass die im Rahmen der Förderung vorgesehenen verbesserten Bedingungen intensiver und umfassender genutzt werden können.

Im Mittelpunkt stehen die Beziehungen, die behinderte und nicht behinderte Kinder miteinander eingehen. Sie sind gleichwertige Spielpartner, die sich mit ihren unterschiedlichen Interessen gegenseitig öffnen und mitteilen, die miteinander wetteifern und sich gegenseitig vielfältige Lernimpulse geben. Gemeinsame Spielprozesse nehmen einen zentralen Stellenwert in der Entwicklungsförderung der behinderten Kinder ein. Hier sind sie gefordert, ihre Fähigkeiten gleichberechtigt einzubringen, ihre Grenzen zu erkennen, zu akzeptieren und Misserfolge zu ertragen. Wie anderen Kindern fällt es ihnen leichter, Anforderungen an ihr Verhalten zu akzeptieren, wenn Kinder sie stellen (vgl. Landschaftsverband Westfalen-Lippe, 1998).

Integration ist ein ganzheitlicher Prozess und beinhaltet, im wechselseitigen Kontakt mit- und voneinander zu lernen

Jedes einzelne Kind muss dabei allerdings zu seinem Recht kommen und zur gemeinsamen Erziehung braucht es besondere Rahmenbedingungen:

→ Räumlichkeiten und Materialien, die für Kinder mit und ohne Behinderung geeignet sind.
→ Kooperation zwischen Eltern, therapeutischen und pädagogischen Kräften.
→ Therapeutische und pädagogische Fachkräfte mit speziellen Qualifikationen und der Bereitschaft, sich mit der gemeinsamen Erziehung konzeptionell auseinander zu setzen.
→ Fortbildung und Beratung als fortlaufende, fachliche Unterstützung.[1]

Gemeinsames Spielen und Lernen

Bis auf wenige Ausnahmen bei der therapeutischen Einzelförderung im Wahrnehmungs-, Sprach- und Bewegungsbereich unterscheidet sich das Spielmaterial nicht von dem eines Regelkindergartens. Spielmaterialien und Spieltätigkeiten sind an der kindlichen Gesamtentwicklung ausgerichtet. Im Spiel der Kinder, ob mit und ohne Behinderung, werden nach und nach unbemerkt wichtige Alltagskompetenzen herausgebildet wie Einfühlungsvermögen, gegenseitige Rücksichtnahme, Toleranz. Die Bedeutung des Spiels liegt dabei nicht nur in der Therapie oder Rehabilitation klar umrissener körperlicher oder geistiger Behinderungen, sondern es dient der Erziehung und Kommunikation. Spiel soll als lustvoll erlebte Form zur aktiven Auseinandersetzung mit der Umwelt führen.

Alltagssituationen bewältigen

Um die Anforderungen aktueller und künftiger Situationen des Alltags praktisch zu bewältigen, bilden insbesondere Kinder mit einer Behinderung Fähigkeiten heraus, die zur Gemeinschaft und Mobilität beitragen. Um innere und äußere Sicherheit zu erfahren, ist das Einüben von Tätigkeiten des täglichen Lebens im pflegerischen wie hauswirtschaftlichen Bereich für sie von großer Bedeutung.

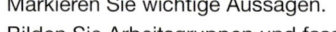

AUFGABEN

Interpretieren Sie die Aussage des Zitats auf S. 211.
Welche Haltung haben **Sie** zu Menschen mit einer Behinderung?

Lesen Sie den vorliegenden Text zur „Integrativen Arbeit".
Markieren Sie wichtige Aussagen.
Bilden Sie Arbeitsgruppen und fassen Sie Ihre Aussagen zusammen.
Präsentieren Sie das Konzept der „Integrativen Arbeit" in Form eines Plakates.

---

[1] vgl. Paritätischer Wohlfahrtsverband NRW (Hrsg.): *Zukunft in Vielfalt*, 9/96 Heft 16, NRW-Schriften; Arbeitshilfe des Paritätischen Landesverband NRW e. V. *Gemeinsam leben, gemeinsam spielen, gemeinsam lernen*, Wuppertal 1995; Bundesvereinigung Lebenshilfe (Hrsg.): *Gemeinsam Leben und Lernen im Kindergarten*, Lebenshilfe-Verlag Marburg 1996

Lesen Sie das untenstehende Situationsbeispiel.

Claudia

„Claudia, ein dreijähriges Mädchen mit schweren Störungen ihrer Bewegungs-
fähigkeit und Entwicklungsverzögerungen, wird mit ihren Eltern bereits seit län-
gerem durch die Frühförderstelle am Ort betreut. Der Kinderarzt hatte die Eltern
seinerzeit dorthin überwiesen. Nun wurde den Eltern geraten, Claudia im Kin-
dergarten anzumelden. Sie sind unsicher, ob sie für ihr Kind den fünf Kilometer
entfernt liegenden Sonderkindergarten wählen sollen oder aber den in der Nähe
liegenden Kindergarten, der integrativ arbeitet, d. h. eine gemeinsame Erziehung
von behinderten und nicht behinderten Kindern des Wohnbereichs anbietet.
Zum Sonderkindergarten müsste Claudia mit einem Bus abgeholt werden, die
Kindergruppen sind dort recht klein. Die Eltern sehen sich beide Kindergärten
an, lernen die Erzieherinnen/Kinderpflegerinnen dort und die pädagogische Ar-
beit kennen und besprechen die Frage, welcher Kindergarten ihrem Kind am
besten gerecht werden kann, auch mit ihrem Kinderarzt und der Krankengym-
nastin, die Claudia bisher ambulant behandelt hat.
Die Eltern hören, dass Claudia im integrativ arbeitenden Kindergarten auch eine
krankengymnastische Behandlung erhalten kann, nun eingebettet in die päda-
gogische Arbeit des Kindergartens und zusammen mit anderen Kindern. Pro-
beweise besuchen Claudia und ihre Mutter eine Kindergruppe im integrativ ar-
beitenden Kindergarten zunächst nur an einigen Nachmittagen, dann auch
vormittags, wenn alle Kinder in der Gruppe anwesend sind. Nach wenigen Wo-
chen geht Claudia gerne und ohne Angst zum Kindergarten und kann sich gut
von ihrer Mutter trennen. Auch diese hat die anfänglichen Bedenken verloren,
dass ihr Kind durch die nicht behinderten Kinder und die größere Gruppe über-
fordert sein könnte. Denn sie hat gesehen, wie die Erzieherinnen/Kinderpflege-
rinnen Claudia helfen, sich zurechtzufinden, wie die Kinder unbekümmert auf-
einander zugehen und miteinander spielen und wie Claudia Spaß daran hat, sich
von den anderen Kindern anregen lässt und Fortschritte in ihrer Entwicklung
macht."

(Bundesministerium für Familie, Senioren, Frauen und Jugend, 2002, S. 22–23)

Was spricht für eine gemeinsame Betreuung behinderter und nicht behinderter Kinder in einer integrativen Kindertageseinrichtung? Begründen Sie Ihre Meinungen.

Nehmen Sie zu einer sonderpädagogischen bzw. integrativen Kindertageseinrichtung Kontakt auf und führen Sie dort eine Hospitation durch.

Vergleichen Sie Ihre Eindrücke mit denen aus dem Regelkindergarten. Stellen Sie anschließend wesentliche Unterschiede plakativ gegenüber, wie z. B. Gruppenstärke, Tagesablauf, Spielmaterial, angeleitete und freie Spielsituationen usw.

Besuchen Sie eine Frühförderstelle. Informieren Sie sich z. B. über die Arbeitsweise, personelle Besetzung, Förderangebote etc.

Interkulturelle Erziehung

Dein Christus ist Jude,

Dein Auto ist Japaner,

Deine Pizza ist italienisch,

Dein Mittagsmahl ist chinesisch,

Dein Champagner ist französisch,

Deine Demokratie ist griechisch,

Dein Kaffee ist brasilianisch,

Dein Urlaub ist türkisch,

Deine Zahl ist arabisch,

Deine Schrift ist lateinisch

Und dein Nachbar ist nur ein Ausländer?
(überliefert)

In Kindertageseinrichtungen gehört die multikulturelle Zusammensetzung von Kindergruppen zum Alltagsbild.

> *„Nicht nur in Ballungsgebieten, sondern auch in den ländlichen Bereichen ist die Anwesenheit von Migranten sichtbar. Die Entwicklung zeigt, dass sich zudem die Vielfalt der Migrantengruppen verstärkt. Neben den Kindern der zweiten und dritten Generation von Arbeitsmigranten (...), z. B. aus den Ländern Italien, Türkei, Griechenland, Spanien, kommen zunehmend Kinder deutscher Aussiedlerfamilien (...) aus Osteuropa nach Deutschland. Eine weitere vielschichtige Gruppe stellen Flüchtlinge aus unterschiedlichen Kriegsgebieten dar (...). Wenn auch die Gründe, warum Kinder anderer Muttersprache, Religion oder Nationalität nach Deutschland kommen, vielschichtig sind, so besteht doch kein Zweifel, dass sie alle in eine multikulturelle Gesellschaft hineinwachsen."*
>
> *Johann/Michely/Springer, 1998, S. 209*

Viele Migrantenkinder kommen aus einem anderen Kulturkreis. Meist sprechen sie in ihrer Familie eine andere Sprache und besitzen nur wenig oder gar keine Deutschkenntnisse. In ihren Familien werden große Teile der Kultur, d. h. Werte und Normen des Heimatlandes, aufrechterhalten.

Die Kita – ein Ort multikultureller Begegnung

Kindergärten gehören zu den ersten außerfamiliären Erziehungsinstitutionen, mit der Kinder und Eltern in Kontakt treten. Auf der Grundlage des Bildungsauftrages für Kindertageseinrichtungen ist jede Einrichtung dazu aufgefordert, ihren Beitrag zum Verständnis gegenüber anderen Kulturen und Weltanschauungen zu leisten und Toleranz zu fördern (§ 2 (3), s. S. 199). Multikulturelles Miteinander ist eine Chance für die Entwicklung aller Kinder. Diese Chance bietet sich jedoch nicht von selbst, sondern muss angeregt werden, damit aus einer multikulturellen Gruppe gleichberechtigte Partnerschaft, gegenseitiger Respekt, Bereicherung und Konfliktfähigkeit erwachsen.

Wichtige Voraussetzung für die pädagogische Arbeit ist eine interkulturelle Sensibilisierung von Erzieherinnen und Kinderpflegerinnen. Anhand der eigenen Sozialisationsgeschichte müssen zunächst erworbene Normen und Werte kritisch hinterfragt und Einstellungen gegenüber Migranten überprüft werden. Die Haltungen, die die pädagogischen Mitarbeiter gegenüber den Kindern und Eltern einnehmen, ist dabei von entscheidender Bedeutung, weil sie als Vorbild für Vorurteilslosigkeit, Toleranz, Akzeptanz und Wertschätzung erlebt werden (vgl. Bundeszentrale für politische Bildung, 1998).

Interkulturelles Lernen in der Kita

Interkulturelles Lernen kann nur durch den in der Elementarerziehung favorisierten ganzheitlichen Situationsansatz erfolgen, mit folgenden Aufgabenstellungen bzw. Zielsetzungen:

→ **Die Persönlichkeit jedes einzelnen Kindes fördern**
Zur Entfaltung der eigenen Persönlichkeit gehört, zunächst andere Werte, Normen und Sprachen wahrzunehmen, um dann zu entscheiden, welche Denk- und Handlungsmuster jeder für sich selbst übernehmen möchte. Nur so besteht die Möglichkeit, alle Kinder zu Selbstständigkeit und Toleranz zu erziehen und gleichzeitig ihre kulturelle Eigenständigkeit zu bewahren.

→ **Kinder in die fremde Gesellschaft, Kultur einführen;**
Erzieherinnen und Kinderpflegerinnen bieten allen Kindern eine Atmosphäre, in der sie sich angenommen und verstanden fühlen. Auf dieser Grundlage werden Unterschiede und Gemeinsamkeiten deutlich und Verständnis für multikulturelles Zusammenleben vermittelt. Unterschiede können nur bei fehlender Toleranz das Zusammenleben beeinträchtigen, bei gegenseitiger Akzeptanz jedoch das gesellschaftliche Leben bereichern. Die praktische Arbeit bietet dafür vielfältige Möglichkeiten: Lieder, Spiele, Märchen, Geschichten, Speisen zubereiten, Feste: Geburtstage, Feiertage aus den verschiedenen Herkunftsländern der Kinder.

→ **Kinder mit dem Leben in der Gemeinschaft und den damit verbundenen Verhaltensweisen vertraut machen**
Achtung des anderen, Empathiefähigkeit, Kooperations- und Konfliktfähigkeit, Offenheit und die Fähigkeit, Normen situativ anzuwenden, sind bedeutsame Qualifikationen des sozialen Lernens. Daher ist es wichtig, dass die Erzieherinnen und Kinderpflegerinnen auf gute Beziehungen achten, Sozialbeziehungen durch Rollenspiele altersgemäß reflektierbar machen, Konflikte aufgreifen und zur gemeinsamen Konfliktregelung anleiten.

→ **Kindern lebenspraktische Kenntnisse und Techniken vermitteln, die die Kommunikation mit anderen Menschen und die selbstständige Erschließung ihrer Umwelt ermöglichen** (vgl. Tsiakalos/Tsiakalos, 1982)
Kinder kommunizieren innerhalb des Gruppengeschehens sowohl mit Gleichaltrigen als auch mit Erwachsenen, teils auf verbaler bzw. nonverbaler Ebene, z. B. durch Erzählen, Fragen, Rufen, Bitten, aber auch durch gesamtkörperliche Bewegung, Mimik, Gestik, Malen und Singen. Beide Ebenen des Ausdrucks geben Anknüpfungspunkte für interkulturelles Lernen. Für die Förderung der Migrantenkinder ist es von großer Bedeutung, gerade diese Möglichkeit des nonverbalen Kontaktes und der Verständigung zu nutzen, ohne dabei die Zweisprachigkeit zu vernachlässigen.
Für die Entwicklung einer Zweisprachigkeit bei Migrantenkindern ist es wichtig, dass sie in der Kita für ihre Erstsprache Anerkennung erfahren, „um die deutsche Sprache zu erlernen. Kinder, die wegen ihrer sich entwickelnden Zweisprachigkeit positive Rückmeldung erhalten, sind stärker motiviert, sich auf die deutsche Sprache einzulassen, als die

Kinder, die vorwiegend mit ihren sprachlichen Defiziten wahrgenommen werden" (vgl. Ministerium für Arbeit, Frauen, Jugend, Familie und Gesundheit des Landes NRW, 2001, S. 55). Achtung und Anerkennung kommen im alltäglichen Umgang zum Ausdruck, wenn sich die Erzieherin und Kinderpflegerin bemühen, die Namen der Kinder richtig auszusprechen, mit den Kindern gemeinsam Wörter aus der Familiensprache lernen, Kindern nicht verbieten, in der Erstsprache miteinander zu sprechen, wenn sie Lieder, Spiele und Geschichten, die den Kindern bekannt sind, in ihre Arbeit einbeziehen. Darüber hinaus geschieht Sprachförderung für alle Kinder nur durch sinnbezogene Kommunikation, eingebettet in Situationen des täglichen Lebens, z. B. beim Essen, Anziehen, Einkaufen, Spielen.

→ **Zusammenarbeit mit den Eltern**

Interkulturelle Erziehung kann aber nur dann erfolgreich sein, wenn ebenso wie bei den Kindern auch die Zusammenarbeit mit den Eltern intensiv praktiziert wird. Dabei darf sich die Elternarbeit nicht nur auf die Migranteneltern beschränken, vielmehr muss den deutschen Eltern die Bedeutung einer interkulturellen Erziehung deutlich gemacht werden.

AUFGABEN

Diskutieren Sie die Aussage auf dem Plakat S. 214. Tauschen Sie Ihre Meinungen aus und überprüfen Sie Ihre Haltung gegenüber Migranten in Ihrem Umfeld.
Nehmen Sie Stellung zu dem Satz: „Jeder ist Ausländer, fast überall."

Setzen Sie sich in Ihrer Praktikumseinrichtung mit Rahmenbedingungen interkultureller Erziehung auseinander.

Zur Erkundung gehören

→ Beobachtungen von Reaktionen und Aktionsweisen der pädagogischen Mitarbeiter
→ Gespräche über die Konzeption interkultureller Erziehung der Kita
→ Umfeld- bzw. Situationsanalyse zur Lebenssituation der Kinder
→ Beobachtungen zum Spiel-, Sprach- und Sozialverhalten der Kinder
→ Beobachtungen der Kontakte zwischen deutschen Kindern und Migrantenkindern
→ Informationen über Normen, Werte, Erziehungsstile, Alltagsbräuche, Sprache, kulturelle und religiöse Praktiken der Eltern der Kinder
→ Gespräche über die Zusammenarbeit mit den Eltern
→ Gespräche über Kooperationen mit anderen Institutionen der Stadt

(Johann/Michely/Springer, 1998, S. 195)

Vervollständigen Sie das Mindmap zur Fragestellung: „Was ist interkulturelle Erziehung?" Bilden Sie Arbeitsgruppen mit verschiedenen Schwerpunktthemen und planen Sie Angebote und Aktionen zur interkulturellen Erziehung in Ihrer Kita.

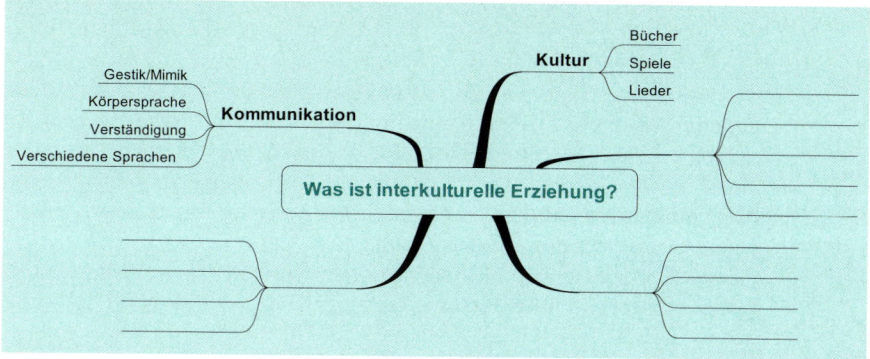

Nicht alle Kinder im Kindergarten sprechen oder denken in Deutsch. Für eine gute Kontaktaufnahme ist das Kennen zentraler Begriffe aus dem Kindergartenalltag hilfreich.

Erstellen Sie ein Wörterbuch mit den Ihrer Meinung nach wichtigen Wörtern für Ihre Arbeit in einer Kindertageseinrichtung. Wählen Sie die Sprachen, mit denen Sie hauptsächlich zu tun haben werden.

Holen Sie sich Hilfen bei Mitschülerinnen, den Medien (Bücher, Internet) , Büchereien und Ihren Einrichtungen.

Achten Sie auf eine übersichtliche, anregende Gestaltung. Das Buch soll von Ihnen während des Schuljahres vervollständigt werden. Es wird im Klassenzimmer verbleiben. Jede Schülerin erhält ein fotokopiertes Exemplar.

Lesen Sie die unten stehenden Beispiele aus der Kita.

Was könnten Sie tun, um Gönül die Integration zu erleichtern?

Warum bezeichnet sich Carlo als Deutscher, obwohl er sich seiner italienischen Muttersprache bedient?

Nennen Sie Möglichkeiten, wie Mehrsprachigkeit in der Kita gefördert werden kann, um Migrantenkindern den Erwerb der Zweitsprache zu erleichtern.

Gönüls erster Kindergartentag

Die dreijährige Gönül türkischer Herkunft, die sich sehr auf den Besuch des Kindergartens gefreut hat, verbringt dort ihren ersten Tag. Nachdem die Mutter gegangen ist, verstummt sie, als sie merkt, dass die Kinderpflegerin sie nicht versteht, wenn sie etwas sagt oder fragt. Die deutschsprachige Kinderpflegerin nimmt sich intensiv des Kindes an, versucht, ihr über Körperkontakt, Gestik und Mimik näher zu kommen, und redet beruhigend auf sie ein, um sie zumindest stimmlich zu trösten.

Als die Mutter Gönül am nächsten Tag bringt, weint sie und die Mutter erzählt, dass sie nicht in den Kindergarten gehen wollte mit der Begründung: „Da redet niemand mit mir."

Gespräch mit Carlo

Der fünfjährige Carlo wird von einem Besucher im Kindergarten auf Italienisch angesprochen und „Come ti chiami?" (Wie heißt du?) gefragt. Carlo antwortet: „Ich heiße Carlo. Warum redest du Italienisch mit mir?" Der Besucher erklärt: „Mi piace l'italiano, è una bella lingua. A casa parlo in italiano con mia moglie e i figli." (Mir gefällt Italienisch, es ist eine schöne Sprache. Zu Hause spreche ich mit meiner Frau und den Kindern Italienisch). Carlo überlegt einen Moment und meint dann: „Va bene, parlo italiano con te. Però sono sempre tedesco." (In Ordnung, ich spreche Italienisch mit dir, aber ich bin immer noch deutsch.)

 Finden Sie beispielhafte Spiele und Bilderbücher für Kindergartenkinder, die das Thema „andere Kulturen" zum Inhalt haben.
Erfassen Sie die gefundenen Spiele und Bilderbücher jeweils in einer Liste.
Wählen Sie ein Spiel und ein Bilderbuch aus. Erstellen Sie dazu jeweils eine Karteikarte (mit Kopie für „Alle").

 Präsentieren Sie das Spiel wie auch das Bilderbuch in der Lerngruppe.
Begründen Sie in der Lerngruppe, warum Sie dieses Spiel, dieses Bilderbuch ausgewählt haben.

 Finden Sie typische Speisen und Getränke einer oder mehrerer Nationalitäten und informieren Sie sich über landestypische Trink-/Essgewohnheiten (z. B. durch Fachliteratur, persönliche Gespräche).
Fassen Sie die Informationen zusammen und erstellen Sie eine anschauliche Übersicht.

 Wählen Sie eine Speise und ein Getränk (einfaches Rezept) aus. Schreiben Sie jeweils eine Rezeptkarte (mit Kopie für „Alle").

 Bereiten Sie die Speise und das Getränk zu und präsentieren Sie Kostproben in der Lerngruppe.
Erklären Sie in der Lerngruppe, warum Sie diese Speise, dieses Getränk ausgewählt haben.
Worauf achten Sie besonders, wenn Sie diese Speise/dieses Getränk mit Kindern in der Kita zubereiten?

7 Berufliche Perspektiven entwickeln

Im fortschreitenden Prozess der beruflichen Ausbildung steht die Entwicklung eigener Handlungen und Perspektiven. Die Schülerin identifiziert sich immer mehr mit ihrer zukünftigen Rolle als Kinderpflegerin und trägt Mitverantwortung für die Gestaltung des beruflichen Alltags. Sie übernimmt Teilaufgaben im Rahmen von themenbezogenen Angebotsreihen, Elternarbeit und Teamarbeit, die sich aus dem Bildungsauftrag der Tageseinrichtungen für Kinder ableiten lassen.

7.1 Elternarbeit mitgestalten

Da der Kindergarten eine familienergänzende Einrichtung ist, kann die pädagogische Arbeit nur in Zusammenarbeit mit dem Elternhaus gelingen. Einerseits erhalten Eltern Einblicke und Informationen über die Kindergartenarbeit sowie Unterstützung in Erziehungsfragen. Andererseits bekommen Erzieherinnen und Kinderpflegerinnen durch einen vertrauensvollen Kontakt Hintergrundinformationen über die Entwicklung und die Erlebnisse des Kindes in der Familie, was zum besseren Verständnis des Verhaltens beiträgt. Inhalt, Umfang und Form der Elternarbeit im Kindergarten sind zum Teil im Gesetz über Tageseinrichtungen für Kinder in den einzelnen Bundesländern festgelegt. In allen Tageseinrichtungen können die Eltern in drei Gremien mitwirken:

→ **Die Elternversammlung**
Zur Elternversammlung treffen sich die Erziehungsberechtigten der Kinder einer Einrichtung. Mütter und Väter haben das Recht, vom Träger der Einrichtung Auskunft über alle die Einrichtung betreffende Angelegenheiten zu verlangen und sich dazu zu äußern. Die Elternversammlung wählt den Elternrat.

→ **Der Elternrat**
Der Elternrat besteht aus Vertretern der Eltern, die von der Elternversammlung gewählt werden. Aus jeder Gruppe sollen Mütter und Väter im Elternrat vertreten sein. Deshalb werden aus jeder Gruppe ein Mitglied und ein Vertreter gewählt. Der Elternrat vertritt die Interessen der Eltern gegenüber dem Träger und den pädagogischen Mitarbeitern. Die Eltern sollen wissen, wer ihre Kinder betreut. Deswegen ist der Elternrat bei der Einstellung und der Kündigung von pädagogischen Kräften anzuhören.

→ **Der Rat der Tageseinrichtung**
Gemeinsam mit den Trägern und den pädagogischen Mitarbeitern der Einrichtung bildet der Elternrat den Rat der Tageseinrichtung. In ihm beraten die Mitarbeiter die Grundsätze

der pädagogischen Arbeit. Dazu gehören auch die Ausstattung der Einrichtung und die Vereinbarung von Kriterien für die Aufnahme von Kindern (vgl. Ministerium für Frauen, Jugend, Familie und Gesundheit des Landes NRW, 1999).

Elternarbeit – ein wichtiger Bestandteil der pädagogischen Arbeit

Eine enge Zusammenarbeit zwischen Eltern, Erzieherinnen/Kinderpflegerinnen und Trägern ist eine der Voraussetzungen für die Förderung des Kindes, die auf dem aufbaut, was das Kind aus dem Elternhaus mitbringt. Der Kindergarten ist meist die erste pädagogische Institution, in der sich Familien aller sozialen Schichten und mit unterschiedlichen Erwartungen begegnen. Durch vielfältige Aktivitäten des Kindergartens sollen alle Personen erreicht und einbezogen werden, und zwar in ihren individuellen Lebenssituationen. Der Kindergarten kann aber nur dann erfolgreich arbeiten, wenn er die gesellschaftlichen Bedingungen der Familien genau kennt, analysiert und gegebenenfalls störende Gegensätze zwischen der Familien- und Kindergartenerziehung gemeinsam mit den Eltern versucht abzubauen.

Elternarbeit kann nicht ein einseitiger Informationsprozess seitens der pädagogischen Mitarbeiter zu den Eltern sein. Im Interesse der Kinder müssen vielmehr beide Seiten daran interessiert sein, Informationen über die Art und Inhalte des Umgangs mit den Kindern auszutauschen. Elternarbeit muss als gemeinsamer pädagogischer Prozess mit folgender Zielsetzung verstanden werden:

→ Die Elternarbeit soll über den Austausch von Informationen oder sogar über die Veränderung der Sichtweisen zwischen Eltern und Erzieherinnen/Kinderpflegerinnen eine **Hilfe für die Entwicklung jedes einzelnen Kindes** sein.
→ Die Angebote des Kindergartens sollen eine **Hilfe für die Eltern** in Hinblick gegenwärtiger als auch zukünftiger Erziehungsaufgaben sein (z. B. Verständnis für das Kind, Wertschätzung, Einübung in Konfliktlösungsverhalten, Spiel/Freizeitgestaltung).
→ **Hilfe für Erzieherinnen/Kinderpflegerinnen**, die ihnen aus der Elternarbeit für die Erziehungs- und Bildungsarbeit im Kindergarten erwächst.

Was behindert bzw. was fördert eine erfolgreiche Elternarbeit?

Die pädagogische Arbeit im Kindergarten kann nur dann optimal sein, wenn alle Beteiligten miteinander kooperieren. Viele Kindertageseinrichtungen beklagen jedoch einen mangelnden Besuch bei Elternveranstaltungen bzw. zunehmendes Desinteresse. Andererseits gibt es Eltern, die interessiert und engagiert die Kindergartenarbeit aktiv mitgestalten. Voraussetzung für eine gute Zusammenarbeit kann nur eine gleichwertige Partnerschaft sein, in der jeder seine Bedürfnisse und Interessen vertreten kann. Hindernisse bzw. Probleme, die eine wirksame Kooperation beeinträchtigen, findet man dabei auf beiden Seiten, beispielsweise

→ mangelnde Akzeptanz/Wertschätzung,
→ Ängste,
→ Rivalität zwischen Eltern und Erzieherin/Kinderpflegerin: Konkurrenzdenken, Eifersucht, Autoritätsverlust, Unfähigkeit,
→ mangelndes Verständnis,
→ Vorurteile,
→ Diskriminierung,
→ Überheblichkeit,
→ unterschiedliche Erwartungen/unterschiedliches Verständnis der Erziehungsziele, Methoden, Leistungen,
→ Gleichgültigkeit, Routine.

Elternarbeit kann nicht durch gelegentliche Treffen erfolgreich sein, sondern muss kontinuierlich fortgesetzt werden und folgende Faktoren berücksichtigen:

→ laufende gegenseitige Information,
→ Berücksichtigung der Wünsche und Bedürfnisse der Eltern und Kindertageseinrichtung,
→ gemeinsame Planung,
→ gegenseitige Unterstützung und Hilfe in der pädagogischen Arbeit,
→ kritisches Überdenken und Überprüfen der Erziehung im Elternhaus und im Kindergarten.

Möglichkeiten und Formen der Elternarbeit

Im Kindergarten lassen sich vielfältige Formen der Elternarbeit durchführen, die immer abhängig von der jeweiligen Situation, Bedürfnislage der Eltern und Kinder, den Fähigkeiten der pädagogischen Mitarbeiter und den Zielsetzungen sind. Grundsätzlich ergeben sich zwei unterschiedliche Formen der Elternarbeit:

→ **die direkte Elternarbeit** (unmittelbarer Kontakt mit den Eltern),
→ **die indirekte Elternarbeit** (mittelbarer Kontakt, ohne persönliche Anwesenheit).

Direkte Formen der Elternarbeit	
Aktivitäten für Eltern	→ Elternabend (Gruppeneltern/gesamte Elternschaft) → Sprechstunden – Sprechtage → Hospitation („Tag der offenen Tür", „Offener Kindergarten") → Hausbesuche → Gesellige Veranstaltungen → Elternseminare → Benutzung der Kindergartenbücherei → Ausstellungen → Elterntreff
Aktivitäten mit Eltern	→ Aufnahmegespräch → „Tür- und Angel-Gespräch" → Beratungsgespräch → Mitgestaltung des Tagesablaufs (Hilfe bei Personalausfall, Begleitung bei Ausflügen) → Gesellige Veranstaltungen mit Kindern, z. B. Feste, Feiern, Ausflüge → Arbeitsgemeinschaften mit Kindern, z. B. Gestaltung von Kindergeburtstagen, Holzwerkstatt mit Kindern, → Programmgestaltung – Planung, z. B. Kindergottesdienste → Gesetzliche Elternmitbestimmung (s. GTK, S. 219)
Aktivitäten der Eltern für den Kindergarten	→ Herstellen von Kontakten, z. B. zu Institutionen, Handwerksbetrieben → Instandsetzungsarbeiten → Gemeinsame Erstellung von Projekten, z. B. Teichanlage, Kräuterbeet → Anfertigung von Spielgeräten → Materialbeschaffung → Spenden zur Beschaffung bzw. Ausstattung des Inventars → Planung – Vorbereitung – Durchführung von Veranstaltungen, z. B. Trödelmarkt, Gemeindefest
Aktivitäten der Eltern mit Eltern und für Eltern	→ Gegenseitige Hilfe, z. B. in der Kinderbetreuung → Geselligkeit – „Elternstammtisch" → Gegenseitige Beratung → Als Vermittler zu schwer erreichbaren Eltern, z. B. Migranten → Diskussion und Information aktueller Anliegen → Gegenseitige Anregung zu Initiativen, z. B. Gründung eines Fördervereins

Indirekte Formen der Elternarbeit

→ Telefonat
→ Aufnahmebogen
→ Erinnerungszettel
→ Kurzmitteilung
→ Elternbrief – „Kindergarten ABC"
→ Aushang, „schwarzes Brett"
→ Wandzeitung – Ausstellung
→ Informationsbrett
→ Wunschzettel (Aufruf, bestimmte Materialien mitzubringen)
→ „Kummerkasten" – „Meckerecke"
→ Kindergartenzeitung
→ Merkblatt über die Kindertageseinrichtung

Elterngespräche nicht nur zwischen „Tür und Angel"

Das Gespräch mit den Eltern ist die Form der Elternarbeit, die am häufigsten praktiziert wird. Der Zweck des Gesprächs beeinflusst in beträchtlichem Maß die Methode der Gesprächsführung. Viele Gespräche ergeben sich so „nebenbei", im Kindergarten meist zwischen „Tür und Angel" und sind darauf ausgerichtet, Auskünfte oder Informationen zu vermitteln. „Tür- und Angelgespräche" sind eine wichtige Voraussetzung zur Entwicklung einer Vertrauensbasis zwischen den Eltern und der Erzieherin/Kinderpflegerin. Hier können erste Kontakte geknüpft werden. Eltern erfahren Akzeptanz und Wertschätzung. Einige Eltern suchen nicht von sich aus das Gespräch, so dass die Erzieherin/Kinderpflegerin auf die Eltern zugehen muss, um ihre Gesprächsbereitschaft zu signalisieren. Die Gespräche zwischen „Tür und Angel" richten sich selbstverständlich an alle Eltern, insbesondere an Eltern, bei denen die Kontaktnahme erschwert ist, sei es durch mangelnde Sprachkenntnisse oder Anwesenheit. „Tür- und Angelgespräche" sind keine Beratungsgespräche. Im Beisein der Kinder und anderer Eltern sollten keine Probleme diskutiert und Konflikte gelöst werden. Bei diesen kurzen Gelegenheitsgesprächen kann jedoch ein Termin für ein ausführliches Gespräch vereinbart werden.

Methodische Hinweise: Beratungsgespräch mit Eltern

→ Vereinbarung eines genauen Gesprächstermins
→ Für eine angenehme Gesprächsatmosphäre sorgen, z. B. durch einen ansprechend gestalteten Raum, bequeme Sitzmöglichkeiten (Gesprächspartner sitzen auf gleicher Augenhöhe), störungsfrei (keine Telefongespräch, keine anderen Personen)
→ Grundhaltungen während des Gesprächs: Echtheit/Wertschätzung/Einfühlungsvermögen/Freiwilligkeit
→ Einstieg in das Gespräch z. B. durch eine freundliche Begrüßung, einen aufmunternden Blick, eine offene Körperhaltung, um mögliche Hemmungen oder Ängste zu überwinden
→ Aufzeigen des Gesprächsthemas bzw. Gesprächsgrundes und Gesprächsziels
→ Aktiv zuhören, d. h., dem Gesprächspartner Signale durch Worte, Mimik oder Gestik für konzentriertes, zugewandtes Zuhören geben
→ Keine persönliche bzw. moralische Wertung vornehmen

→ Schlüsseläußerungen, ausgedrückte Gefühle des Gesprächpartners kurz mit eigenen Worten wiederholt zusammenfassen, z. B. „Ich kann Ihre Besorgnis verstehen. Es ist nicht erfreulich, dass Max immer wieder versucht, andere Kinder in der Gruppe zu schlagen ..."

→ Feedback geben, d. h., Rückmeldung über die eigene Wahrnehmung und die des Gesprächpartners zum Ausdruck bringen, z. B. „Sie haben gemerkt, dass er immer trotziger wird, je mehr Sie mit ihm schimpfen und ihn bestrafen ..."

→ Keine psychologischen Deutungen vornehmen, eher versuchen, mögliche Zusammenhänge herzustellen

→ Beratersprache bzw. Fachausdrücke vermeiden. Klar, direkt und konkret sprechen

→ Ermutigen, eigene Lösungsvorschläge zu machen

→ Während des Gespräches Ergebnisse kurz zusammenfassen

→ Erörtern von Hilfsmöglichkeiten, unterstützenden Maßnahmen, z. B. Hinweise auf Beratungsstellen, Fachleute geben

→ Nach dem Gespräch Protokoll anfertigen (Name, Datum, Gesprächsverlauf, eigene Eindrücke und Gefühle)

→ Mit kompetenten Kolleginnen die Gespräche selbst kontrollierend reflektieren

Elternabende erfolgreich gestalten

Der Elternabend ist immer noch der populärste Teil der Elternarbeit. Dennoch sind Erzieherinnon und Kinderpflegerinnen gelegentlich unzufrieden mit der Teilnahme oder mit dem Ergebnis. Häufig haben sie das Gefühl, dass er nicht viel gebracht hat, und haben keine Lust, sich weiterhin zu engagieren. Dieses hat sicher vielerlei Gründe. Einige der möglichen Ursachen wurden bereits beschrieben, können darüber hinaus jedoch sehr vielschichtig sein.

Zur erfolgreichen Durchführung eines Elternabends ist es jedoch wichtig, dass alle Mitarbeiter sich zunächst über die Zielsetzung im Klaren sind, ihre Erwartungshaltung überprüfen, ihre Ansprüche abgleichen, um dann eine konzeptionelle Planung zu erstellen.

Methodische Hinweise: Planung und Gestaltung eines Elternabends

1. **Mögliche Zielsetzungen** (orientiert an dem Einzugsbereich)
→ Kontakt bekommen, miteinander ins Gespräch kommen
→ Erkennen, dass man mit seinen Problemen nicht allein ist
→ Aus der Isolation heraustreten
→ Wissen/Kenntnisse einbringen/erweitern, z. B. Wie lernen Kinder?
→ Fähigkeiten/Fertigkeiten einbringen/erweitern, z. B. bildnerische Gestaltungstechniken im Kindesalter
→ Haltungen, Einstellungen einbringen/erweitern, z. B. gewaltfreie Erziehung

2. **Einladung**
→ Wer wird eingeladen? (die gesamte Elternschaft oder die Eltern einer Gruppe)
→ Wann wird eingeladen? (ca. vier bis fünf Wochen Terminankündigung durch Aushang o. Ä./Wochenanfang besser als Wochenende/Berücksichtigung von Konkurrenzveranstaltungen/Beginn meist 20 Uhr, Ende max. 22 Uhr)

→ Wie wird eingeladen? (schriftliche, attraktiv gestaltete Einladung, ca. eine Woche vorher, mit deutlicher Themenstellung/Kinder als Überbringer (Postfächer)/Eltern zusätzlich darauf hinweisen)

→ Wie häufig wird eingeladen? (ca. drei bis vier Mal im Jahr)

3. Verlauf

→ Begrüßung – Empfang (persönliche Begrüßung eventuell an der Tür = Wertschätzung), kurze offizielle Begrüßungsworte zur positiven Einstimmung/Hinweis auf Verlauf der Veranstaltung, nicht zu lang, keine Rede halten

→ Sitzordnung (alle sitzen im Kreis oder an Tischen, eventuell Getränke)

→ Themen und Inhalte (ergeben sich durch Beobachtungen bzw. Situationen aus der Tageseinrichtung/durch Erfahrungen mit Eltern/durch Berichte von anderen Personen/durch aktuelle, lokale Ereignisse. Themenvorschläge: Frühstück im Kindergarten/Unser Kindergarten stellt sich vor/Computer im Kindergarten/Kinder haben ein Recht auf gewaltfreie Erziehung/Vorschularbeit etc.)

→ Methoden der Vermittlung (Vortrag/Gruppenarbeit unterstützt durch Medien: Literatur zum Thema, Bilderbücher, Spiele, Plakate, Fotos, Dias, Video, Computerspiele etc.)

→ Verabschiedung (positives Schlusswort durch die Erzieherin oder Kinderpflegerin/Hinweise zu weiteren Veranstaltungen oder Ereignissen in der Tageseinrichtung/Eltern als Vermittler ansprechen, die die Ergebnisse weitergeben/Wünsche für den Heimweg bzw. Abend)

4. Auswertung im Mitarbeiterteam

→ Anfertigung eines Verlaufsprotokolls

→ Reflexion der Vorbereitung, Durchführung, Ziele, Methoden, Medien

→ Folgerungen, Konsequenzen

→ Darstellung nach außen, z. B. durch Pressebericht, Elternbrief, Aushang am „schwarzen Brett"

AUFGABEN

Betrachten Sie das nebenstehende Foto.
Welche Fragen bzw. Anliegen könnte die Mutter des Kindes an die Kinderpflegerin stellen? Wie würden Sie sich in einem „Tür- und Angelgespräch" verhalten?

Planen Sie ein Elternberatungsgespräch und spielen Sie es im Rollenspiel nach. Tauschen Sie anschließend die Rollen.
Beschreiben Sie nach dem Gespräch Ihre Gefühle in der Rolle als Mutter bzw. als Erzieherin/Kinderpflegerin.

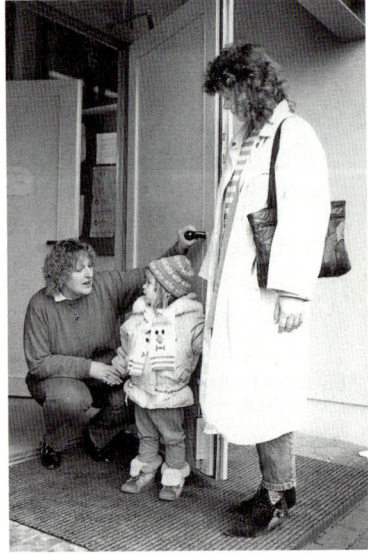

Warum sind viele Kindertageseinrichtungen mit dem Ergebnis ihrer Elternarbeit unzufrieden? Welche Gründe könnte es für Eltern geben, sich nicht aktiv zu beteiligen.

 Informieren Sie sich in Ihrem Praktikumskindergarten nach Formen der Elternarbeit.

 Nehmen Sie an einem Elternabend/Eltern-Kind-Nachmittag/Kindergartenfest teil und berichten Sie in Ihrer Lerngruppe über diese Veranstaltung.

 Präsentieren Sie Ihre themenbezogene Angebotsreihe durch einen Aushang am „schwarzen Brett" Ihrer Praktikumseinrichtung.

7.2 Teamarbeit ist lernbar

TEAMARBEIT HATTE ICH MIR EIGENTLICH ANDERS VORGESTELLT!

Teamarbeit in Kindertageseinrichtungen bedeutet, nicht alleine zu arbeiten, sondern gemeinsam (kooperativ) mit den Fachkräften die Aufgabe „Betreuung und ganzheitliche Förderung der Kinder" erfolgreich zu lösen. Dabei bringen alle Beteiligten ihre unterschiedlichen individuellen Fähigkeiten und Stärken bestmöglich ein.

Personale und soziale Kompetenzen sind Voraussetzungen für gutes Gelingen

Teamkolleginnen können gerade deshalb erfolgreich zusammenarbeiten, weil sie sich und das Arbeitsfeld gut kennen und ähnliche Probleme haben. Dabei sind Anerkennung, Wertschätzung und Akzeptanz jedes Einzelnen für ein funktionierendes Team ebenso wichtig wie eine klare Aufgaben- und Rollenverteilung, d. h., die Gruppenleitung sieht und vertritt ihre Gruppe und die Leitung muss die gesamte Einrichtung, Kinder wie Mitarbeiterinnen, im Blick haben.

Angemessenes **Selbstvertrauen und Selbstwertgefühl** ermöglichen dabei klare Abgrenzungen gegenüber privaten und fachlichen Konflikten. Problemlösungen und Entscheidungen werden nicht hierarchisch von oben oder durch nur eine Person herbeigeführt, sondern ein gut funktionierendes Team kommt immer zu Lösungen, die alle akzeptieren und vertreten können. **Kommunikationsfähigkeit**, also sich verbal/nonverbal mitteilen und zuhören zu können, erleichtert die Absprachen und die Weitergabe von Informationen. Alltägliche Kommunikationsprobleme sind häufig die Ursache für Machtkämpfe, Misstrauen, Unselbstständigkeit und Konkurrenzverhalten. **Zusammengehörigkeitsgefühl** stärkt das Engagement für das gemeinsame Wohl, wenn es z. B. darum geht, die Arbeit gegenüber den Eltern, dem Träger oder der Öffentlichkeit darzulegen. **Kooperationsfähigkeit**, also die Bereitschaft, Verhaltensweisen und eigene Interessen der gemeinsamen Aufgabenlösung zu unterstellen, stärkt die Motivation des Einzelnen und macht ein Team stark gegen Kritik und Einflussnahmen von außen. Zeigt der Einzelne im Team darüber hinaus Mut zur **Unabhängigkeit, Offenheit und Kritikfähigkeit**, können Störungen und Konflikte im Team rechtzeitig erkannt und bearbeitet werden.

Was bewirkt Teamarbeit?

Ohne Zusammenarbeit ist keine Weiterentwicklung einer gruppenübergreifenden, offenen Arbeit in sozialpädagogischen Berufsfeldern möglich. Durch Aufgabenteilung und gleichmäßige Verteilung der organisatorischen und pädagogischen Aufgaben entstehen Einsatzbereitschaft und Leistungssteigerung, aber auch Erleichterung und Entlastung für den Einzelnen. Indem alle die gesamte Arbeit kennen und nicht nur die eigene Gruppenarbeit, fühlen sich alle für die gesamte Einrichtung verantwortlich. Gemeinsame Entscheidungen können getroffen werden, die der Einzelne als Hilfestellung erfährt. Das so gestärkte Interesse an der beruflichen Tätigkeit gibt mehr Selbstbewusstsein, Kraft und Energie, die alltäglichen Aufgaben zu bewältigen. Außerdem eröffnet Teamarbeit Möglichkeiten zur Veränderung der Arbeitsbedingungen und des Berufsbildes, z. B. gegenüber dem Träger, den Eltern und der Öffentlichkeit.

Wodurch wird erfolgreiche Teamarbeit verhindert?

Fachkräfte in Kindertageseinrichtungen verfügen über eine unterschiedliche individuelle Sozialisations-, Ausbildungs- und Berufserfahrungen. Und obwohl sie in beruflicher Zielsetzung durchaus übereinstimmen können, kommt es regelmäßig zu scheinbar unvermeidlichen Konflikten. Die Ursachen liegen in der Struktur der Institution und des Teams selber, sie bringen Sachzwänge, Rahmenbedingungen, Zuständigkeiten und Abhängigkeiten hervor. Werden solche Entwicklungen nicht aufgedeckt, benannt und bearbeitet, führen sie zu Reibungen, Widerständen, Differenzen, Protest oder Abwehrhaltungen.

Eine ganze Reihe von Gründen kann ursächlich für gestörte Teamarbeit sein, wie z. B. die unklare Rolle der Leitung, Vorhaltungen, private Probleme, versteckte Erwartungshaltungen, fehlende Motivation, Unsicherheit hinsichtlich der Qualifikation, Generationskonflikte, Missverständnisse, Vorurteile, Ängste, Konkurrenzverhalten, Missgunst. Berufliche Gründe für Störungen und Konflikte können z. B. sein: diffuse Ziele, zu viele Ziele oder deren unterschiedliche Interpretationen, die das Team überfordern. Zusätzlich hemmen einseitige Themen bei Mitarbeiterbesprechungen die Lebendigkeit des Teams, z. B. wenn ausschließlich organisatorische Fragen und Termine behandelt werden.

Beispiele für die Inhalte der Teambesprechungen

→ Umgang mit Alltagsschwierigkeiten und wie die Einzelne damit fertig wird
→ Pädagogische Konzeption
→ Qualitätsmanagement
→ Arbeitsbedingungen
→ Aufnahmeverfahren
→ Raum-, Spielplatzgestaltung
→ Material, Anschaffungen
→ Praktikantenbetreuung
→ Fort- und Weiterbildungsmöglichkeiten
→ Darstellung der Arbeit nach außen
→ Zusammenarbeit mit Eltern, Träger und anderen Experten
→ Informationsaustausch über aktuelle Anlässe und Situationen

Methodische Hinweise: Teambesprechung – Planung, Organisation, Verlauf

→ **Teilnehmer** der Besprechung können sein: die Leitung und Gruppenleitung, alle oder ausgewählte Mitarbeiter, Praktikanten, sonstige Personen
→ **Einladung mit Tagesordnung** rechtzeitig allen Beteiligten zukommen lassen. Die Tagesordnung ergibt sich aus den Themen, die z. B. an der Pinnwand im Mitarbeiterzimmer gesammelt wurden
→ **Zeit** umfasst den Beginn und die voraussichtliche Dauer der Besprechung, meist finden im Wechsel längere Sitzungen regelmäßig am Nachmittag statt, kürzere im Anschluss an Öffnungs-/Dienstzeiten
→ **Raumgestaltung** wirkt sich auf das Besprechungsklima aus: Ist es ein eher gemütlicher oder sachlicher Raum?
→ **Leitung der Besprechung** kann im turnusmäßigen Wechsel von den Beteiligten übernommen werden
→ **Ergebnissicherung** erfolgt meist mit schriftlichem Protokoll. Auch hier erfolgt ein regelmäßiger Wechsel. Günstig ist, wenn nicht nur die Ergebnisse protokolliert werden, sondern auch, wer was wann zu erledigen hat.
→ **Besprechungsverlauf** sollte (nach kurzer persönlicher Plauderphase) klare zeitliche Begrenzung haben, die auch möglichst von jeder Rednerin eingehalten wird.
Gesprächsgliederung:
  1. Begrüßung der Teilnehmenden,
  2. Überblick über Inhalt und Zielsetzung
  3. Organisatorische Fragen zum Ablauf, geplante Zeit
  4. Eröffnung des Themas (Tagesordnung) mit Rede, Gegenrede, Fragen usw.
  5. Zusammenfassung der inhaltlichen Aussagen am Ende des Gesprächs
  6. Ausblick auf das weitere Vorgehen, das nächste Treffen etc.
→ **Methoden – Materialien – Medien:**
  ▪ Statt Protokoll die Ergebnisse auf eine Wandzeitung übertragen
  ▪ Zum Thema eine Stoffsammlung erstellen, systematisch ordnen, z. B. Mindmap
  ▪ Entscheidungen treffen für Arbeitsschwerpunkte
  ▪ Vorschläge sammeln, darstellen, nach Punktesystem entscheiden
  ▪ Einsatz von Flipcharts, Wandzeitung, technischen Medien
  ▪ Anschauliche Methoden und Techniken wählen usw.

Beispiel für die Reflexion der eigenen Arbeit im Team

Bei der Bewertung und Einschätzung helfen folgende Fragen, sie stehen z. B. auf der Wandzeitung und können offen beantwortet werden:

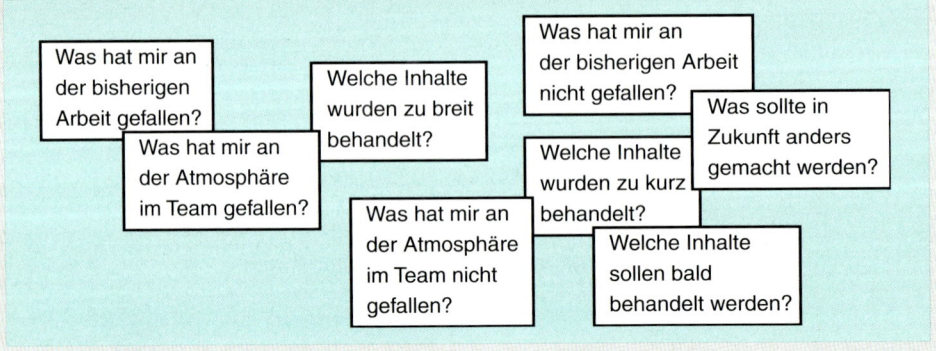

AUFGABEN

Sammeln und berichten Sie in der Lerngruppe über Beispiele aus der Praxis für gelungene/ nicht gelungene Teamarbeit. Werten Sie Ihre Erkenntnisse aus. Überlegen und diskutieren Sie mögliche Ursachen.

Im Erfahrungskreis Erkenntnisse und Einsichten strukturieren und auswerten

<u>Verlauf</u>: Die Klasse sitzt im Kreis um ein kreisförmiges Teil, z. B. aus Pappe oder Wachstuch.

Es ist in Teilstücke aufgeteilt, die mit Begriffen und dazu passenden Symbolen oder Gegenständen ausgestattet sind.

Sie können dem Rückblick auf gemachte Erfahrungen oder Arbeitsergebnisse dienen und diese strukturieren. Daneben liegen am äußeren Rand der Teilstücke Karten, auf denen dieselben Begriffe oder Symbole festgehalten sind.

Die Lerngruppe erinnert sich auf der Basis der Impulse der Teilstücke und Karten an Ereignisse, Erlebnisse, Personen, Situationen, Verfahren usw., die im Zusammenhang mit dem aktuellen Thema stehen. Diese Erinnerungen werden einzeln auf den passenden Karten notiert. Es gibt keine Reihenfolge und die Anzahl der Karten ist nicht begrenzt.

Das Ergebnis wird der Gruppe vorgestellt und in die Teilstücke eingeordnet. Damit eine möglichst große Beteiligung aller gesichert ist, stellen die Einzelnen jeweils einen neuen Aspekt nacheinander vor. Gleiche Karten können direkt zugeordnet werden.

<u>Ziel</u> ist die geordnete Sammlung übereinstimmender und abweichender Erfahrungen und Kenntnisse der Gruppe.

<u>Auswertung</u> der Ergebnisse, z. B. Identifizierung von Ursachen, Zusammenhängen und Folgen oder Folgerungen für die weitere Arbeit

Welche personalen und sozialen Kompetenzen sind wichtige Voraussetzungen für gelungene Teamarbeit? Bilden Sie eine Reihenfolge und halten Sie die Ergebnisse auf einer Wandzeitung fest.

Interpretieren Sie in der Lerngruppe die drei nachfolgenden Skizzen zur Rollenverteilung im Team.
Bei welcher Gruppenstruktur ist die Zufriedenheit am größten?
Gestalten Sie Ihr Ergebnis (Markierung = eigene Position oder Leiterin).

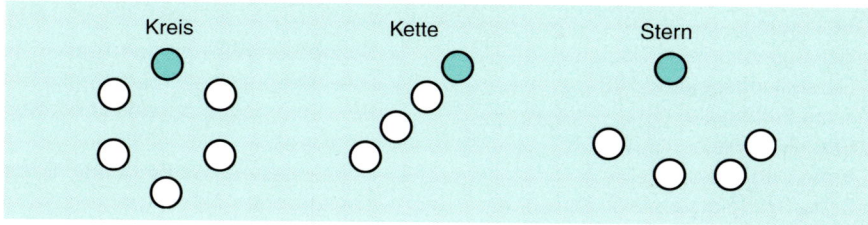

Erstellen Sie eine persönliche Wunschliste zur Teamarbeit in Ihrem künftigen Berufsfeld: „Mein Dream-Team!"
Tauschen Sie in der Lerngruppe Ihre Wunschlisten aus.

Lesen Sie gemeinsam in der Lerngruppe die Bilderbuchgeschichte „Sieben blinde Mäuse".

Erfinden Sie eine neue Geschichte, mit dem Schwerpunkt „Teamarbeit in der Kindertageseinrichtung".

Sieben blinde Mäuse

Sieben blinde Mäuse entdeckten eines Tages etwas Seltsames in der Nähe ihres Teiches. „Was ist das?", riefen sie überrascht und rannten nach Hause. Als Erste lief am Montag die rote Maus hinaus, um das Geheimnis zu lüften. „Das ist eine Säule", sagte sie. Niemand glaubte ihr. Am Dienstag zog die zweite Maus aus. Sie war grün. „Das ist eine Schlange", sagte sie. „Nein", sagte die gelbe Maus am Mittwoch. „Das ist ein Speer." Sie war als dritte an der Reihe. Die vierte Maus war lila, sie lief am Donnerstag hinaus. „Das ist eine große Klippe", sagte sie. Am Freitag machte sich die fünfte Maus auf den Weg. Sie war orange. „Das ist ein Fächer!", rief sie. „Er hat sich bewegt!" Die blaue Maus zog am Samstag aus, als sechste. Sie sagte: „Das ist nur ein Seil." Aber die anderen waren nicht ihrer Meinung. Sie begannen, sich zu streiten.
„Eine Schlange!" „Ein Seil!" „Ein Fächer!" „Eine Klippe!" „Ein Speer!"
Bis am Sonntag die weiße Maus, die siebte Maus, zum Teich ging.
Als sie zu dem seltsamen Ding kam, lief sie an einer Seite hinauf, und an der anderen Seite hinunter. Sie lief ganz oben der Länge nach hinüber, von einem Ende zum anderen. „Ah!", sagte die weiße Maus. „Jetzt verstehe ich. Es ist fest wie eine Säule, geschmeidig wie eine Schlange, weit wie eine Klippe, scharf wie ein Speer, luftig wie ein Fächer, faserig wie ein Seil, aber alles in allem ist es ein Elefant!"
Da liefen auch die anderen Mäuse an der einen Seite hinauf und an der anderen Seite hinunter. Und als sie ganz oben der Länge nach hinüberliefen, von einem Ende zum anderen, da gaben sie ihr Recht. Jetzt verstanden auch sie.
Die Mäuse-Moral: Wissen in Teilen macht eine schöne Geschichte, aber Weisheit entsteht, wenn wir das Ganze sehen.

(Young, 1995, S. 39)

Anhang

Spielanregungen

Alltagsgegenstände für Bewegungsspiele 97

Bewegungsspiele 95

Darstellungsspiele 103

Erste Fühlspiele 39

Erste Hörspiele 42

Erste Sehspiele 40

Erste Spielplatz-Spiele 71

Finger- und Körperspiele 49

Gedichte 147

Gestaltungsspiele 130

Materialien zum Malen, Kneten, Formen, Werkeln 89

Kontakt- und Kennenlernspiele 17

Naturerfahrungsspiele 129

Fantasiereise 106

Rezepte zur Herstellung von Spielteigen 90

Schnellsprechverse und Rätsel 149

Spielanregungen für das kranke Kind 120

Spielanregungen für den Umgang mit Medien 141

Spielanregungen für eine Eltern-Kind-Spielgruppe 78

Spielanregungen zum Bauen 100

Spielanregungen zum sich Bewegen 56/62

Spiele mit Verpackungsmaterial und Küchengeräten 134

Spielzeug zum Greifen 50

Spielzeug zum Entdecken 64

Wahrnehmungsspiele 129

Methodische Hinweise

Angeleitetes Angebot 173

Bauen und Konstruieren 101

Begleitung des Freispiels 165

Beratungsgespräch mit Eltern 222

Bildnerisches Gestalten 91

Elternabend 223

Fingerspiele 50

Geplante Bewegungsstunden 97

Gespräche mit Kindern 111

Gestaltung eines Bildrezeptes 137

Hygiene bei der Nahrungszubereitung 135

Koch- und Backaktionen 136

Leitung eines Sitz-/Spielkreises 170

Rollenspiel mit Kindern 108

Sicherheitstipps für hauswirtschaftliche Tätigkeiten mit Kindern 135

Spiel mit dem kranken Kind 120

Teambesprechung 227

Umgang mit Kinderliteratur 160

Umgang mit Medien 141

Umgang mit der Natur 132

Planungsschemata

Angeleitetes Angebot 174
Freispielbegleitung 166
Frühstücksplanung 169
Gliederung   für   den
Praktikumsbericht 191
Pädagogisches Tagebuch 114
Protokoll: Angeleiteter Spielkreis 114
Protokoll: Einzelbeobachtung 115 f.

Protokoll: Freispiel 114
Protokoll: Frühstück 113
Protokoll: Kontaktaufnahme 113
Protokoll: Spielgruppen-Treff 82
Reflexionsfragen (Grundschema) 178
Situationsanalyse 117
Thematische Angebotsreihe 177

Lern- und Arbeitstechniken

Ansichtskarte 202
Befragung mit Fragebogen 162
Beurteilungsbogen: Fernsehsendungen
für Kinder 145
Beobachtungsbogen: Kind beim Fernse-
hen 146
Brainstorming (Ideen finden) 52
Entscheidungstorte 138
Erfahrungskreis 228
Erkundung 216
Expertenbefragung 10
Filmdomino 207
Filmwürfel 205

Fragen stellen 45
Mindmap (Gedankenlandkarte) 19
Collage 204
Plakatgestaltung 29
Portfolio 192
Pro- und Contradiskussion 34
Protokoll anfertigen 11
Rollenspiel 13
Wandzeitung 102

Literaturverzeichnis

→ Baer, Ulrich: Spielpraxis. Eine Einführung in die Spielpädagogik, Seelze-Velber, Kallmeyer, 1995.

→ Bartl, Almuth/Bartl, Manfred: Umweltspiele noch und noch. Die tollsten Spiele für drinnen und draußen, Freiburg, Herder, 1990.

→ Bettelheim, Bruno: Kinder brauchen Märchen, 9. Auflage, übersetzt von Liselotte Mickel und Brigitte Weitbrecht, Stuttgart, Deutsche Verlagsanstalt, 1977.

→ Bieger/Grüner/v. Lübtow/Rosskopf/Thewaldt: Medienkunde, Köln, Stam, 1980.

→ Blencke, Hans Hellmut: Gutes Spielzeug von A bis Z, 22. Auflage, hrsg. v. Spiel gut: Arbeitsausschuss Kinderspiel und Spielzeug, Ulm, 1992.

→ Breucker-Rubin, Annette: Da ist der Bär los... Mit-Spiel-Aktionen für kleine und große Leute, 2. Auflage, Münster, Ökotopia, 1990.

→ Büchsenschütz, Joachim/Regel, Gerhard (Hrsg.): Mut machen zur gemeinsamen Erziehung. Zeitgemäße Pädagogik im offenen Kindergarten. Darstellungen aus dem Erprobungsprojekt Cuxhaven, 2. Auflage, Hamburg, EB-Verlag Rissen, 1992.

→ Bundesministerium für Familie, Senioren, Frauen und Jugend (Hrsg.): Kinder in Tageseinrichtungen und Tagespflege, 4. Auflage, Text von Hans Schmerkotte, Bonn, 1998.

→ Bundesministerium für Familie, Senioren, Frauen und Jugend (Hrsg.): Kinder in Tageseinrichtungen und Tagespflege, 6. Auflage, Berlin, 2002.

→ Bundesvereinigung Lebenshilfe für Menschen mit geistiger Behinderung (Hrsg.): Gemeinsam Leben und Lernen im Kindergarten, 5. Auflage, Marburg, Lebenshilfe-Verlag, 1996.

→ Bundeszentrale für gesundheitliche Aufklärung (Hrsg.): Das Baby. Ein Leitfaden für Eltern, Essen, IDAG, 1993.

→ Bundeszentrale für gesundheitliche Aufklärung (Hrsg.): Kinderspiele. Anregungen zur gesunden Entwicklung von Kleinkindern, Köln, 1993.

→ Bundeszentrale für gesundheitliche Aufklärung (Hrsg.): Nicht nur laufen lassen! Kinder und Fernsehen – und was Eltern und Kinder ander(e)s machen können, Köln, 1993.

→ Bundeszentrale für gesundheitliche Aufklärung (Hrsg.): Sicherheitsfibel. Ratgeber für Eltern zur Verhütung von Kinderunfällen, Köln, 1999.

→ Bundeszentrale für gesundheitliche Aufklärung (Hrsg.): Unsere Kinder. Eine Broschüre für Eltern mit Kindern von 2 bis 6 Jahren, Köln, 1995.

→ Caiati, Maria/Delac, Svjetlana/Müller, Angelika: Freispiel – freies Spiel?, München, Don Bosco, 1984.

→ Cornell, Joseph Bharat: Mit Kindern die Natur erleben, 7. Auflage, übersetzt von Gabriele Kuby, Mülheim an der Ruhr, Verlag an der Ruhr, 1991.

→ Dennig, Thomas: Medien erleben und gestalten. Medienerziehung für sozialpädagogische Berufe, Berlin, Cornelsen, 1999.

→ Diekmeyer, Ulrich: Das Elternbuch 1. Unser Kind im 1. Lebensjahr, Band 1, Reinbek, Rowohlt, 1976.

→ Diekmeyer, Ulrich: Das Elternbuch 2. Unser Kind im 2. Lebensjahr, Reinbek, Rowohlt, 1984.

→ Diekmeyer, Ulrich: Das Elternbuch 3. Unser Kind im 3. Lebensjahr, Reinbek, Rowohlt, 1992.

→ Diekmeyer, Ulrich: Das Elternbuch 4. Unser Kind im 4. Lebensjahr, Reinbek, Rowohlt, 1994.

→ Diekmeyer, Ulrich: Das Elternbuch 5. Unser Kind im 5. Lebensjahr, Reinbek, Rowohlt, 1992.

→ Dovermann, Ulrich/Auernheimer, Georg: Interkulturelles Lernen, hrsg. v. d. Bundeszentrale für politische Bildung, Bonn, 1998.

→ Dreier, Annette: Was tut der Wind, wenn er nicht weht? Begegnung mit der Kleinkindpädagogik in Reggio Emilia, Berlin, Juventa, 1993.

→ Eickelberg-Quednau, Ellen: Offene Arbeit mit Kindern – Offener Kindergarten, in: Info Post, Nr. 2: Konzepte-Wandel-Zukunft, hrsg. v. Sozialministerium NRW, Düsseldorf, 1996.

→ Ferra-Mikura, Vera: Regenschirme, in: Die Stadt der Kinder, hrsg. von Hans-Joachim Gelberg, 2. Auflage, Recklinghausen, Bitter, 1982.

→ Geist, Georg W./Solbach, Regina/Salentin, Jürgen: Die Spielgruppe. Ein Angebot für Kinder ab zwei Jahren, hrsg. v. Sozialpädagogischen Institut NRW, Köln, 1998.

→ Grossmann, Wilma: Kindergarten. Eine historisch-systematische Einführung in seine Entwicklung und Pädagogik, Weinheim, Beltz, 1987.

→ Guggenmos, Josef: Oh, Verzeihung, sagte die Ameise, Weinheim, Beltz, 1990.

→ Guhl-Schubert, Annette: Spielgruppe. Anregungen und Tipps für Eltern und Leiter, Freiburg, Herder, 1986.

→ Hentschel, Silvia/Ebert, Sigrid: Mit allen Sinnen lernen, in: Kinderzeit, Heft 4, 1994, S. 38 ff.

→ Herm, Sabine: Psychomotorische Spiele für Kinder in Krippen und Kindergärten, 9. Auflage, Berlin, FIPP-Verlag, 1993.

→ Hössl, Alfred: Ein Kindergarten für behinderte und nicht behinderte Kinder, München, Deutsches Jugendinstitut, 1984.

→ http://www.tageseinrichtungen.nrw.de Link: Tageseinrichtungen – Plätze zum Leben, hrsg. vom Sozialpädagogischen Institut NRW, Köln, im Auftrag des Ministeriums für Schule, Jugend und Kinder des Landes Nordrhein-Westfalen, © 28.02.2002.

→ Johann, Ellen/Michely, Hildegard/Springer, Monika: Interkulturelle Pädagogik. Methodenbuch für sozialpädagogische Berufe, Berlin, Cornelsen, 1998.

→ Kazemi-Veisari, Erika: Reggio-Pädagogik, in: Kindergarten heute spezial: Pädagogische Handlungskonzepte, Titelnummer 00093, o. J., S. 36–42.

→ Kindheit und Jugend, GEO Wissen, Heft Nr. 2, 1993.

→ Landschaftsverband Westfalen-Lippe (Hrsg.): Arbeitshilfe – Gemeinsame Erziehung, Münster, 1998.

→ Lorentz, Gerda: Freispiel im Kindergarten. Chancen seines bewussten Einsatzes, Freiburg, Herder, 1983.

→ Löscher, Wolfgang/Bull, Bruno Horst/Pilger-Feiler, Christa: Sand und Wasser. Spiele, Geschichten, Reime, Bilder, 2. Auflage, München, Don Bosco, 1984.

→ Löscher, Wolfgang: Hör-Spiele, München, Don Bosco, 1989.

→ Mahlke, Wolfgang/Schwarte, Norbert: Raum für Kinder. Ein Arbeitsbuch zur Raumgestaltung in Kindergärten, 2. Auflage, Weinheim, Beltz, 1991.

→ Malaguzzi, Loris: Die hundert Sprachen des Kindes, in: Krieg, Elsbeth (Hrsg.): Hundert Welten entdecken. Die Pädagogik der Kindertagesstätte in Reggio Emilia, übersetzt von Annette Dreier, Essen, Neue Deutsche Schule Verlagsgesellschaft, 1993.

→ Middelhauve, Gertraud (Hrsg.): Ich und du und die ganze Welt. Die schönsten Geschichten, Lieder und Gedichte für Kinder, auch Kniereiter, Fingerspiele, Reime und Rätsel, Köln, Middelhauve, 1979.

→ Militzer, Renate/Demandewitz, Helga/Fuchs, Ragnhild: Wie Kinder sprechen lernen. Entwicklung und Förderung der Sprache im Elementarbereich auf der Grundlage des situationsbezogenen Ansatzes, hrsg. v. Ministerium für Frauen, Jugend, Familie und Gesundheit des Landes NRW, Düsseldorf, 2001.

→ Militzer, Renate/Demandewitz, Helga/Sobach, Regina: Tausend Situationen und mehr!, 2. Auflage, hrsg. v. Sozialpädagogischen Institut NRW – Landesinstitut für Kinder, Jugend und Familie, Münster, Votum, 2000.

→ Militzer, Renate: Wer spricht mit mir? Gezielte Sprachförderung für Kinder mit Migrationshintergrund, hrsg. v. Ministerium für Frauen, Jugend, Familie und Gesundheit des Landes NRW, Düsseldorf, 2001.

→ Ministerium für Arbeit, Gesundheit und Soziales des Landes NRW (Hrsg.): Natur und Umwelt im Kindergarten, Düsseldorf, 1989.

→ Ministerium für Arbeit, Gesundheit und Soziales des Landes NRW (Hrsg.): Tageseinrichtungen für Kinder in Nordrhein-Westfalen, 3. Auflage, Düsseldorf, 1996.

→ Mönkemeyer, Karin: Spiele für alle fünf Sinne. Hören, riechen, schmecken, sehen, greifen – wie Babys und kleine Kinder spielend lernen, Reinbek, Rowohlt, 1988.

→ Mühlenberg, Gisela/Szesny, Susanne: Budenzauber. Spiellieder und Bewegungsspiele für Spielgruppen und das gemeinsame Spiel zu Hause, 4. Auflage, Münster, Ökotopia, 1994.

→ Müller, Heike/Schiffer, Kerstin: Auch Nudeln müssen erst mal wachsen, Offenbach, Burckhardthaus-Laetare, 1989.

→ Münchmeier, Anne-Bärbel: Spielen mit kleinen Kindern und Babys, Reinbek, Rowohlt, 1989.

→ Naturschutzzentrum NRW (Hrsg.): Natur-Kinder-Garten, Münster, Landwirtschaftsverlag, 1991.

→ Neumeister, Bernd: Der Bewegungskindergarten. Raum und Zeit für eine ganzheitliche Entwicklung; http://www.kigaweb.de/grundwissen/pädagogik/konzepte, ©2001–2004 Kigaweb Service der Verlag Herder GmbH.

→ Neumeister, Bernd: Der Bewegungskindergarten. Umsetzung in der Praxis; http://www.kigaweb.de/ratgeber/pädagogik/, © 2001–2004 Kigaweb Service der Verlag Herder GmbH.

→ Oerter, Rolf: Psychologie des Spiels. Ein handlungstheoretischer Ansatz, Durchgesehene Neuausgabe, Weinheim, Beltz, 1999.

→ Paus-Haase, Ingrid/Höltershinken, Dieter/Tietze, Wolfgang: Alte und neue Medien im Alltag von jungen Kindern. Orientierungshilfen für Eltern und Erzieherinnen, Freiburg, Lambertus, 1990.

→ Perras, Barbara: Vom Bewegungskindergarten in einen traditionellen Kindergarten – der bewusste Weg zurück; http://www.kindergartenpaedagogik.de/943.html, © webmaster Dr. Martin R. Textor.

→ Pesch, Ludger/Sommerfeld, Verena: Teamentwicklung. Wie Kindergärten TOP werden, hrsg. v. d. Redaktion Klein & Groß, Weinheim, Beltz, 2002.

→ Polinski, Liesel: Spiel und Bewegung mit Babys. Das Prager-Eltern-Kind-Programm, hrsg. v. Bernhard Schön und Horst Speichert, Reinbek, Rowohlt, 1993.

→ Pousset, Raimund (Hrsg.): Fingerspiele und andere Kinkerlitzchen. Spiel-Lust mit kleinen Kindern, Reinbek, Rowohlt, 1988.

→ Regel, Gerhard: Der offene Kindergarten. Eine Weiterentwicklung, die überzeugt, in: Kindergarten heute, Heft 9, 1997, S. 6–12.

→ Regel, Gerhard: Zusammenwirkende Strukturelemente offener Kindergartenarbeit, in: Kindergarten heute, Heft 1, 1992, S. 36 ff.

→ Rogge, Jan-Uwe: Kinder können fernsehen. Vom sinnvollen Umgang mit dem Medium, Reinbek, Rowohlt, 1990.

→ Schäfer, Gerd E.: Einführung in die Pädagogik der frühen Kindheit. Anthropologische Grundlagen und Konzepte. Kapitel 6: Grundlagen der Reggio-Pädagogik; http:// www.uni-koeln.de/ew-fak, ©2001.

→ Schürmann-Mock, Iris/Radünz, Armin: Spielzeugland. Ein Leitfaden für Eltern, hrsg. v. d. Verbraucherzentrale NRW, Düsseldorf, 1998.

→ Schuster, Elfi: Basteln mit den ganz Kleinen. Spiel und Spaß von 1 bis 4, Reinbek, Rowohlt, 1993.

→ Seitz, Rudolf (Hrsg.): Seh-Spiele. Sinn-volle Frühpädagogik, 3. Auflage, München, Don Bosco, 1989.

→ Seitz, Rudolf (Hrsg.): Tast-Spiele. Sinn-volle Frühpädagogik, 4. Auflage, München, Don Bosco, 1989.

→ Senatsverwaltung für Jugend und Familie (Hrsg.): Hundert Sprachen hat das Kind. Wie Kinder wahrnehmen, denken und gestalten lernen. Dokumentation der Veranstaltung zur Ausstellung von Krippen und Kindergärten in Reggio Emilia/Italien 1991 in Berlin, Red. v. Ulrike Donath, Berlin, FIPP-Verlag, 1992.

→ Sommerfeld, Verena: Krieg und Frieden im Kinderzimmer. Über Aggressionen und Actionspielzeug, hrsg. v. Bernhard Schön und Horst Speichert, Reinbek, Rowohlt, 1992.

→ Sozialpädagogisches Institut für Kleinkind- und Außerschulische Erziehung des Landes NRW (Hrsg.): Medienwelt = Kinderwelt? Was brauchen kleine Kinder ...?, 2. Auflage, Köln, 1991.

→ Sozialpädagogisches Institut für Kleinkind- und Außerschulische Erziehung des Landes NRW (Hrsg.): Kinder unter drei Jahren in Tageseinrichtungen in Nordrhein-Westfalen, Text von Gisela Petersen, Köln, 1986.

→ Stöcklin-Meier, Susanne: Komm wir spielen. Spiel und Spielzeug für Kinder bis 9 Jahre, Zürich, Orell Füssli, 1986.

→ Tsiakalos, Georgios/Tsiakalos, Sigrid: Ausländische Kinder im Kindergarten. Ihre Umwelt, ihre Probleme, pädagogische Hilfen, Freiburg, Herder, 1982.

→ vom Wege, Brigitte/Wessel, Mechthild: Das große Ernährungsbuch für Kita und Kindergarten, Freiburg, Herder, 2002.

→ vom Wege, Brigitte/Wessel, Mechthild: Praxisbuch Kinderliteratur für die sozialpädagogische Ausbildung, Köln, Stam, 1999.

→ vom Wege, Brigitte/Wessel, Mechthild: Spielen im Beruf. Spieltheoretische Grundlagen für pädagogische Berufe, Köln, Stam, 2001.

→ Waechter, Friedrich Karl: Ich ging einmal spazieren, in: Waechter, Friedrich Karl: Spiele, 2. Auflage, Weinheim, Beltz, 1979.

→ Wagner, Richard: Naturspielräume für Kinder, hrsg. v. Naturschutzzentrum NRW, Recklinghausen, Bitter, 1992.

→ Wißmann-Hardt: Waldkindergärten – Chancen für die Jugendverwaltung, in: Waldkindergärten in Nordrhein-Westfalen. Dokumentation der Fachtagung am 17. September 1997 in Bergisch Gladbach und ergänzende Materialien, hrsg. v. d. Arbeitsgemeinschaft Natur- und Umweltbildung NRW, Red. v. Georg Geist, Bergisch Gladbach, 1998.

→ Young, Ed: 7 blinde Mäuse, 2. Auflage, übersetzt von Katrin Schulz, München, Altberliner Verlag, 1995.

→ Zimmer, Renate: Bewegungserziehung im Kindergarten. Rahmenkonzeption zur Integration von Spiel und Bewegung im Kindergartenalltag, hrsg. v. Ministerium für Arbeit, Gesundheit und Soziales des Landes NRW, Düsseldorf, 1991.

→ Zimmer, Renate: Handbuch der Bewegungserziehung. Didaktisch-methodische Grundlagen und Ideen für die Praxis, 9. Auflage, Freiburg, Herder, 1999.

Bildquellenverzeichnis

→ BilderBox, Internet-Fotoagentur, Thening (Österreich): S. 16 (rechts), 33, 139, 195

→ MEV, Augsburg: S. 18, 115 (2 x)

→ Hartmut W. Schmidt, Freiburg: S. 209

→ Image State/Mauritius: S. 7

→ age/Mauritius: S. 8, 176

→ Widmann/Mauritius: S. 16 (links)

→ West Studios/Mauritius: S. 28

→ V. Kilian/Mauritius: S. 30

→ Reik/Mauritius: S. 31

→ SST/Mauritius: S. 36

→ Raith/Mauritius: S. 47, 113

→ Evelyn Neuss, Hannover: S 75

→ Pressefoto Michael Seifert, Hannover: S. 99, 163, 219, 224

→ JIRI/Mauritius: S. 119

→ SuperStock, Inc./Mauritius: S. 151

→ Arthur/Mauritius: S. 1469

→ Cornelia Kurtz, Boppard am Rhein: S. 125, 225

→ Detlef Kersten © spielen und lernen 6/1990: S. 36

→ Detlef Kersten © spielen und lernen 4/1985: S. 46

→ Detlef Kersten © spielen und lernen 4/1988: S. 59

→ Detlef Kersten © spielen und lernen: S. 133

→ Mauritius: S. 84

Alle weiteren Fotos stammen von den Autorinnen dieses Buches.

Leider konnten nicht alle Rechteinhaber ermittelt werden. Bitte melden Sie sich beim Verlag, wenn wir Abbildungen von Ihnen in diesem Schulbuch veröffentlicht haben.

Stichwortverzeichnis

A

Action-Spielzeug 140
Aggressionen 139
Aufsichtspflicht 34
Ausbildung 8
Ausdrucksform 19

B

Bauen 99
Behinderung 211
Bewegungserfahrung 92
Bewegungskindergarten 195
Bewegungsspiel 85
Bezugsperson 39
Bildrezept 136
Bildungsauftrag 197

C

Comics 159
Computerspiele 159

D

Darstellungsspiel 103

E

Egozentrismus 76
Elementarbereich 195
Elementarbilderbücher 151
Elternarbeit 219
Eltern-Kind-Spielgruppe 78
Elternrat 219
Elternversammlung 219
Entwicklungsrhythmus 38
Essgewohnheit 70
Essplatzgestaltung 133

F

Fachkenntnis 9
Feedback 223
Feinmotorik 134
Fernsehfiguren 140
Freispiel 163

Friedrich Fröbel 200
Funktionsspiel 28

G

Gespräch 110
Gestaltungsentwicklung 88
Grundbewegungsart 93

H

Handlungskompetenz 180
Horte 197

I

Integration 212
Interkulturelle Erziehung 214

K

Kindersendungen 140
Klanggeschichte 143
Kleingruppenspiel 26
Kommunikationsfähigkeit 225
Kompetenz 14
Konstruktionsmaterial 100
Kontaktaufnahme 16, 70
Kooperationsfähigkeit 226
Kooperationsspiel 94

L

Lebensraum 25

M

Magischer Realismus 157
Märchen 156
Medienkonsum 139
Medienverbund 140
Migranten 214
Montessori 195
Motorik 75

N

Nachahmungsspiel 102
Nachahmungsspiele 31
Naturspielräume 127

O
Offenen Arbeit 200
Öffnungszeiten 196

P
Parallelspiel 26
Partnerspiel 26
Persönlichkeitsentwicklung 12
Psychomotorik 201

R
Reflex 37
Reflexion 163
Regelbewusstsein 33
Regelspiel 33
Regelspiele 86
Reggio-Pädagogik 200
Rollenspiel 31, 85, 102
Rollenspielform 105

S
Sachbilderbücher 154
Selbstständigkeit 84
Serien- und Actionspielzeug 85
Situationsanalyse 117
Situationsansatz 200
Solospiel 26
Spielatmosphäre 24
Spielentscheidungen 27

Spielentwicklung 26
Spielhandlung 20
Spielkartei 17
Spielmaterial 85
Spielplatzgerät 71
Spielraum 25
Sprachschatz 61
Sprachvorbild 69, 110
Szenenbilderbücher 151

T
Tagesablauf 21
Teamarbeit 225
Träger 196

U
Umfeldanalyse 117
Umweltreiz 37

W
Wachphase 48
Wahrnehmung 39
Waldkindergarten 195
Waldorf-Pädagogik 195
Wettbewerbsspiele 93
Wortschatz 69

Z
Zweisprachigkeit 215